30

1989-2019

The 30th Anniversary of
China Ocean University Press

三十年，
我们共同走过……

谨以此献给为中国海洋大学出版社付出汗水的
同仁及各界人士

心中有蔚蓝

中国海洋大学出版社建社三十周年纪念

The 30th Anniversary of
China Ocean University Press

《心中有蔚蓝》编委会　编

中国海洋大学出版社
CHINA OCEAN UNIVERSITY PRESS

千卷书，

万里海。

三十年筚路蓝缕，

三十年韶华如梦。

行之力则知愈进，

知之深则行愈达。

心怀蔚蓝，

我们一起再次启程！

编 委 会

不平凡的三十年

2019年6月2日，中国海洋大学出版社将迎来三十周年华诞。三十年来，海大出版社一路风雨兼程，在并不平坦的道路上砥砺前行，取得了了不起的业绩。时至今日，海大出版社已发展成为以海洋和水产科学教材与学术专著出版为显著特色的专业型大学出版社，年均出版图书400余种，成为我国海洋图书出版重镇和海洋科普图书出版高地，在出版业界形成了较强的社会影响力，展示了中国海洋大学服务社会、传承文化的能力与水平，可喜可贺。

这是不平凡的三十年。

三十年来，海大出版社不忘初心、牢记使命，矢志不渝坚守学术出版阵地，依托我校优势学科与人才队伍，出版了2000余部高水平的高校教材与学术专著，其中涉海教材与专著600余部，有50多部教材和学术专著获得国家级、省部级优秀图书奖、教材奖，为我国涉海高校学科建设与人才培养做出了重大贡献。

三十年来，海大出版社传承文化、服务社会，在海洋文化、城市文化与旅游文化出版领域精耕细作，策划出版文化普及类图书1000余种，为社会公众提供了丰富的精神食粮。尤其在我国优秀海洋文化的传承和创新方面，敢于担当、勇于实践，不断推出精品力作，为我国海洋文化传承与传播做出了积极贡献。

三十年来，海大出版社关注社会公众尤其是青少年海洋教育、注重提升全民海洋意识。特别是最近十年来，海大出版社先后策划出版海洋科普类图书100余部，并先后获得国家级和省部级优秀科普作品奖20余项，形成了明显的品牌效应。值得一提的是，海大出版社在国家海洋局宣传教育中心支持下开发的全国首套"中小学海洋意识教育系列教材"——《我们的海洋》，于2015年成功入选海南省中小学海洋意识教育地方课程指定教材，使海南省成为全国中小学海洋教育的示范区，产生了广泛的社会影响。

三十年来，海大出版社曾经走过出版业务上的弯路，也曾经出现过企业经营上的困境，但是，在学校党委的坚强领导下，经过海大出版人的共同努力，这些曾经的艰难困苦已成为逐渐远去的历史。今天的海大出版社，正以高昂的热情和奋进的精神，全力打造中国海洋图书出版基地，助推国家海洋强国战略的实施。

回望过去三十年，我们应该为曾经取得的成绩而自豪。然而，总结历史是为了更好地前行。希望海大出版社能以建社三十周年为契机，始终坚守正确的出版方向，凝心聚力，开拓创新，为我国海洋高等教育、海洋文化的传承和创新以及全民海洋意识的提高，做出新的更大的贡献！

祝海大出版社的明天更加美好！

中国工程院院士、中国海洋大学副校长

2019 年 4 月 6 日

30
1989-2019

寄语
Felicitations

001-014

领导寄语

中国科学院资深院士、
著名物理海洋学家文圣常先生

普及海洋知识
迎接蓝色世纪

文圣常

点燃知识圣火，照亮多彩人生；

加强海洋出版，传承海洋文明。

——祝贺中国海洋大学出版社成立三十周年

中国工程院院士、中国海洋大学原校长

2019 年 4 月 28 日

　　依托学校海洋综合学科优势和雄厚师资力量，充分发挥图书出版的文化传承和创新功能，把中国海洋大学出版社打造成为我国重要的海洋图书和学术著作出版基地，为海洋强国建设和海洋文明传播做出更多更大的贡献。

　　祝贺中国海洋大学出版社成立三十周年！

中国海洋大学原校长、校友会会长

2019 年 4 月 12 日

社长寄语

心中有蔚蓝，书海写春秋

——纪念中国海洋大学出版社成立30周年

杨立敏

　　寒来暑往，春华秋实。2019年6月2日，我们即将迎来中国海洋大学出版社30周年华诞。对于一个人的成长而言，30岁刚刚进入而立之年，处于风华正茂、事业拓展的成长期；对于一个出版社而言，30年却是栉风沐雨、事业稳健的成熟期，已经在为国家和社会担当过程中，确立了自己的地位与角色。30年初心不改，30年风雨兼程，海大出版社已经从成立时的5个人、2间平房、启动经费5000元的微型出版社，发展成为现在拥有职工57人、年度图书出版量400余部、销售码洋7000多万元的特色显著的专业型大学出版社。今天，站在海大出版社发展新的起点上，回顾走过的30年风雨历程，我们深感骄傲、倍感自豪！我们为曾经团结奋斗、战胜艰难困苦赢得出版社生存与发展机会而欣慰，为当前正在服务国家海洋科教事业而骄傲，为将来能继续承担传承中华海洋文化的历史使命而自豪！

艰苦创业，30 年砥砺前行勇攀出版高峰

1989 年 6 月，中国海洋大学出版社正式成立。那是我从当时的青岛海洋大学本科毕业的前一年。作为一名学生干部，我对学校的事情比较关心。记得在团委老师的办公室里，我看到过学校关于成立出版社的文件，心中第一次对出版社有了初步印象。以前我喜欢买书、看书，但对出版社并不是太关心。自从母校有了出版社，我好像第一次对出版社有了某种特殊的情感。但是，我从来不曾设想自己与出版社会有什么交集，更想不到，我会成为海大出版社的社长，与这个曾经印象朦胧的单位休戚与共。

1990 年 7 月我留校担任政治辅导员，开始结识海大出版社的一些领导和职工。通过他们，我对海大出版社初创时艰苦奋斗的故事有所了解。我认识最早的出版社领导是孙庆和老师，他那时是海大出版社的副社长。当时，因为工作原因我与孙老师接触比较多，他常常跟我讲起申办出版社和创业初期的事情。当时，为了申办手续和顺利审批，他和同事们不止十几次乘火车去北京，那时去北京不像现在这么方便，绿皮火车需要十几个小时呢。他们一次又一次地修改材料、解释疑惑、联络感情。在北京，他们住在地下室招待所里，吃饭条件也很不好，但是，心里充满希望和期待！用他的话说，为了申办自己的出版社，海大人真是拼了。1989 年 4 月 20 日，国家新闻出版署终于发文同意成立青岛海洋大学出版社；5 月 9 日，中国 ISBN 中心首次为海大出版社配发 200 个书号；6 月 2 日，学校正式发文公布出版社成立，并明确了相关内部机构和领导人员。海大出版社终于诞生了！全体海大人深感兴奋、备受鼓舞。谈起这些，孙老师还掩饰不住当时的激动心情。后来，我社的社庆日定在 6 月 2 日，是有来源的。

创立初期，海大出版社可谓一穷二白。我社第一任社长谢洪芳老师告诉我，

出版社成立时共有5个人，分别是社长谢洪芳、书记邢福崇、副社长陈万青、孙庆和，办公室主任魏世江。办公室是在海大印刷厂厂房顶上加盖的几间临时房。学校总共支持了开办费5000元作为启动经费。可以说一切都是从零开始。

然而，艰苦的条件挡不住海大出版人的热情与干劲！出版社成立后出版的第一本书，是原山东省教委组织编写的《师魂》，一部介绍我省高校优秀教师事迹的报告文学集。成立当年，我社共出版图书5部。1990年，我社出版的《师范美育学》获得第三届（1989-1990年度）山东省优秀图书奖，这是我社图书第一次获奖，大大鼓舞了全社员工的士气！此后的20年里，我社图书先后获得山东省优秀图书奖、优秀图书编辑奖、山东省社会科学优秀成果奖、国家教委社会科学优秀成果奖、山东省教育厅优秀教材奖、青岛海洋大学优秀教材奖等各种奖项100多项。

最近10年里，我社图书获奖数量与层次显著提升，社会影响力逐步扩大，先后获得中国海洋大学优秀教材奖、山东省新闻出版奖优秀图书奖、优秀出版人物奖、山东省社会科学普及及应用优秀作品奖、山东省科普创作优秀成果奖、山东省"改革开放40周年40本优秀鲁版图书"奖、国家新闻出版广电总局"向全国青少年推荐的百种优秀图书"、"三个一百"原创出版工程奖、国家海洋局海洋优秀科技图书奖、教育部社会科学优秀成果奖、科技部全国优秀科普作品奖、中国科普作家协会优秀科普作品奖等100余项。2016年，我社重大学术项目《中国海洋鱼类》（3卷）问鼎中国新闻出版界三大最高奖之一的"中华优秀出版物奖"，终于使我社攀登到我国新闻出版奖的顶峰！2017年4月24日上午，中国出版协会第六届"中华优秀出版物奖"颁奖大会在北京隆重举行，当我作为海大出版社代表走上庄严的领奖台的时候，一种出版人的崇高感、自豪感油然而生！当晚，中央电视台新闻联播节目播出了我社领奖的画面。

30年艰苦创业，30年砥砺前行，海大出版社终于迎来了自己的辉煌时刻！面对新闻媒体记者的"长枪短炮"，镁光闪闪、掌声如潮，我心里有说不出的骄傲和自豪！

不忘初心，30 年矢志不渝服务高等教育

作为一家大学出版社，从事学术出版、服务高等教育是我们的立社之本、生存之基，也是我社的出版优势所在。30 年来，海大出版社逐步确立了"特色立社，文化引领，学术为本，教材先行"的发展理念，在服务高等学校人才培养、科学研究上下功夫，在传承海洋文化、服务经济社会发展上下功夫，在大学教材与学术专著出版、高校教材供应服务等方面，做出了显著的成绩，赢得了广泛的社会赞誉。

2010 年初到出版社工作后，我曾请总编室把我社出版的所有图书做了一个统计，在 3000 多部图书中，几乎一半图书是与高等教育有关的学术专著或大学教材，当然，不仅仅是我校教师的著作，也有大量山东省和青岛市其他高校老师的作品。

记得我刚来出版社不久，李夕聪副总编辑就给我讲了一本英语专业教材《新编英美概况》的情况：我社创立初期，英语教材是我社出版优势板块之一。这本并不算厚实的英语专业教材，是英语专业本科生专业基础课教材，作者是聊城大学外语系的许鲁之教授。由于本教材选材得当、结构清晰、文字流畅，得到山东及部分外省市高校外语系教师的青睐，目前已是第四次修订版。2010 年之前，每年教材发行量都在 1 万册以上，2010 至 2012 年年均发行量在 1.5 万册左右，最近几年虽然销量逐步递减，但是每年还能销售 5000 册左右。粗略统计，这本教材差不多畅销了 20 年，总发行量超过 10 万册，作为一本大学教材实属不易！为海大出版社带来了显著的社会与经济效益。此外，我社出版的"医学英语系列教材""中医英语系列教材""涉海英语系列教材"等，都有较高的发行量和较强的学术影响力。

为服务我国海洋高等教育，海大出版社积极开发海洋科学与水产科学的教材与专著。其中，《中国海洋鱼类》（共 3 卷）、《黄河鱼类志》《拉汉世界鱼类系统名典》《海洋科学概论》《海洋生物学》《海洋地质学》《海洋气象学》《海水贝类养殖学》《海洋无脊椎动物学》《海洋化学》《海藻学》《潮汐原理与计算》《海洋

调查方法》《海洋水团分析》、"海水健康养殖技术丛书"（共6册）、《海洋资源管理》等200余部学术专著和大学教材，具有鲜明的海洋特色与较高的学术水平，得到了我国海洋学界和涉海高校的广泛认可，也为我国海洋与水产科学人才培养发挥了重要作用。

此外，海大出版社开发的"水产学系列实验教材""山东省高等学校化学实验系列教材""高职高专系列教材"等，都有较大的发行量和行业影响力。

为了更好地服务高校人才培养工作，海大出版社于1990年成立了高校出版社图书代办站（教材服务中心），为驻青高校提供教材供应服务。我社教材服务中心不仅提供本版教材，还代为供应其他出版社的外版教材。20多年来，我社教材服务中心除了为中国海洋大学提供教材供应服务外，先后为青岛科技大学、海军航空大学青岛分院、青岛工学院、山东外贸职业学院等驻青高校提供教材服务。目前，我社教材服务中心每年提供2000多个品种的教材供应服务，外版书销售码洋达1000多万元，为青岛高校的教育教学工作，提供了有力的支撑。

高校教材和学术专著的出版和发行，给海大出版社的生存打下了坚实的基础，同时，也实现了海大出版社服务高校学科建设与人才培养的重要使命。

牢记使命，30年持之以恒助推海洋科教

中国海洋大学是具有90多年办学历史的高等学府，历史文化底蕴深厚，学风浓郁、人才辈出。早在中国海洋大学前身的山东大学阶段，学校于1931年就创办了海边生物学，1946年山东大学水产系成立，为我国高等学校第一个水产系；1947年成立海洋学系，并附设海洋研究所。新中国成立之前，山东大学的海洋学科就成为我国近代海洋高等教育的发端。新中国成立之后的1952年，全国高校院系调整，厦门大学海洋系和海洋研究所整建制合并到山东大学海洋系，当时的山东大学就奠定了我国海洋高等教育的龙头地位。1958年山东大学主体搬迁至济南，所有涉海学科都留在青岛。1959年，以山东大学青岛校区为依托成立的山东海洋学院，成为当时亚洲唯一一所海洋高等学校，并于1960年由中央政治局文件

划定为全国十三所重点综合性大学之一，成为肩负国家特殊历史使命的唯一一所海洋类高校。1988年，山东海洋学院改名为青岛海洋大学，成为我国海洋综合学科实力最强、海洋特色鲜明的教育部直属的重点综合性大学。

1989年，青岛海洋大学出版社诞生。从她成立之日起，就明确了服务国家海洋事业、服务我国海洋高等教育的历史使命，这与学校的办学定位与历史责任是一脉相承的。30年来，这种使命感和责任感在海大出版人心里从来不曾淡忘过。

开发海洋类高校教材、服务涉海高校人才培养是海大出版社的首要历史使命。建社以来，海大出版社逐步形成了四个板块的海洋类高校教材体系，主要有1. 海洋科学类：以"教育部高等学校海洋科学类专业基础课程规划教材"为代表的教材体系，主要包括专业基础课和核心专业课教材，如《海洋科学概论》《物理海洋学》《海洋化学》《海洋生物学》《海洋地质学》《海洋气象学》《海洋调查方法》，再如《海藻学》《海洋脊椎动物学》《海洋无脊椎动物学》《海洋修复生态学》等几十余部；2. 水产科学类：主要是水产养殖学、渔业资源学、鱼类学及水产品加工与储藏等专业方向的本科与研究生教材，如《水产养殖学》《水生生物学》《海水贝类养殖学》《水产动物生理学》《渔业资源生物学》等30余部；3. 实验技术类：主要包括海洋科学实习类指导书和水产类实验教材，如《海岸工程模型实验》《规范化海上试验》《近海调查海上实践实习指导书》《鱼类学实验》《海洋生物学实验》《微生物与海洋微生物学实验》等30余部；4. 海洋社科类：主要包括海洋管理学、海洋法学、海洋经济学、海洋社会学等专业方向的教材，如《海洋管理学》《海洋法学教程》《渔业法学通论》《海洋文化与社会》《海洋资源管理》等10余部。

跟踪海洋科技前沿、出版反映最新海洋科技成果的学术专著及服务海洋科技的工具书，是海大出版社的重要社会担当和学术责任。最近十几年来，我社出版了《中国海洋鱼类》（3卷）、《寻找油气的物探理论与方法》（3卷）、《拉汉世界鱼类系统名典》《黄河鱼类志》《海水健康养殖与质量控制》《中国对虾与三疣梭子蟹遗传育种》《海洋领域先进技术评价》《山东沿海习见鱼类耳石图鉴》《滨海河口污染水体生态修复技术研究》《中国海域常见浮游硅藻图谱》《海南东寨港红树林湿地生态系统研究》等海洋类学术专著100余部，成为我国海洋与水产科学学术成果的重要出版基地。

坚守学术出版，持之以恒助推我国海洋科技与教育，铸就了海大出版社在我国出版领域的核心竞争力。

心有蔚蓝，30年继往开来弘扬海洋文化

图书出版作为文化产业，不仅需要市场经营的管理理念，还需要传承文化、服务社会的出版情怀。因为传承文化、以文化人肩负着传承人类文明和民族精神的历史使命，是不能以经济效益来衡量的。这就是党和国家倡导出版业要把社会效益放在首位，争取社会效益与经济效益的有机统一的内在逻辑。作为以海洋图书出版为显著特色的大学出版社，海大出版社30年来一直以弘扬海洋文化为己任，不仅积极组织出版关于海洋文化本身内涵、外延、特征、传播规律等狭义的研究成果，而且大量出版传播海洋知识、服务海洋教育等各种教材、学术专著、人物传记、科普读物、文学作品等，成为我国出版领域传承海洋文化的重要基地。

在海洋文化研究成果出版方面，以中国海洋大学曲金良教授为领军的海洋文化研究团队，是我国该领域最优秀的团队之一。20年多年来，他们辛勤耕耘、默默奉献，先后编撰并在我社出版了《中国海洋文化史长编》（共5卷，300多万字）、《中国民俗文化论》《海洋文化概论》《海洋文化与社会》等多部代表我国海洋文化研究主要成果的学术专著。

除了前述关于高校教材与学术专著的出版，海大出版社长期致力于海洋科普与海洋文化普及读物的出版与推广，取得了显著的社会效益与经济效益。尤其是2010年来，我社先后策划出版了"畅游海洋科普丛书"（10册）、"人文海洋普及丛书"（6册）、"魅力中国海系列丛书"（12册）、"神奇的海贝科普丛书"（5册）、"海洋启智丛书"（5册）、"中国海洋符号丛书"（7册）、"舌尖上的海洋科普丛书"（4册）、《世界海洋科技名人》（1册）、《骑龙鱼的水娃》（3册）、"星辰海儿童幻

想文学丛书"（4 册）、"中国海洋故事丛书"（6 册）等海洋科普与海洋文化普及图书 100 余部，并先后获得国家新闻出版广电总局"三个一百"原创出版工程奖、总局"向全国青少年推荐的百种优秀图书"、科技部"全国优秀科普作品奖"、中国科普作家协会"全国优秀科普作品奖（银奖）"等荣誉 20 余项，形成了明显的品牌效应。

2012 至 2015 年，在国家海洋局宣传教育中心的支持下，海大出版社组织开发了全国首套"中小学海洋意识教育系列教材"《我们的海洋》（10 册，其中学生用书 5 册，教师用书 5 册）。该套教材从 2015 年开始，成功入选海南省中小学海洋意识教育地方课程指定教材，每年的发行量约 70 万册，海大出版社每年均为海南省培训中小学海洋教育教师超过 200 人次；本套教材目前已在广西壮族自治区推广使用，每年发行量约 5 万册；本套教材也经常作为国家海洋局智力扶贫项目，向全国十余个省市的贫困地区中小学赠阅，为提升全民尤其是青少年的海洋意识，发挥了积极的作用。

2014 年以来，海大出版社策划"中华海洋学人系列丛书"作为开放式书系，为近代以来我国著名的海洋科学家、教育家树碑立传，讲述中国海洋人的故事、传播中国海洋精神、弘扬中华海洋文化。先后出版《一代宗师——赫崇本》《传奇教授——侯国本》两部传记，赢得良好的社会反响。目前，《中国近代海洋教育先驱——赵太侔传》《中国现代遗传学奠基人——方宗熙传》正在创作、出版当中。我社将稳步推进、长期坚持"中华海洋学人系列丛书"创作与出版工作，力争为中国海洋文化史留下更多瑰丽的篇章。

对今天的中国而言，落实海洋强国战略、坚持文化自信，弘扬海洋文化任重而道远！海大出版社将不忘初心、牢记使命，为传承和发扬中华优秀海洋文化不懈努力。"路漫漫其修远兮，吾将上下而求索"，站在而立之年新的发展起点上，海大出版社将一如既往，续写海洋出版新的辉煌！

硕果

Achievements

015-078

我们的奋斗

▌领导关怀

1、2　2012年11月3日，国家新闻出版总署副署长邬书林在教育部社科司副司长徐维凡、中国大学出版社协会理事长王明舟的陪同下，莅临中国海洋大学出版社视察工作

中国海洋大学出版社顾问聘任仪式

热烈欢迎国家海洋局宣教中心领导莅临我社指导工作

1 2012年，中国海洋大学出版社
　顾问聘任仪式

2 2013年4月，国家海洋局宣教
　中心领导莅临我社指导工作

3 2006年11月，教育部社科司徐
　维凡副司长莅临我社调研

4 2013年4月，山东省新闻出版
　广电局副局长杨树国莅临我社
　指导工作

5 2007年，学校第一次本科评估
　时，中国海洋大学原校长、中
　国工程院院士管华诗来我社指
　导工作

1　1991年4月，青岛市著名书法家高小严、王梦凡、蔡省庐以及画家冯凭等先生来我社考察，并现场作画

2　1993年，青岛市中学生寒假征文颁奖大会召开，青岛市副市长施稼声（右三）、市政协副主席孙喜茂（右四）、
　　青岛日报副总编辑张德英（右二）、青岛海洋大学出版社社长谢洪芳（右一）出席

荣耀时刻

2017年4月，中国出版协会第六届中华优秀出版物奖颁奖仪式在北京举行，我社出版的《中国海洋鱼类》获奖，社长杨立敏上台领奖

1　2017年4月，中国出版协会第六届中华优秀出版物奖颁奖仪式在北京举行，我社出版的《中国海洋鱼类》获奖，社长杨立敏、副总编辑魏建功、总编室主任徐永成与会领奖

2　2013年12月，社长杨立敏出席第四届"三个一百"原创图书出版工程新闻发布会暨总结座谈会

3　2016年10月，《海藻学》被评为海洋优秀科技图书奖，副总编辑魏建功出席国家海洋局、中国海洋学会、湖沼学会、太平洋学会共同举办的海洋科学技术奖颁奖仪式

4　2016年4月，中国科普作家协会海洋科普专业委员会揭牌仪式举行，中国科普作家协会秘书长石顺科、国家海洋局宣传教育中心主任盖广生、中国海洋大学原校长吴德星等领导同志出席揭幕式

一路走来

1 1989年，出版社成立大会举行（自左至右：邢福崇、魏世江、陈万青、孙庆和、谢洪芳、王永凯、刘龙太、王生、汪元成）

2 1989年8月25日，山东省教委编写、我社出版的第一部书——《师魂》问世

3 1991年，著名书法家、文学家周而复为出版社题写社名

4 1991年5月，《希望》由我社出版，青岛市人大常委会副主任施稼声、副市长程友新、市政协副主席孙喜茂等领导同志出席首发式并讲话

1　1991年7月，高校出版社社长研讨班在国家教委青岛学术中心举行

2　1991年7月，谢洪芳社长在高校出版社社长研讨班上

3　1992年，我社参加第四届北京国际图书博览会

4　1992年，华东地区大学出版社图书巡回看样订货会在青岛海洋大学图书馆举行

1　1992年，华东地区大学出版社图书巡回看样订货会在青岛海洋大学图书馆举行，我校秦启仁副校长出席开幕式并讲话（前排左四）

2　1992年6月，华东地区大学出版社图书订货会在我校举行

3　1993年，《新绿》在青岛海洋大学逸夫科技馆举行首发式，青岛市副市长周迪颐、我校党委副书记李耀臻、青岛市教委主任陈显青等领导出席首发式

4　1993年，俄罗斯出版社友人来我社洽谈版权贸易业务

5　1994年，我社出版图书《劳动计量与劳动控制论》获1994年度国家教委人文社会科学（经济类）优秀成果二等奖

海大出版社评估验收会

中国海洋大学出版社高等院校化学教材编写会

1　1998年7月，海大出版社评估验收会举行

2　2008年6月，中国海洋大学出版社高等院校化学教材编写会召开

3、4　2009年，全国高等医学英语教学研讨会在我校学术交流中心召开

1 2009年，我校副校长董双林、青岛大学教授郝长江出席全国高等医学英语教学研讨会，社长王曙光主持

2 2010年12月，"畅游海洋科普丛书"编创工作第四次会议召开

3 2011年2月，出版社有限公司第一届董事会、监事会第一次会议在出版社会议室召开

4 2011年5月，"畅游海洋科普丛书"首发式在青岛书城举行

1　2011年6月，"畅游海洋科普丛书"出版发行座谈会在胜利楼会议室召开

2　2011年8月，六家大学出版社发展研讨会在我社召开

3　2012年，首届全国涉海院校外语教学与教材建设研讨会在我校学术交流中心召开

4　2012年，我社高等学校化学实验教材修订会在日照举行

1 2012年4月，全国医学英语教学与教材建设研讨会在我校学术交流中心召开，陈锐副校长出席并讲话
2 2012年5月，"人文海洋普及丛书"首发式在青岛书城举行
3 2013年5月，"中小学海洋意识教育系列教材"大纲审定会在我校学术交流中心举行
4 2013年11月，我社海洋科普图书出版发行研讨会在我校学术交流中心召开

1 2014年9月，"中小学海洋意识教育系列教材"教师用书审定会在海大学术中心召开
2 2014年12月，海大出版社与高校图书馆座谈会在海大学术中心召开
3 2015年5月，"神奇的海贝科普丛书"发布会暨赠书仪式在我社会议室举行
4 2015年11月，"中国海洋符号丛书"书稿审定会在我社会议室召开
5 2016年3月，"海洋启智丛书"新书发布会暨赠书仪式在我社会议室举行

1、2 2016年7月，《中国海洋鱼类》出版及学术交流会举行，社长杨立敏主持会议，中国海洋大学原校长、中国工程院院士管华诗，党委常委、总会计师王剑敏，中国工程院院士麦康森，作者陈大刚教授、张美昭教授以及有关高校和研究院所的专家参加了会议

1　2016年8月，"第十二届海峡两岸图书交易会"上，社长杨立敏向台北市出版商业同业公会理事长卢钦政赠送"中国海洋符号丛书"

2　2016年9月，海洋国际高峰论坛在即墨蓝色硅谷举行，我社为青岛蓝谷管理局海洋科普展提供了设计方案，社长杨立敏参加了"海洋科普教育"专题论坛并做报告

1　2016年10月，《我们的海洋》教材首次教师培训会在海南举行

2　2016年10月，《我们的海洋》教材教师培训会现场

3、4　2016年12月，青岛市海洋文化研究会成立暨第一次会员代表大会在中国海洋大学举行，秘书处设在中国海
　　　洋大学出版社，社长杨立敏当选为副会长

1 2016年10月，中国科普作家协会海洋科普专业委员会年会在海大学术中心召开

2 2017年5月，首届山东云南寻根研讨会举行，社长杨立敏发言

3 2017年11月，中国科普作家协会海洋科普专业委员第二届年会在海大学术中心举行

4 2019年1月，《传奇教授——侯国本》首发式暨侯国本先生百年诞辰纪念活动在崂山校区举行

1　2018年1月，在全国图书订货会（北京）上副社长、副总编辑刘文菁主持"舌尖上的海洋科普丛书"首发式

2　2018年5月，中国矿业大学出版社社长于广云（左二）、副总编辑马跃龙（右一）和中国石油大学出版社总编辑路庆良来社调研，社长杨立敏陪同

3　2018年9月，社长杨立敏、副总编辑李夕聪、总编室主任徐永成在三亚与海南热带海洋学院陈锐校长洽谈出版合作事宜

1 2018年11月，中国科普作家协会海洋科普专业委员会2018年年会在海大学术中心举行。本会副主任委员、原
　 国家海洋局宣传教育中心主任盖广生，副主任委员、国家海洋局第一研究所原所长马德毅，省政府参议、山东
　 省科普创作协会理事长马来平等出席会议

2 2018年11月12日，中国海洋大学出版社淄博分社揭牌仪式在山东理工大学举行

1 2018年11月12日，中国海洋大学出版社淄博分社揭牌仪式在山东理工大学举行。中国海洋大学副校长李华军院士、山东理工大学校长张铁柱以及山东省新闻出版广电局、淄博市文化广电新闻出版局等有关单位的领导出席会议

2 2019年1月，中学海洋知识教材教师培训班开班。中国海洋发展基金会秘书长潘新春、中国海洋大学副校长李华军、国家深海基地管理中心党委书记刘保华、中国海洋发展基金会副秘书长向友权、中国海洋大学出版社社长杨立敏、副总编辑李夕聪等出席

我们的荣誉

重量级

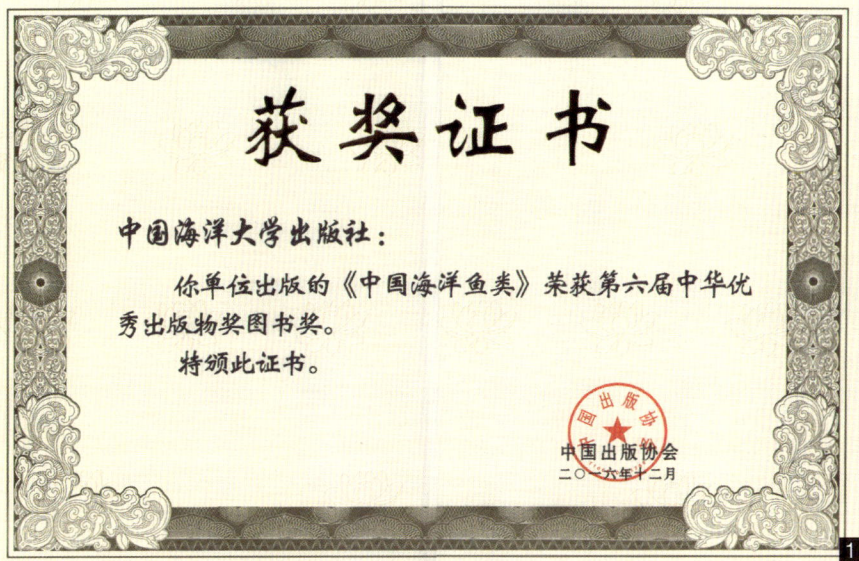

1　2016年，《中国海洋鱼类》荣获中华优秀出版物奖图书奖

2　2012年，"畅游海洋科普丛书"（10册）入选新闻出版总署向全国青少年推荐百种优秀图书

3　2013年，"畅游海洋科普丛书"（10册）入选"三个一百"原创图书出版工程

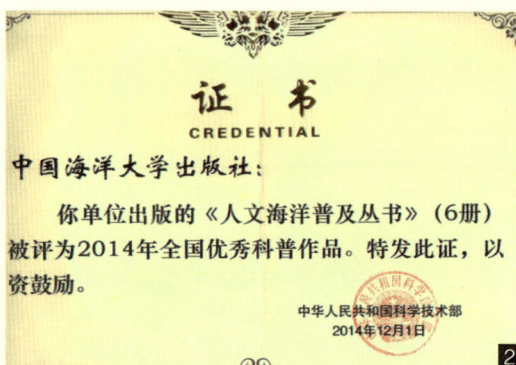

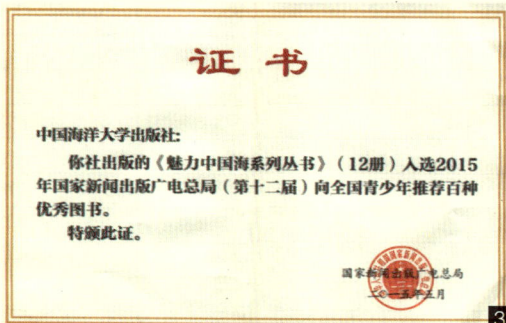

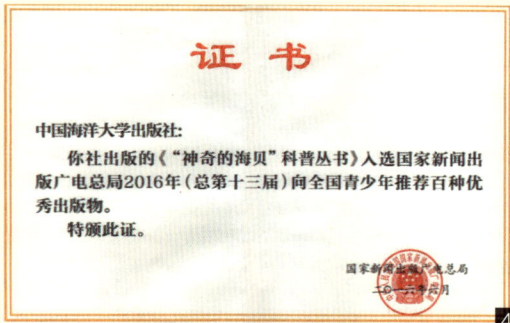

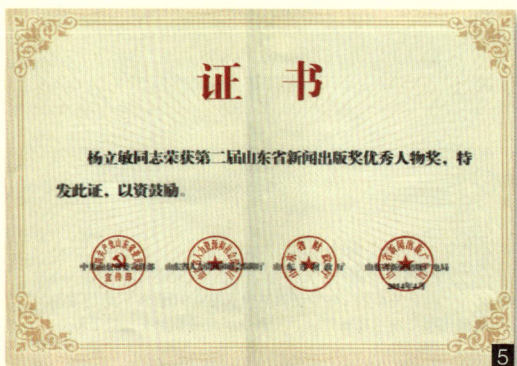

1 2013年11月，"畅游海洋科普丛书"被评为2013年全国优秀科普作品

2 2014年12月，"人文海洋普及丛书"（6册）被评为2014年全国优秀科普作品

3 2015年，"魅力中国海系列丛书"（12册）入选国家新闻出版广电总局向全国青少年推荐百种优秀图书

4 2016年6月，"神奇的海贝科普丛书"入选向全国青少年推荐百种优秀出版物

5 2014年4月，杨立敏获得第二届山东省新闻出版优秀人物奖

国家级

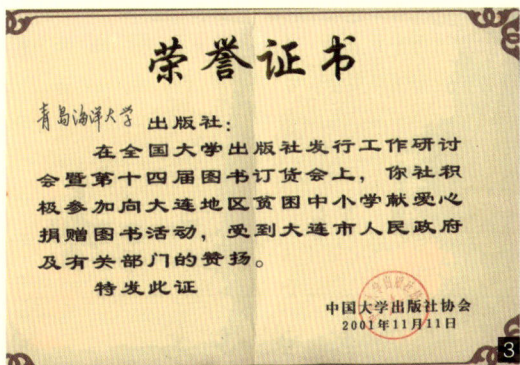

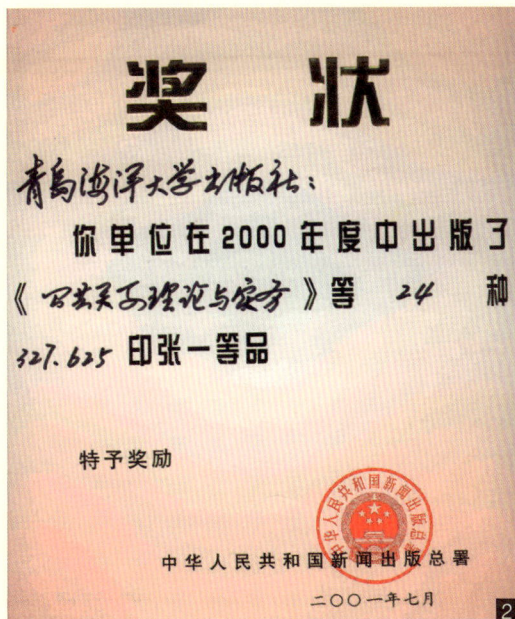

1 1999年，"新世纪语文教师发展丛书"荣获全国教育图书奖二等奖

2 2001年，24种图书获得印制奖

3 2001年，在全国大学出版社发行工作研讨会暨第十四届图书订货会上，受到大连市人民政府及有关部门的赞扬

4 2002年，9种图书获得印制奖

5 2008年10月，《海水虾类健康养殖技术》荣获全国高校出版社畅销书一等奖

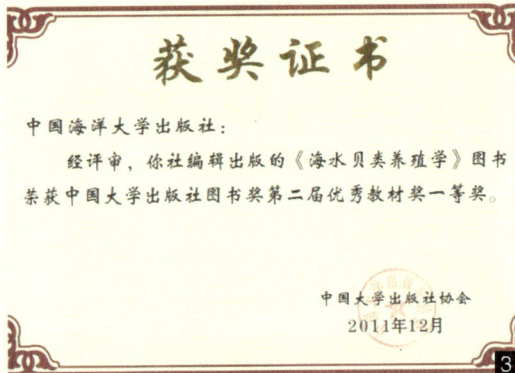

1 2008年10月，《经济法基础教程》荣获全国高校出版社优秀畅销书二等奖

2 2011年9月，《市南年鉴》（2010年卷）荣获第五届全国年鉴编校质量检查评比特等奖

3 2011年12月，《海水贝类养殖学》荣获优秀教材一等奖

4 2011年12月，《医学英语视听说》荣获优秀教材二等奖

5 2012年，"畅游海洋科普丛书"在首届华文出版物艺术设计大赛中荣获优秀奖

6 2013年10月，"人文海洋普及丛书"荣获优秀畅销书奖一等奖

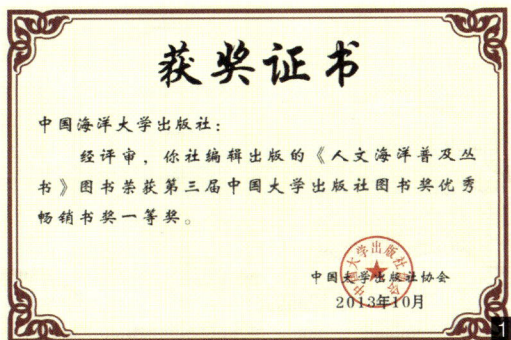

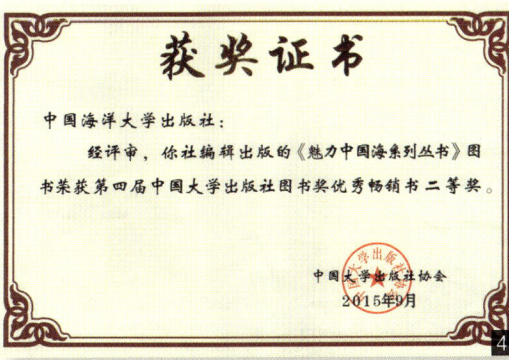

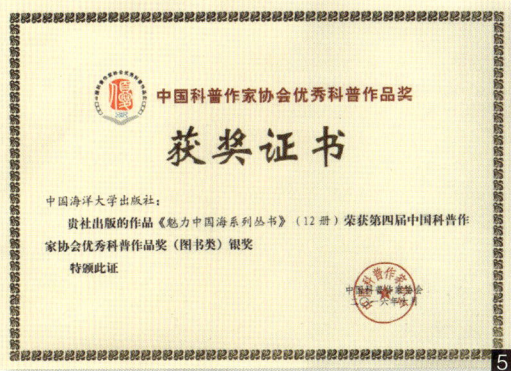

1　2013年10月，"人文海洋普及丛书"荣获第三届中国大学出版社图书奖优秀畅销书一等奖

2　2013年10月，《海岸防灾工程》荣获第三届中国大学出版社图书奖优秀教材奖二等奖

3　2013年12月，"人文海洋普及丛书"荣获2012–2013年度全行业优秀畅销书

4　2015年9月，"魅力中国海系列丛书"荣获中国大学出版社图书奖优秀畅销书二等奖

5　2016年，"魅力中国海系列丛书"荣获中国科普作家协会优秀科普作品奖银奖

6　2016年，《海藻学》荣获海洋优秀科技图书奖

华东地区

1　1990年,《中国画浅说》荣获优秀图书二等奖

2　1990年,《马克思主义基本理论》荣获优秀图书二等奖

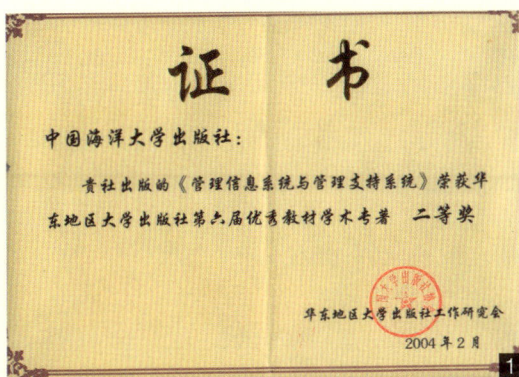

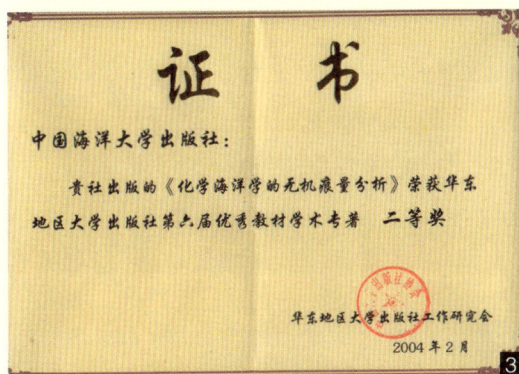

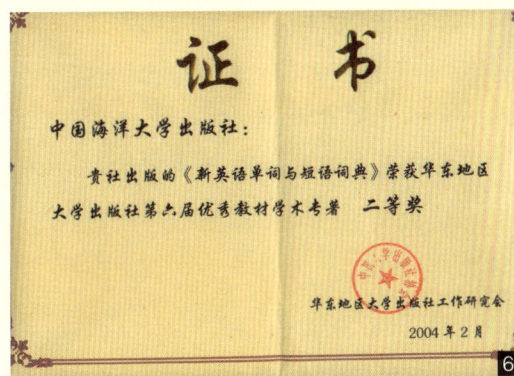

1 2004年2月，《管理信息系统与管理支持系统》荣获优秀教材学术专著二等奖

2 2004年2月，《海洋随机资料分析》荣获优秀教材学术专著一等奖

3 2004年2月，《化学海洋学的无机痕量分析》荣获优秀教材学术专著二等奖

4 2004年2月，《实用英语》荣获优秀教材学术专著二等奖

5 2004年2月，《思想道德修养导论》荣获优秀教材学术专著二等奖

6 2004年2月，《新英语单词与短语词典》荣获优秀教材学术专著二等奖

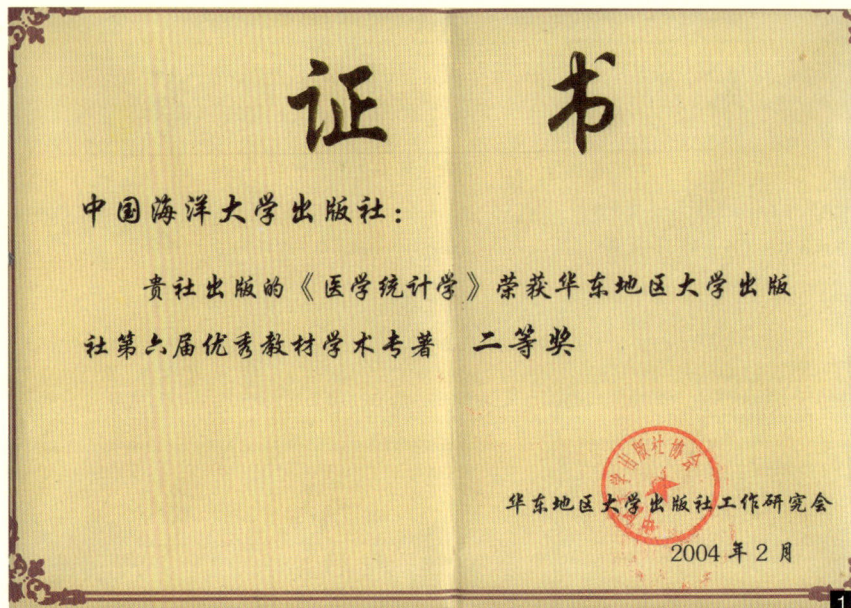

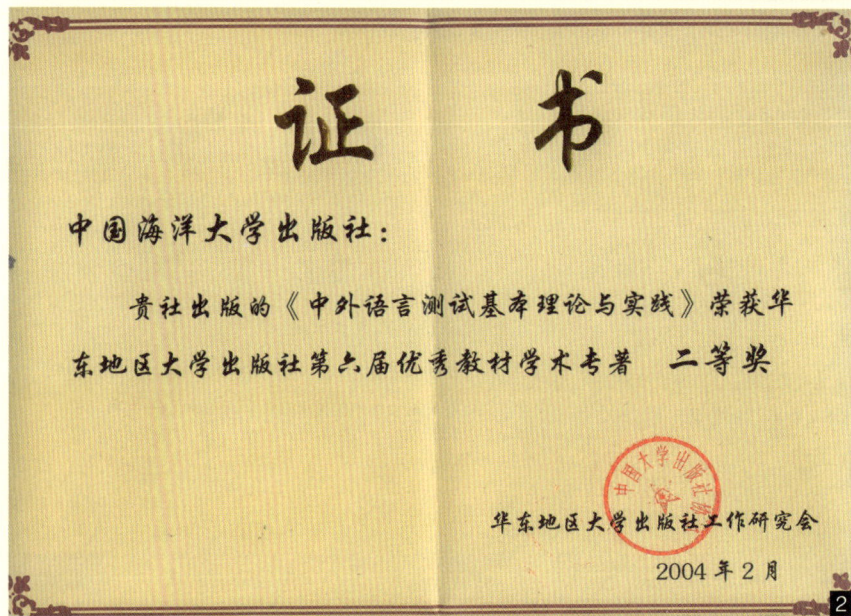

1　2004年2月，《医学统计学》荣获优秀教材学术专著二等奖

2　2004年2月，《中外语言测试基本理论与实践》荣获优秀教材学术专著二等奖

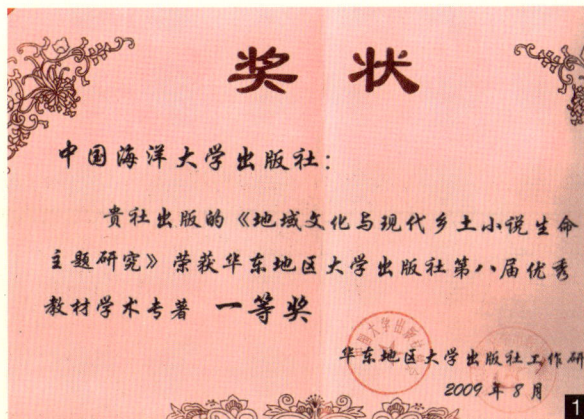

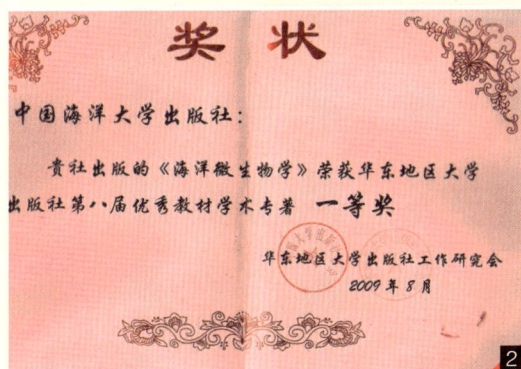

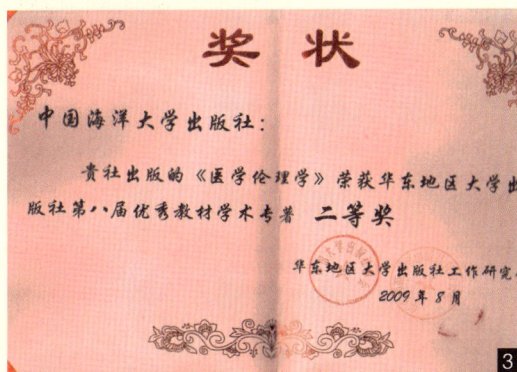

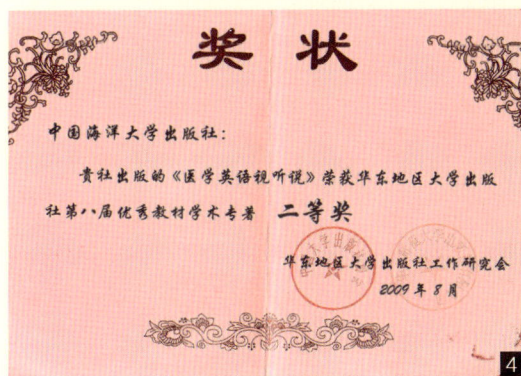

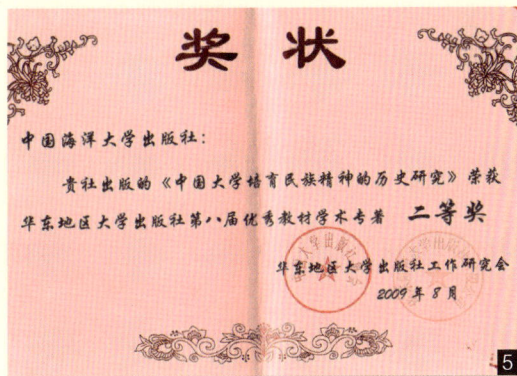

1　2009年8月，《地域文化与现代乡土小说生命主题研究》荣获优秀教材学术专著一等奖

2　2009年8月，《海洋微生物学》荣获优秀教材学术专著一等奖

3　2009年8月，《医学伦理学》荣获优秀教材学术专著二等奖

4　2009年8月，《医学英语视听说》荣获优秀教材学术专著二等奖

5　2009年8月，《中国大学培育民族精神的历史研究》荣获优秀教材学术专著二等奖

省级

1 建社初期，我社部分获奖证书
2 建社初期，我社部分奖状及奖杯

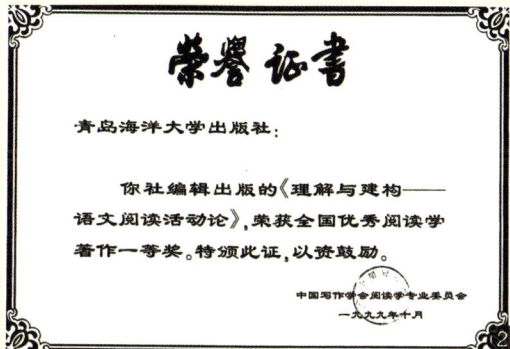
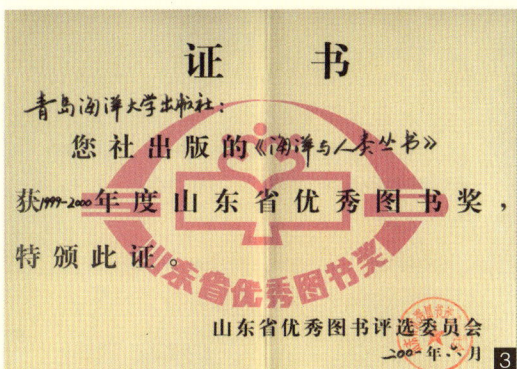

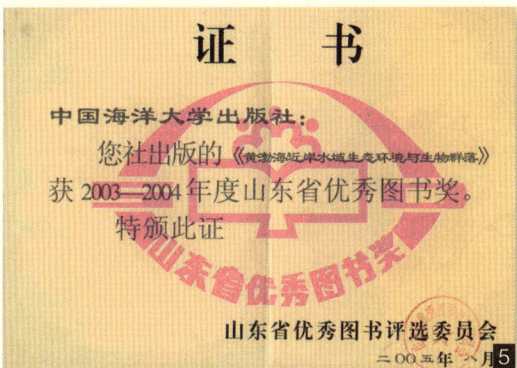
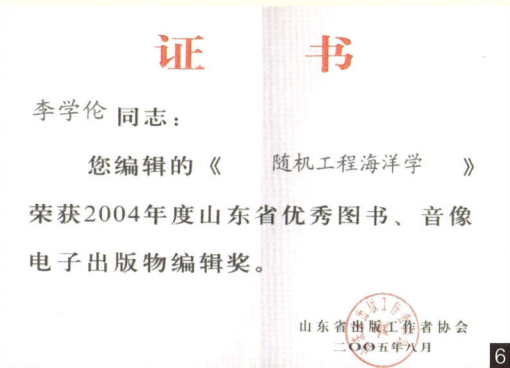

1　1999年9月，《来自大海的疑问》荣获山东省优秀图书奖

2　1999年10月，《理解与建构——语文阅读活动论》荣获优秀阅读学著作一等奖

3　2001年6月，"海洋与人类丛书"荣获山东省优秀图书奖

4　2003年12月，"语文教育新视野丛书"荣获山东省优秀图书奖

5　2005年8月，《黄渤海近岸水域生态环境与生物群落》荣获山东省优秀图书奖

6　2005年8月，《随机工程海洋学》荣获山东省优秀图书、音像电子出版物编辑奖

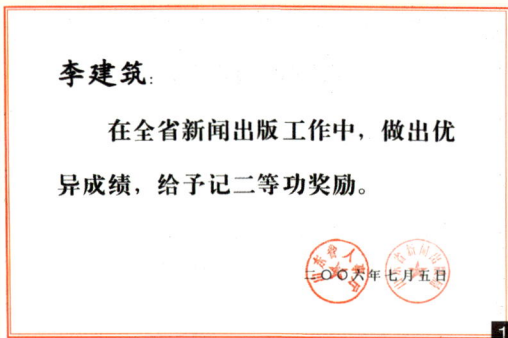

李建筑：

　　在全省新闻出版工作中，做出优异成绩，给予记二等功奖励。

二〇〇六年七月五日

1

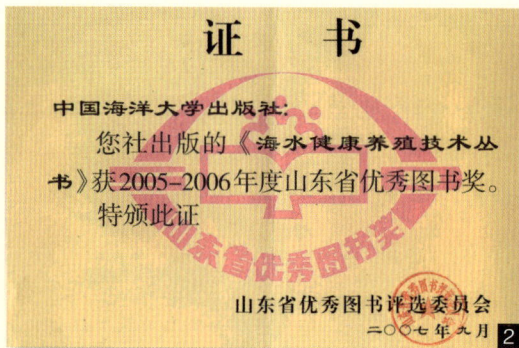

证　书

中国海洋大学出版社：

　　您社出版的《海水健康养殖技术丛书》获2005–2006年度山东省优秀图书奖。特颁此证

山东省优秀图书评选委员会

二〇〇七年九月

2

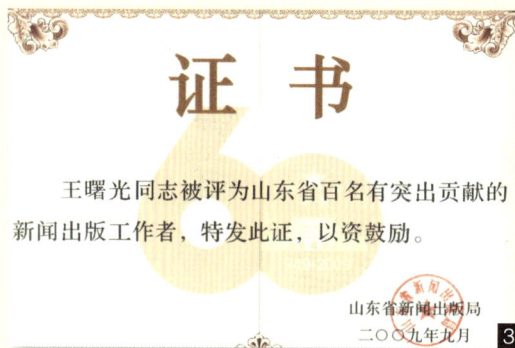

证　书

　　王曙光同志被评为山东省百名有突出贡献的新闻出版工作者，特发此证，以资鼓励。

山东省新闻出版局

二〇〇九年九月

3

证　书

　　中国海洋大学出版社的《海水贝类养殖学》荣获首届山东省新闻出版奖图书奖，特发此证，以资鼓励。

4

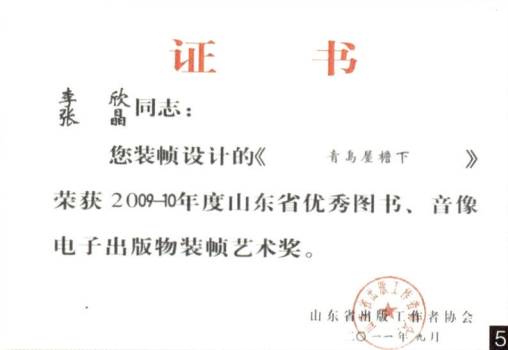

证　书

李欣
张晶　同志：

　　您装帧设计的《　青岛屋檐下　》荣获2009–10年度山东省优秀图书、音像电子出版物装帧艺术奖。

山东省出版工作者协会

二〇一一年九月

5

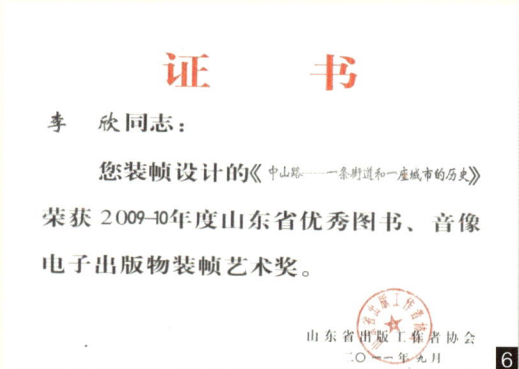

证　书

李　欣　同志：

　　您装帧设计的《中山路——一条街道和一座城市的历史》荣获2009–10年度山东省优秀图书、音像电子出版物装帧艺术奖。

山东省出版工作者协会

二〇一一年九月

6

1　2006年7月，李建筑在全省新闻工作中做出优异成绩，给予二等功奖励

2　2007年9月，"海水健康养殖技术丛书"荣获山东省优秀图书奖

3　2009年，王曙光被评为山东省百名有突出贡献的新闻出版工作者

4　2011年，《海水贝类养殖学》荣获山东省新闻出版奖图书奖

5　2011年9月，《青岛屋檐下》荣获山东省优秀图书、音像电子出版物装帧艺术奖

6　2011年9月，《中山路———一条街道和一座城市的历史》获山东省优秀图书、音像电子出版物装帧艺术奖

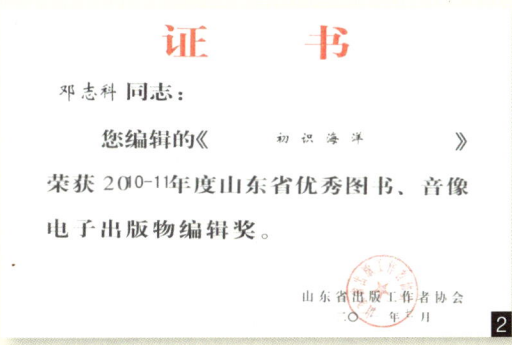

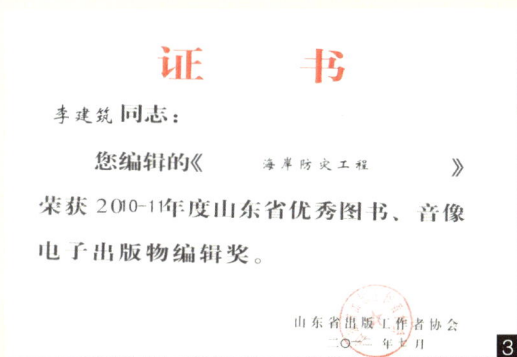

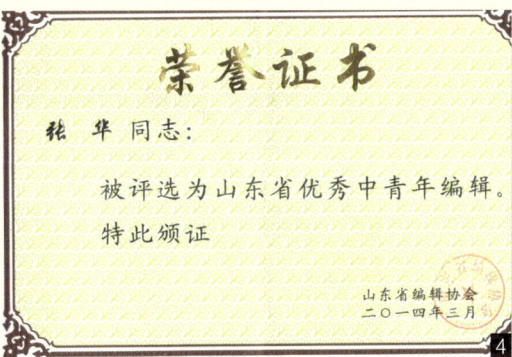

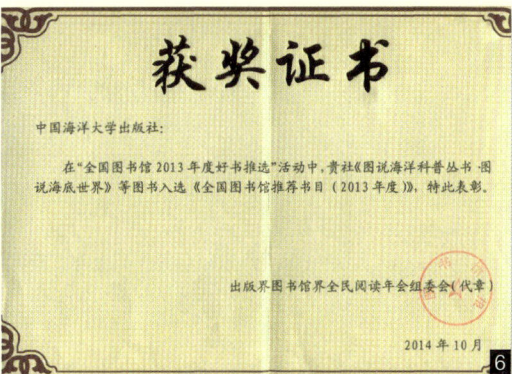

1　2012年3月，纪丽真被评选为山东省优秀中青年编辑

2　2012年7月，《初识海洋》荣获山东省优秀图书奖

3　2012年7月，《海岸防灾工程》荣获山东省优秀图书奖

4　2014年3月，张华被评选为山东省优秀中青年编辑

5　2014年4月，"畅游海洋科普丛书"荣获山东省新闻出版奖图书奖

6　2014年10月，"图说海洋科普丛书"入选全国图书馆推荐书目

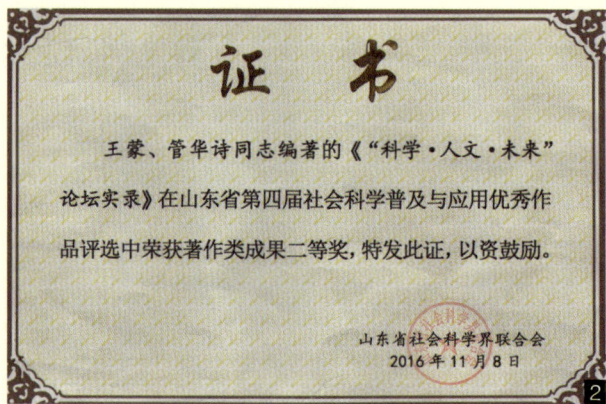

1　2016年11月，"海洋启智丛书"荣获第四届山东省社会科学普及与应用优秀
　作品评选一等奖

2　2016年11月，《"科学·人文·未来"论坛实录》在山东省第四届社会科学
　普及与应用优秀作品评选中荣获著作类成果二等奖

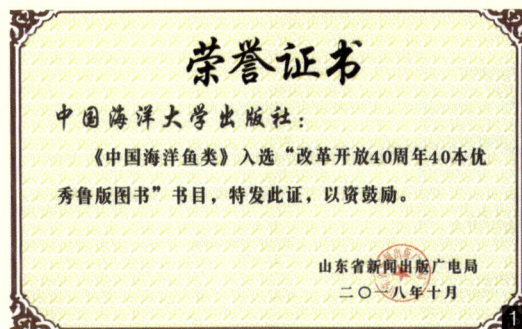

1　2018年10月，《中国海洋鱼类》入选"改革开放40周年40本优秀鲁版图书"书目

2　2018年9月，"舌尖上的海洋科普丛书"在首届山东省科普创作大赛中，荣获科普文学类二等奖

3　2018年9月，"中国海洋符号丛书"在首届山东省科普创作大赛中荣获科普文学类一等奖

代表图书
Representative
Books

海洋学术类

中国海洋鱼类

中国海洋文化史长编

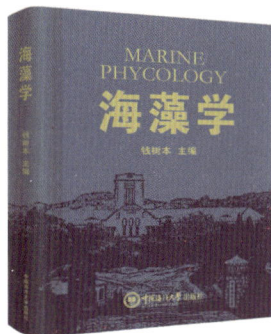
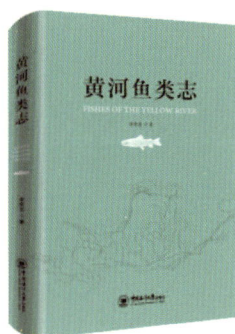
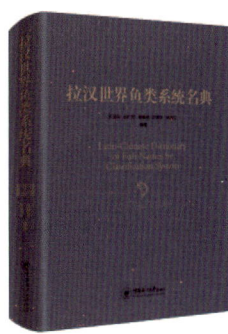

海藻学　　　　　　黄河鱼类志　　　　拉汉世界鱼类系统名典

海洋科学类教材

海洋经济博士文库

海水健康养殖技术丛书

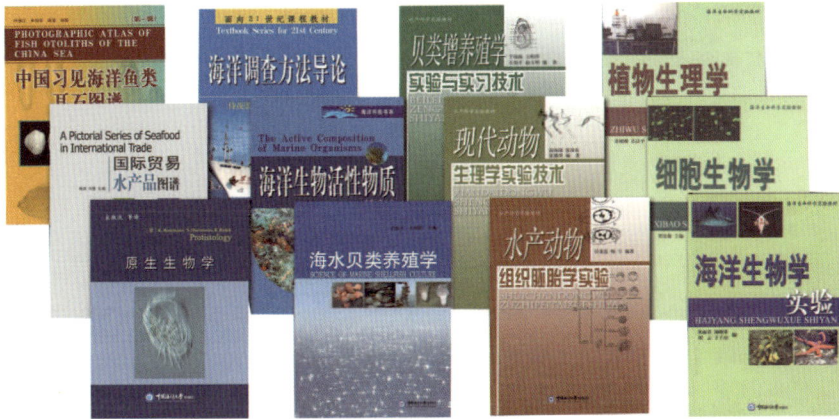

部分海洋学术类图书

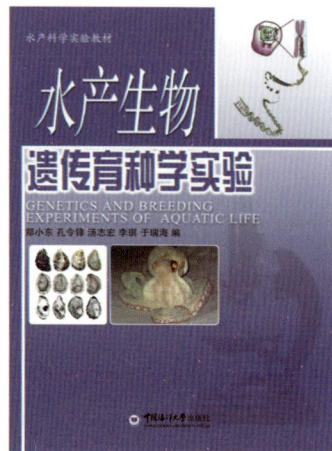

其他海洋学术类图书

最新海水养殖技术丛书

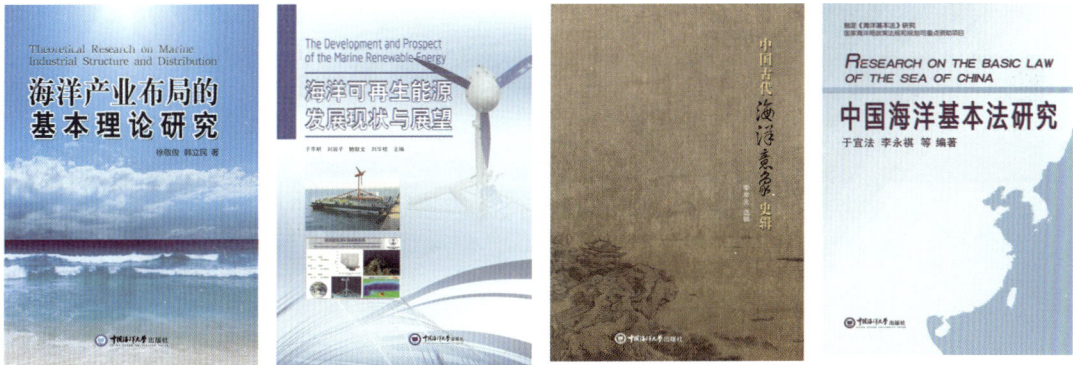

其他海洋学术类图书

海洋科普类

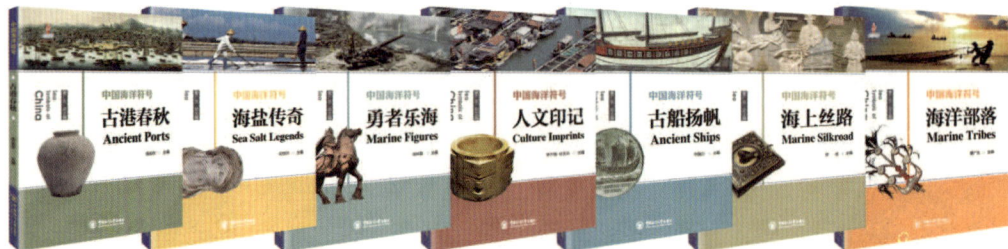

中国海洋符号丛书

畅游海洋科普丛书

人文海洋普及丛书

图说海洋科普丛书

魅力中国海系列丛书

神奇的海贝科普丛书

舌尖上的海洋科普丛书

"我们的海洋"中小学海洋意识教育系列教材

海洋文学类

中国海洋故事丛书

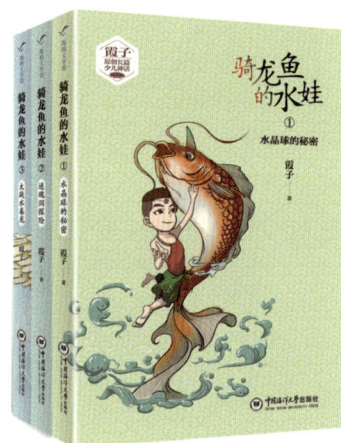

骑龙鱼的水娃

来自宇宙的水精灵

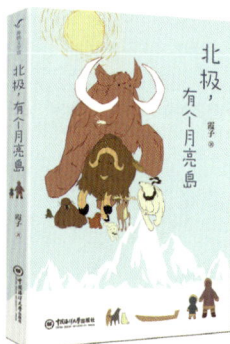

北极，有个月亮岛

悦读海洋365系列

"星辰海"海洋幻想文学丛书

海洋神话绘本系列

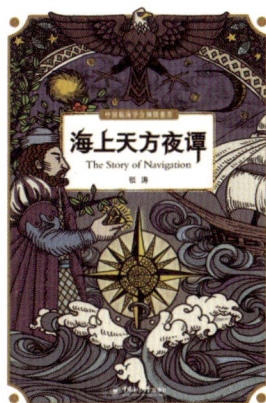

海上天方夜谭

郑和传

哥伦布传

文化教育类

一代宗师——赫崇本

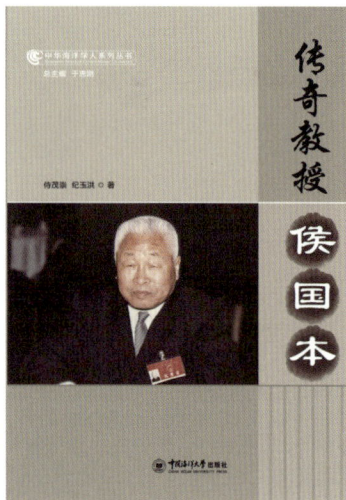

传奇教授——侯国本

1995 中国北极记忆

青岛老建筑之旅

中国高等教育学中青年学者译丛

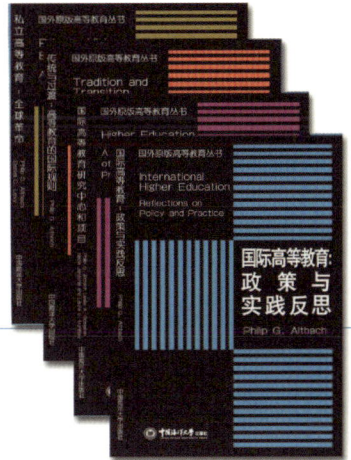

国外原版高等教育丛书

高等教育研究其他代表图书

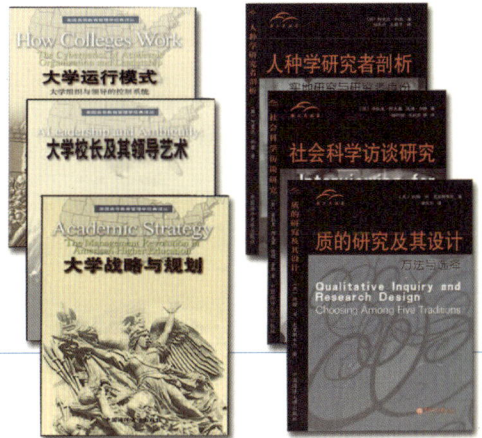

国际高等教育译丛

外语类

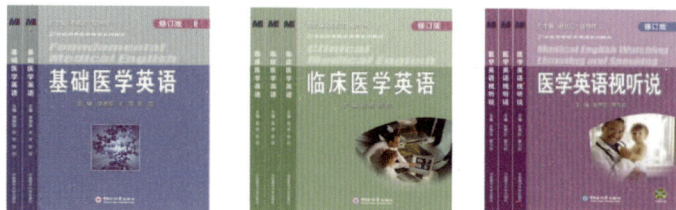

21世纪高等学校医学英语系列教材

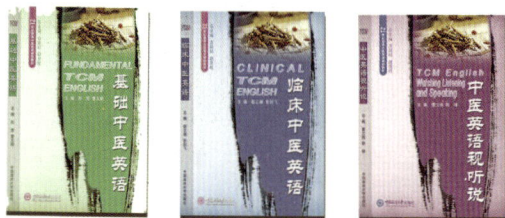

21世纪高等中医英语系列教材

高等院校英语专业系列教材

航海英语系列教材

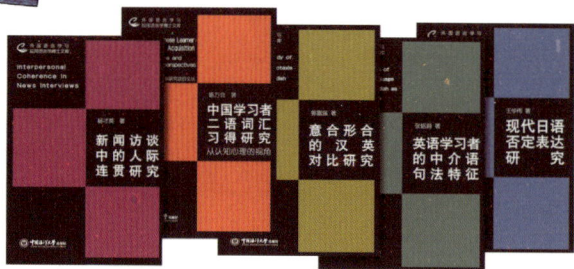

外国语言学与应用语言学博士文库

全国涉海高校研究生英语"十二五"规划系列教材

足迹

Footprints

079-118

历任社长

谢洪芳

（1989年5月至1996年5月）

李建筑

（1996年7月至1999年2月）

刘宗寅

（1999年2月至2000年9月）

李学伦

（2000年9月至2003年3月）

王曙光

（2003年3月至2010年1月）

杨立敏

（2010年1月至今）

历任书记

邢福崇

（1989年9月至1991年8月）

谢洪芳

（1991年8月至1995年11月）

朱福勤

（1995年11月至1996年9月）

关庆利

（1996年9月至1999年2月）

李学伦

（1999年2月至2002年12月）

王曙光

（2002年12月至2010年1月）

杨立敏

（2010年1月至今）

出版社大事记

（1989~2018）

1989年

2月27日　学校发文（海大内人字〔89〕15号）：经研究决定，成立青岛海洋大学出版社筹备处；任命谢洪芳同志任出版社筹备处主任；陈万青同志任出版社筹备处副主任，孙庆和同志任出版社筹备处副主任。

4月20日　国家新闻出版署发文（新出图字〔89〕366号）：同意成立青岛海洋大学出版社。

5月9日　中国ISBN中心分配给我社出版者前缀号为"ISBN 7-81026"，首次配发书号200个。

6月2日　学校发文（海大内人字〔89〕48号）公布，成立青岛海洋大学出版社。出版社下设办公室，负责处理出版社各项具体事务。

同日　学校发文（海大内人字〔89〕49号），任命谢洪芳同志任出版社社长，魏世江同志任出版社办公室主任。

6月16日　学校发文（海大内人字〔89〕52号），任命陈万青同志任出版社副社长，孙庆和同志任出版社副社长。

6月17日　山东省新闻出版局图书处处长徐国强代表局领导来出版社了解建社初期的运行情况，听取了谢洪芳社长的工作汇报。

8月25日　山东省教委编写、我社出版的第一部书——《师魂》问世。

9月23日　党委组织部书面通知，批准建立出版社直属党支部，支部委员会由邢福崇、孙庆和、魏世江组成，邢福崇任书记。

1990年

1月15日　经社领导研究决定，刘爱琴同志负责办公室工作。

1月17日　学校通知，校印刷厂划归出版社管理。

3月12~14日　孙庆和副社长等代表我社首次参加在济南举办的"山东省鲁版图书看样订货会"。

3月20~24日　孙庆和副社长等代表我社参加在成都举办的"第二届全国高校出版社图书看样订货会"，这是我社首次参加全国高校出版社图书订货会。

5月14日　高等学校出版社青岛图书代办站（隶属青岛海洋大学出版社社）暨青岛海洋大学出版社读者服务部正式开业；方淑娥同志负责图书代办站和读者服务部的工作。

12月11日　我社图书代办站举办"青岛地区图书发行联谊会"，青岛市各大专院校图书馆馆长和教材科科长与会。

12月13日　山东省出版工作者协会批准青岛海洋大学出版社为团体会员单位。

12月22日　青岛广播电台和青岛日报社记者以及青岛市电教馆有关人员来我社采访，谢洪芳社长等向他们介绍了出版社的情况以及今后的发展规划。

本年　我社出版的《师范美育学》获第三届（1989~1990年度）山东省优秀图书奖，这是我社出版的图书首次获奖。

本年　出版社印刷厂被评为青岛海洋大学1990年度先进集体；邢福崇被评为青岛海洋大学1990年度先进工作者。

1991年

4月8日　青岛市著名书法家高小严、王梦凡、蔡省庐以及画家冯凭等先生来我社考察，并现场挥毫泼墨。

4月24~28日　国家教委和新闻出版署联合召开的全国高等学校出版社第三

次工作会议暨全国普通高校教材工作会议在武汉举行，国家教委副主任朱开轩、新闻出版署副署长刘杲出席会议并讲话。会议讨论、审议了《全国普通高等教育"八五"期间教材建设规划纲要》《普通高等学校各科类专业教材规划、编审、出版工作的分工》等文件。全国高校出版社社长及承担大中专教材出版任务的其他出版社社长参加了会议，我社谢洪芳社长与会。

5月15日　青岛市教育局、青岛海洋大学出版社等联合举办的"青岛市中小学生寒假征文（1989~1991）"，其获奖作品集《希望》由我社出版，首发式在青岛海洋大学胜利楼会议室举行，市人大常委会副主任施稼声、副市长程友新、市政协副主席孙喜茂等领导同志出席会议并讲话。

6月22日　学校举办庆祝中国共产党成立70周年歌咏比赛，我社代表队与总务处、化学系的代表队并列第一。

6月28日　以我社为主组成的青岛海洋大学时装队，参加由青岛市文化局、群艺馆等组织的时装表演邀请赛，获得一等奖。

7月21~30日　国家教委条件装备司主办、青岛海洋大学出版社协办的"高等学校出版社社长研讨班"在国家教委学术交流中心举行，全国40多家高校出版社的社长参加了此次研讨活动。

8月12日　党委组织部通知，党委常委会研究决定，谢洪芳同志任出版社直属党支部书记。

8月12日　文化部原副部长、著名作家、中国书法家协会名誉主席周而复先生来我社考察，并为我社题写社名。

9月16日　学校党委发文（海大党字〔91〕66号），出版社党支部划归图书馆党总支。

9月19日　学校书面通知，原隶属出版社的印刷厂划归校办产业管理委员会领导。

本年　我社出版的《汉唐和亲研究》获山东省第六届社会科学优秀成果二等奖。

1992年

5月16日　我社全体职工到灵山卫镇向守备团二机连的解放军同志赠书，《青岛日报》和《青岛晚报》的记者随行参加了这次赠书活动。

6月13日　华东地区大学出版社协会主办、青岛海洋大学出版社协办的"华东地区大学出版社图书巡回看样订货会"在青岛海洋大学图书馆举行，我校秦启仁副校长出席开幕式并讲话。本次订货会有27家大学出版社与会。

本年　我社出版的《对虾疾病防治手册》获第四届（1991~1992年度）山东省优秀图书奖。

1993年

5月22日　青岛市教委、青岛日报社、青岛海洋大学出版社等单位联合举办的"青岛市中小学生寒假征文"，其获奖作品集《新绿》在青岛海洋大学逸夫科技馆举行首发式，青岛市副市长周迪颐、我校党委副书记李耀臻、青岛市教委主任陈显青等领导出席首发式。

9月29日　学校发文（海大内人字〔93〕120号），任命魏世江同志任出版社副社长。

本年　我社出版的《劳动计量与劳动控制论》和《颅脑五官CT解剖学》获1993年度山东省社会科学优秀成果一等奖。

1994年

4月　经过近4年的运作，出版社内部组织机构框架基本形成。出版社下设办公室、综合编辑室、美术编辑室、出版科、财务科、发行科、图书代办站、读者服务部；刘爱琴同志任办公室主任、陈万青副社长兼管综合编辑室、杨桂荣同志负责美术编辑室、汪望星同志任出版科科长、范淑美同志任财务科副科长、李洪强同志负责发行科、王英海同志任图书代办站站长兼读者服务部经理。

6月29日　省委宣传部、省新闻出版局主办、我社协办的"山东省出版社社长（总编）培训班"在青岛海洋大学举行。

11月14日　学校发文（海大内人字〔94〕146号），任命谢洪芳同志任出版社总编辑（兼），魏世江同志任副总编辑（兼）。

本年　谢洪芳社长被评为"山东省十佳出版工作者"。

本年　我社出版的《配合饲料大全》获第五届（1993~1994年度）山东省优秀图书奖；《劳动计量与劳动控制论》获1994年度国家教委人文社会科学（经济类）优秀成果二等奖；《审美发生学》获1994年度山东省社会科学优秀成果二等奖。

1995年

1月4~9日　国家教委、新闻出版署联合召开的"全国高等学校出版社第四次工作会议"在北京举行，国家教委主任朱开轩、新闻出版署署长于友先、中央宣传部副部长龚心瀚、国家教委副主任韦钰等领导出席会议并讲话。会议主题是"端正办社指导思想，加强管理，深化改革，繁荣出版"。全国90多家大学出版社的分管校领导和社长参加了会议，我校分管出版社工作的副校长秦启仁、社长谢洪芳与会。

3月1日　经社委会研究决定，聘任李夕聪同志任综合编辑室主任。

9月28日　应我社邀请，青岛市副市长施稼声、韩洪勋来出版社参加座谈会，参加座谈会的还有市史志办公室周志公主任、我校党委副书记王滋然及有关部门的负责人。

11月9日　学校党委发文（海大党字〔95〕65号），出版社党支部直属学校党委领导；朱福勤同志任出版社直属党支部书记（兼）。

12月30日　谢洪芳社长在出版社会议室主持召开"神奇的海洋世界"丛书编委会会议，集中讨论此套书的编写和出版事宜。

1996年

5月2日　侯家龙副校长、王庆仁副书记等到出版社，宣布校党委关于"谈判系列丛书"有关问题的决定：（1）"谈判系列丛书"存在错误的政治倾向，对其进行收缴、封存；（2）出版社停业整顿；（3）学校派工作组到出版社领导整顿工作，王庆仁任组长，成员有朱福勤、李建筑；（4）朱福勤主持出版社工作。

5月3日　国家教委条件装备司司长李英惠、办公室主任魏晓波、出版管理处处长周思到出版社了解有关"谈判系列丛书"的情况。

7月19日　学校发文（海大内人字〔96〕119号），任命李建筑同志任出版社社长，关庆利同志任出版社副社长。

9月20日　校党委发文，任命关庆利同志任出版社直属党支部书记。

11月11日　青岛海洋大学出版社注册成为企业法人。

12月2日　学校发文（海大内人字〔96〕192号），任命刘宗寅同志任出版社总编辑。

本年　综合编辑室调整为理工科（第一）编辑室、人文社科（第二）编辑室、外语（第三）编辑室；魏建功同志任理工科编辑室主任、段峰同志任文科编辑室主任、李夕聪同志任外语编辑室主任。

本年　我社出版的《文秘与财经写作》一书，在第2届全国高等学校出版社畅销书评奖中，获优秀奖。

1997年

1月2~5日　国家教委条件装备司司长李英惠以及办公室主任魏晓波、出版管理处处长周思，中国人民大学出版社副社长王霁、北京航空航天大学出版社社长许传安、山东省新闻出版局图书处处长李华文组成的检查组对我社停业整顿工作进行检查验收。检查组对整顿工作表示满意，同意出版社恢复营业。

5月20日　学校发文（海大内人字〔97〕75号），任命谢洪芳同志任出版社副总编辑。

6月27日　学校发文（海大内人字〔97〕103号），成立出版社社务委员会，李建筑任主任，刘宗寅、关庆利、谢洪芳为委员，刘爱琴为秘书。

本年　经学校专业技术职务任职资格评审委员会评审通过，谢洪芳获编审任职资格。

1998年

6月18日　学校发文（海大内人字〔98〕105号），任命李学伦同志为出版社副总编辑。

7月底8月初　国家教委组织的、由国家教委条件装备司司长李英惠及出版管理处处长周思、复旦大学出版社社长徐志伟、北京航空航天大学出版社社长许传安、北京师范大学出版社副总编汪文涌、山东省新闻出版局图书处处长李华文组成的专家评估组对出版社进行全面评估。李建筑社长进行汇报，学校党委书记、校长管华诗院士，常务副校长秦启仁，副校长于宜法，副书记王庆仁等领导出席汇报会。

本年　经学校专业技术职务任职资格评审委员会评审通过，杨桂荣获副编审任职资格。

本年　在青岛海洋大学第三届优秀教材评选中，由学校出版基金资助、我社出版的教材有12部获奖：特等奖为《海水贝类养殖学》（王如才主编）；一等奖为《数值代数基础》（刘新国主编）、《海洋地质学》（李学伦主编）、《气象统计原理方法》（胡基福主编）、《泛函分析基础与应用》（卢同善主编）；三等奖为《海洋地磁学》（辛柏森主编）、《涉外经贸英语函电》（李雅静主编）、《大气物理学》（王衍明主编）、《流体动力学》（李心铭主编）、《应用电化学》（陈国华主编）、《简明教育心理学》（邵桂兰主编）、《渔政教程》（王启华主编）。

本年　我社出版的《来自大海的疑问——海洋知识百问百答》（4册）获第七届（1997~1998年度）山东省优秀图书奖；"新世纪语文教师发展丛书"（6册）获

全国第一届（1998年）优秀教育图书二等奖。

1999年

2月28日　学校发文（海大内人字〔99〕19号），任命刘宗寅同志为出版社社长；李建筑同志为出版社总编辑兼副社长。

2月28日　党委发文（海大党字〔1999〕8号），任命李学伦同志为出版社直属党支部书记。

4月15日　为庆祝出版社建社十周年，党委书记、校长管华诗院士为我社题词，"点燃知识圣火，照亮多彩人生"。

4月20日　出版社举行庆祝建社十周年座谈会，侯家龙副校长、于宜法副校长、李耀臻副书记以及有关部门和院系的负责人与会参加庆祝活动。

4~8月　经社委会多次研究、广泛征求全社职工意见，形成对出版社进行整体改革的方案并逐步实施。社内机构调整为综合部（由原社办公室和出版科合并而成）、编辑部（由原理工科编辑室、人文社科编辑室、外语编辑室和美术编辑室合并而成）、发行部、财务部；另有图书代办站、书店（原读者服务部）和邮购部（新设）三个经营实体；汪望星同志任综合部主任、刘爱琴同志任综合部副主任兼社委会秘书、李学伦同志任编辑部主任（兼）、范淑美同志任财务部主任、李洪强同志任发行部主任、王英海同志任图书代办站经理；田大生同志负责书店的经营；邮购部隶属办公室管理。

6月11日　校党委发文（海大党字〔1999〕32号），同意出版社直属党支部选举结果及分工意见，李学伦同志为党支部书记；刘宗寅、刘爱琴、纪丽真、李建筑四位同志为党支部委员。

本年　李夕聪、李洪强被评为1999年度青岛海洋大学先进工作者。

本年　经学校专业技术职务任职资格评审委员会评审通过，李建筑获研究员任职资格；李夕聪获副编审任职资格。

本年　《知识经济与未来发展》获1999年度山东省优秀图书编辑一等奖。

2000年

6月9日　吴德星副校长来出版社宣布校党委常委会决定：李学伦同志主持出版社工作。

9月18日　学校发文（海大内人字〔2000〕166号），任命李学伦同志任出版社社长。

11月22日　教育部社政司司长顾海良来海洋大学考察学生工作和出版社工作，李学伦社长汇报了出版社的工作情况，校党委副书记李耀臻在座。

下半年　按照国家新闻出版署和教育部的部署，制订了《青岛海洋大学出版社"十五"发展规划（2001~2005）》。此规划的发展思路是"以发展为主线，以改革为动力，以营造海洋出版特色为先导，以广开经营渠道为重点，以实施人才工程为保障，以高新技术为支撑，努力实现社会效益和经济效益双赢"。

本年　在青岛海洋大学第四届优秀教材评选中，由学校出版基金资助、我社出版的教材有9部获奖。一等奖为《海洋无脊椎动物学》（杨德渐主编）、《海洋文化概论》（曲金良主编）、《第四纪环境演变》（庄振业主编）；二等奖为《海洋调查方法》（侍茂崇主编）、《民商法概论》（刘惠荣主编）、《食品保藏原理与技术》（曾名湧主编）、《符号表达原理》（孟华主编）、《新编日本概况》（王华为主编）、《货币金融学》（孙健主编）。

本年　刘爱琴被评为2000年度青岛海洋大学优秀共产党员。

本年　我社出版的"海洋与人类丛书"（10册）获第八届（1999~2000年度）山东省优秀图书奖；《无神论教育读本》获2000年度山东省优秀图书编辑一等奖。

2001年

3月　经学校领导同意，开始分步实施《青岛海洋大学出版社"十五"发展规划（2001~2005）》。

9月12~14日　山东省委宣传部和省新闻出版局在济南联合召开全省出版工作会议，主题是"加强党的领导，在改革大潮中坚持正确的出版导向"，省委副书记王修智，省委常委、宣传部长朱正昌，省新闻出版局局长车吉心等领导出席会议并讲话。省内20多家图书出版社和音像出版社主办单位的有关领导及社长参加会议，我校分管宣传工作的党委副书记王庆仁、社长李学伦与会。

11月26~29日　教育部和新闻出版总署联合召开的"第五次全国高等学校出版社工作会议"在北京举行，教育部副部长袁贵仁、新闻出版署副署长杨牧之、中共中央宣传部新闻出版局局长邬书林等领导出席会议并讲话。会议主题是"深化高等学校出版社内部管理体制改革"。全国94家大学分管出版社的校领导及社长参加了会议，我校分管出版社工作的副校长翟世奎、社长李学伦与会。大会期间，教育部社政司、中国大学版协与我社协商后，委托我社承办拟于2002年秋季在青岛举行的"教育部直属高校出版社内部管理改革研讨会"。

本年　经学校专业技术职务任职资格评审委员会评审通过，施薇获副编审任职资格。

本年　《语文教育智慧论》获2001年度山东省优秀图书编辑一等奖。

本年　李建筑被评为青岛海洋大学2001年度先进工作者。

2002年

3月7日　学校发文（海大人字〔2002〕2号），任命王曙光同志为出版社副社长；宋文红同志为出版社副总编辑。

4~9月　按照教育部社政司和关于改革的部署，在总结1999年改革经验与教训的基础上，形成了《关于深化出版社内部管理改革的意见》，经党委常委批准后于9月份开始实施。本轮改革的主要目标和任务是"积极稳妥地推进以人事、劳动和分配制度改革为核心的全方位改革"；对编辑和经营人员进行"量化管理"，推行"绩效优先、优劳优酬"的分配制度；"探索将学校特色和优势转化为出版社特色和优势的途径，逐步把出版社建设成为我国海洋（水产）类教材、学术专著及科普读物的出版基地"。本轮改革对社内机构进行了调整，设办公室（含总编室）、编辑部、发行部、财务部、图书代办站（含书店）；冯广明同志任办公室（含总编室）主任、魏建功同志任编辑部主任、李洪强同志任发行部主任、范淑美同志任财务部主任、王英海同志任图书代办站（含书店）经理。

9月9~14日　教育部社政司主办、我社承办的"教育部直属高校出版社内部管理改革研讨会"在青岛举行，教育部社政司司长靳诺及出版管理处处长魏小波、山东省新闻出版局副局长杨学锋及图书处处长陈忠、青岛市新闻出版局副局长吴宝安等出席会议。全国70多家教育部直属高校出版社的社长（总编）以及10余家其他大学出版社的社长（总编）参加了研讨活动。我校党委书记冯瑞龙出席开幕式并讲话，社长李学伦做了题为"青岛海洋大学出版社内部管理改革探索"的大会发言。

11月　经教育部批准，青岛海洋大学出版社更名为"中国海洋大学出版社"。

12月25日　学校党委发文（海大党字〔2002〕88号），任命王曙光为出版社直属党支部书记。

本年　王英海被评为2002年度中国海洋大学先进工作者。

本年　经学校专业技术职务任职资格评审委员会评审通过，韩玉堂获副编审任职资格。

本年　我社出版的"语文教育新视野丛书"（5册）获第九届（2001~2002年度）山东省优秀图书奖；《有机合成化学》获2002年度山东省优秀图书编辑一等奖。

2003年

3月7日　学校发文（海大人字〔2003〕11号），任命王曙光同志为出版社社长（试用期一年）。

4月28日　学校党委发文（海大党字〔2003〕25号），同意出版社直属党支部选举结果及分工意见：王曙光为党支部书记，宋文红、李建筑为党支部委员。

本年　宋文红被评为2003年度中国海洋大学先进工作者。

本年　经学校专业技术职务任职资格评审委员会评审通过，魏建功获编审任职资格；纪丽真获副编审任职资格。

本年　在中国海洋大学第五届优秀教材评选中，由学校出版基金资助、我社出版的教材有5部获奖：特等奖为《实变函数》（卢同善主编）；一等奖为《有机合成化学》（孙明昆主编）；二等奖为《有限元方法及MATLAB编程》（李华军、黄维平编著）、《综合与近代物理实验》（张爱军主编）、《海洋腐蚀与防护技术》（王庆璋主编）。

本年　《新编大学生党课培训教材》获2003年度山东省优秀图书编辑一等奖。

2004年

6月28日　经社委会研究决定，编辑部调整为理科编辑室、文科编辑室、技术编辑室；魏建功同志任理科编辑室主任、纪丽真同志任文科编辑室主任、杨桂荣同志任技术编辑室主任。

11月11日　经社委会研究决定，聘任冯广明同志为社长助理，宗先苓同志为财务部主任，李洪强同志为营销部主任。

11月11日　经社委会研究决定，成立出版社教辅部和储运部，聘任高悦午同志为教辅部主任，刘学忠同志为储运部主任。

本年　经学校专业技术职务任职资格评审委员会评审通过，宋文红获编审任职资格。

本年　冯广明被评为中国海洋大学2004年度优秀共产党员。

本年　我社出版的《黄渤海近岸水域生物群落与生态环境》获第十届（2003~2004年度）山东省优秀图书奖；《随机海洋工程学》获2004年度优秀图书

编辑一等奖。

2005年

3月1日　山东省新闻出版局车吉心局长来我社指导工作，听取了社领导关于出版社有关情况的汇报。海洋大学党委副书记李耀臻会见了车局长。

11月26日　党支部组织全社党员赴山东省革命教育基地——文登市天福山起义纪念馆参观学习。

本年　经学校专业技术职务任职资格评审委员会评审通过，李夕聪获编审任职资格。

本年　纪丽真被评为中国海洋大学2005年度先进工作者。

本年　在中国海洋大学第六届优秀教材评选中，学校出版基金资助、我社出版的教材有6部获奖：特等奖为《海洋化学》（张正斌主编）；一等奖为《系统生物学》（武云飞主编）；二等奖为《英语语言文化学》（常宗林主编）、《随机工程海洋学》（刘德辅主编）；《英国文学》（左金梅主编）。

本年　我社出版的《海洋工程环境概论》获2005年度优秀图书编辑一等奖。

2006年

3月　经社委会研究决定，聘任童立勤同志为出版社办公室（含总编室）主任。

5月　经社委会研究决定，聘任朱柏同志为出版社副社长。

6月　经社委会研究决定，聘任李夕聪同志为出版社副总编辑。

7月5日　山东省人事厅、山东省新闻出版局下发《关于表彰全省新闻出版系统先进集体和先进个人的通报》（鲁人办发〔2006〕116号），李建筑被评为先进个人，并给予记二等功奖励。

11月3~5日 中国大学出版社协会主办、中国海洋大学出版社等协办的第十九届全国大学出版社图书订货会在青岛举行，100多家大学出版社以及部分其他出版社、数百家大学图书馆、近1000家国有和民营书店参加了图书订货会。

9月 我社出版的"海水养殖丛书"（6册）获第十一届（2005~2006年度）山东省优秀图书奖；《哲学视野中的高等教育》获2006年度山东省优秀图书编辑一等奖；《创新与创业教育》《海藻学》获第七届全国高校出版社畅销书奖。

本年 韩玉堂被评为中国海洋大学2006年度先进工作者。

2007年

3月28日 经社委会研究决定，聘任徐永成同志为出版社办公室（含总编室）副主任。

4月17日 经社委会研究决定，对编辑室进行适当调整，并设置文字编辑岗位。调整后的编辑室为一编室、二编室、三编室；聘任魏建功同志为一编室主任、纪丽真同志为二编室主任、韩玉堂同志为三编室主任。

4月15日 党支部组织全社党员赴山东省爱国主义教育基地——临沂市孟良崮战役纪念馆参观学习。

9月2~4日 教育部和新闻出版总署联合召开的全国高等学校出版社第六次工作会议在北京举行，教育部副部长李卫红、新闻出版总署副署长邬书林、中共中央宣传部出版局局长张小影等领导出席会议并讲话。会议主题是"深化改革，建设导向正确、结构合理、技术先进、管理有序、社会效益和经济效益俱佳的现代高校出版社"。全国100多家大学出版社的分管校领导及社长与会，我校分管出版社工作的副校长董双林、社长王曙光参加了会议。

本年 李夕聪被评为中国海洋大学2007年度先进工作者。

本年 在中国海洋大学第七届优秀教材评选中，学校出版基金资助、我社出版的教材《海洋内波基础和中国海内波》（方欣华主编）、《细胞生物学实验技术》

（樊廷俊主编）、《海洋工程环境概论》（董胜主编）获二等奖。

本年　我社出版的《海洋工程数值计算方法》获2007年度山东省优秀图书编辑一等奖。

2008年

1月　经社委会研究决定，聘任李晴同志为财务部主任。

3月31日　经社委会研究决定，对编辑室进行调整，设一编室、二编室、三编室、四编室共四个编辑室，另设文字编辑岗位；聘任魏建功同志为一编室主任、韩玉堂同志为二编室主任、纪丽真同志为三编室主任、邵成军同志为四编室主任。

8月1日　经社委会研究决定，聘任徐永成同志为出版社办公室（含总编室）主任。

12月3日　教育部、新闻出版总署联合发文（教社科函〔2008〕17号），中国海洋大学出版社被列入第二批启动体制改革工作的高校出版社。

12月18日　学校发文（海大人字〔2008〕72号），经党委常委会研究决定：成立中国海洋大学出版社改制工作领导小组，吴德星任组长；翟世奎、董双林任副组长；成员有丁林、万荣、马成海、王曙光、李建筑、李鲁明、杨立敏、徐国君、崔越峰、魏世江。

12月18日　学校发文（海大人字〔2008〕73号），经党委常委会研究决定：成立中国海洋大学出版社改制工作小组，徐国君任组长；崔越峰、王曙光任副组长；成员有王哲强、刘文菁、李晴、侯海军、胡海春、徐永成、傅艳。

12月31日　《中国海洋大学出版社体制改革方案》经分管领导董双林副校长签发，报送教育部和新闻出版总署。

本年　李夕聪被评为中国海洋大学2008年度先进工作者。

2009年

2月27日　新闻出版总署发函（新出产业〔2009〕4号）通知，同意包括中国海洋大学出版社在内的54所高校出版社体制改革实施方案。

4月20日　出版社举行庆祝建社20周年座谈会，于宜法副校长、李耀臻副书记、董双林副校长以及学校有关部门和院系的负责人与会祝贺。

本年　在中国海洋大学第八届优秀教材评选中，学校出版基金资助、我社出版的教材有四部获奖：《海水贝类养殖学》（王如才主编）获特等奖；《海洋调查方法》（侍茂崇主编）、《二语习得研究与中国外语教学》（杨连瑞主编）获一等奖；《海洋工程数值计算方法》（董胜主编）获二等奖。

本年　我社出版的"海水健康养殖技术丛书"（6册）荣获纪念新中国成立60周年"山东省优秀出版成就奖"，《走进海大园》获2009年度山东省优秀图书装帧艺术奖。

本年　王曙光被评为山东省百名有突出贡献的新闻出版工作者。

本年　王英海被评为中国海洋大学2009年度优秀共产党员；李夕聪被评为中国海洋大学2009年度先进工作者。

2010年

1月21日　学校发文（海大内人字〔2010〕2号），任命杨立敏同志为出版社社长。

1月21日　学校党委发文（海大党字〔2010〕9号），任命杨立敏同志为出版社直属党支部书记。

1月29日　中国海洋大学出版社内部运行机制改革工作正式启动。

4月24日　经社委会研究决定，聘任冯广明同志为发行部主任。

6月10日　青岛市工商行政管理局发送《企业名称变更核准通知书》（工商名变核内字（青）第0020100610005号），同意"中国海洋大学出版社"的名称变更为"中国海洋大学出版社有限公司"。

6月18日　社委会公布中国海洋大学出版社内部运行机制改革实施方案。出版社设四个编辑室，韩玉堂任第一编辑室主任，纪丽真任第二编辑室主任，邵成军任第三编辑室主任，孟显丽任第四编辑室主任；魏建功任独立策划编辑；徐永成任办公室（总编室）主任兼技术编辑室主任；冯广明任发行部主任；李晴任财务部主任；王英海任图书代办站（读者服务部）经理，刘学忠任储运部经理。

6月30日　教育部发函（教技发函〔2010〕37号）：同意中国海洋大学出版社改制方案，改制后的企业名称为"中国海洋大学出版社有限公司"；同意将中国海洋大学出版社全部净资产投入改制后的企业。

7月1日　党委办公室书面通知《中国海洋大学党委常委会决议》：经党委常委会研究，同意由朱建相、崔越峰、丁林、曾名湧、杨立敏、李建筑和朱自强共7人组成改制后中国海洋大学出版社有限公司的第一届董事会，杨立敏担任董事长；同意由许志昂、许小满、李鲁明、魏建功、王英海共5人组成改制后中国海洋大学出版社有限公司的第一届监事会，许志昂担任监事会主席。

7月8日　中国海洋大学出版社完成工商注册，标志着中国海洋大学出版社有限公司成立。

本年　经学校专业技术职务任职资格评审委员会评审通过，纪丽真获编审任职资格，冯广明获副编审任职资格。

本年　我社出版的《医学英语视听说》获山东省优秀图书编辑一等奖。

本年　李建筑被评为中国海洋大学2010年度优秀共产党员；李夕聪被评为中国海洋大学2010年度先进工作者。

2011年

2月19日　中国海洋大学出版社有限公司第一届董事会暨监事会在出版社会议室举行第一次全体会议，审议通过了《中国海洋大学出版社有限公司2010年度企业运营情况报告》《中国海洋大学出版社有限公司2010年度财务工作报告》《中国海洋大学出版社有限公司董事会议事规则》《中国海洋大学出版社有限公司监事会议事规则》《中国海洋大学出版社有限公司2011年度工作要点》。

5月22日 我社自主策划、组织编写并出版的"畅游海洋科普丛书"（10册）首发式在青岛书城举行，山东省新闻出版局巡视员刘廷銮、青岛市副市长王修林、青岛市文广新局副局长殷庆威、市教育局副局长周民书、中国海洋大学校长吴德星、副校长李华军以及山东省新闻出版局、青岛市文广新局、青岛市教育局、各区市教体局、中国海洋大学、青岛新华书店集团等相关单位的部门负责人，青岛育才中学、中国海洋大学附属中学、青岛太平路小学等中小学师生代表共120余人参加了首发式，社长杨立敏主持会议并向中小学师生代表赠书。

本年 在中国海洋大学第九届优秀教材评选中，学校出版基金资助、我社出版的教材有2部获奖：《环境社会学》（崔凤主编）、《新编英语词汇学》（杨连瑞主编）获二等奖。

本年 我社出版的《海水贝类养殖学》获第一届山东省新闻出版奖优秀图书奖；"畅游海洋科普丛书"（10册）被评为2011年度中国图书发行行业优秀畅销书品种。

本年 我社出版的《初识海洋》和《海岸防灾工程》获2010~2011年度山东省优秀图书编辑奖。

本年 杨立敏被评为中国海洋大学2011年度优秀共产党员；李夕聪被评为中国海洋大学2011年度先进工作者。

2012年

年初 启动"中国海洋科学技术通史"编撰与出版项目。

3月2日 中国海洋大学出版社有限公司第一届董事会暨监事会举行第二次会议，审议通过了《中国海洋大学出版社2011年度工作总结》《中国海洋大学出版社2011年度财务工作报告》《中国海洋大学出版社2012年度工作要点》。

3月8日 经社委会研究决定，聘任魏建功同志为出版社社长助理。

4月20~22日　由我社组织召开的全国医学英语教学与教材建设研讨会在中国海洋大学学术交流中心隆重举行，39家高校的70多位英语教师与会，社长杨立敏主持了研讨会。

5月26日　我社自主策划、组织编写并出版的"人文海洋普及丛书"（6册）首发式在青岛书城举行，山东省新闻出版局副局长杨树国，青岛市人大常委会副主任徐航，青岛市文广新局副局长殷庆威，市教育局副局长周民书，中国海洋大学校长吴德星、副校长李华军，以及山东省新闻出版局、青岛市文广新局、青岛市教育局、各区教体局、青岛新华书店集团等相关单位的部门负责人以及中小学师生代表共120余人参加了首发式，社长杨立敏主持会议并向中小学师生代表赠书。

11月3日　国家新闻出版总署副署长邬书林在教育部社科司副司长徐维凡、中国大学出版社协会理事长王明舟的陪同下，到中国海洋大学出版社视察工作。邬书林副署长勉励海大出版社：要"把握海洋事业发展的大趋势，紧紧依托学校学科优势，以创新为核心，突出特色，紧跟世界潮流，扎实工作，争取出版社更大的发展"。李华军副校长出席，杨立敏社长进行了工作汇报。

11月3~5日　中国大学出版社协会主办、中国海洋大学出版社等协办的第二十五届大学出版社图书订货会在青岛市国际会展中心举行。来自全国的100余家大学出版社和音像出版社、山东省的地方出版社、各地新华书店和图书馆的业务代表与会。会议期间，还举办了全国大学出版社社长会议和大学出版论坛。

12月6日　出版社党支部召开全体党员大会，党支部书记杨立敏作支部工作报告。大会选举产生了新一届支部委员会，杨立敏、纪丽真、朱柏、韩玉堂、邵成军当选为支部委员；支部委员会选举杨立敏为党支部书记；同日将上述选举结果报请学校党委审批。

12月28日　我社在会议室召开全社职工大会，聘请国家海洋局宣教中心主任盖广生为中国海洋大学出版社特聘顾问，社长杨立敏向盖广生主任颁发聘书。

本年　我社申报的"海洋科普全媒体出版与展示教育产业化平台建设"项目获国家文化产业发展资金项目支持，资助金额100万元人民币。

本年　纪丽真被评为中国海洋大学2012年度优秀共产党员；李夕聪被评为中国海洋大学2012年度先进工作者。

本年　纪丽真被评为山东省首届优秀中青年编辑。

本年　"畅游海洋科普丛书"（10册）入选2012年国家新闻出版广电总局向全国青少年推荐的百种优秀图书，该丛书还在首届华文出版物艺术设计大赛中获优秀奖。

2013年

1月30日　全社职工大会表决通过了第二次内部运行机制改革实施方案，社内机构设有办公室（含总编室）、策划编辑部、文字编辑部、技术编辑室、发行部、财务部、图书代办站、储运部；徐永成任办公室（含总编室）主任兼技术编辑部主任、李夕聪任策划编辑部主任（兼）、魏建功任文字编辑部主任（兼）、朱柏任发行部主任（兼）、李晴任财务部主任、王英海任图书代办站（读者服务部）经理、刘学忠任储运部主任。

2月1日　经社委会研究决定，聘任魏建功同志为出版社副总编辑。

3月2日　中国海洋大学出版社有限公司第一届董事会暨监事会举行第三次会议，审议通过了《中国海洋大学出版社2012年度工作总结》《中国海洋大学出版社2012年度财务工作报告》《中国海洋大学出版社2013年度工作要点》。

5月10日　我社自主策划、组织编写并出版的"图说海洋科普丛书"（5册）在青岛举行首发式。

5月21~23日　国家海洋局宣传教育中心与我社共同策划、编制的《中小学海洋意识教育系列教材大纲》评审会在中国海洋大学学术交流中心举行。

本年　邵成军被评为中国海洋大学2013年度优秀共产党员，同时被评为中国海洋大学2013年度先进工作者。

本年　在中国海洋大学第十届优秀教材评选中，学校出版基金资助、我社出版的教材有四部获奖：一等奖为《＜世说新语＞的国学密码解析》（丁玉柱主编）；二等奖为《海岸防灾工程》（董胜主编）、《圣经文化导论》（任东升主编）、"全国涉海高校研究生英语系列教材"（杨连瑞总主编）。

本年　"畅游海洋科普丛书"（10册）分获国家新闻出版广电总局第四届"三个一百"原创图书出版工程奖、中国图书发行行业2012~2013年度优秀畅销书奖、科技部2013年全国优秀科普作品奖。

2014年

1月7日　我社自主策划、组织编写并出版的"魅力中国海系列丛书"（12册）首发式在北京贵国酒店会议厅举行，来自北京、山东、浙江、湖北、四川等省市的新华书店和部分图书馆的代表，当当网、京东商城、亚马逊等网店的业务员，《中国海洋报》等新闻媒体的记者以及北京市部分中小学的师生代表参加了首发式。国家海洋局宣传教育中心负责人在首发式上讲话，称其是开展海洋意识教育的优秀读物。社长杨立敏主持首发式并向与会的中小学师生代表赠送了"魅力中国海系列丛书"。

2月　我社自主策划并组织编创的重大出版项目——《中国海洋科学技术通史》获2014年度国家出版基金资助，资助金额60万元。这是自2007年国家设立出版基金以来，我社第一个国家出版基金资助项目。

2月28日　中国海洋大学出版社有限公司第一届董事会暨监事会举行第四次会议，审议通过了《中国海洋大学出版社2013年度工作总结》《中国海洋大学出版社2013年度财务工作报告》《中国海洋大学出版社2014年度工作要点》。

3月　张华被评为山东省优秀中青年编辑。

4月　杨立敏获第二届山东省新闻出版奖优秀出版人物奖。

6月16日　经社委会研究决定，聘任张永洁为图书代办站副经理。

7月21日　教育部高等学校海洋科学类专业教学指导委员会第二次会议暨全

国涉海高校教务联盟第四次会议在浙江海洋学院召开，会议讨论了海洋科学类专业教材的编写和出版事宜。社长杨立敏、副总编魏建功、总编室主任徐永成出席了会议。社长杨立敏做大会发言。

9月23日　国家海洋局宣传教育中心主办、我社承办的"中小学海洋意识系列教材"教师用书审定会在中国海洋大学学术交流中心召开，国家海洋局宣传教育中心主任盖广生主持会议，中国海洋大学出版社社长杨立敏介绍了教材的编创过程，编创团队课程专家刘宗寅编审和海洋科学专家李学伦教授分别对本套教材的课程设计、主要特点和科学性、知识性等问题进行了说明。与会的海洋专家、教育专家和课程专家经过认真而热烈的讨论，通过了审定报告。

9月29日　我社自主策划组织出版的"中华海洋学人"系列丛书首部传记《一代宗师——赫崇本》首发式在中国海洋大学崂山校区图书馆第一会议室召开，校长于志刚、原校长吴德星、副校长李巍然、原副书记王滋然、原副校长冯士筰院士，作者侍茂崇、李明春、吉国，赫崇本先生的家人，学校有关部门代表、海洋环境学院的师生代表及出版社的部分同志共70余人参加了首发式。

10月21日　中国编辑学会第五次会员代表大会在北京举行，我社总编辑李建筑参会，并被选为理事。

11月30日　教育部高等学校海洋科学类专业教学指导委员会主办、我社承办的"高等学校海洋科学类专业基础课程规划教材"编创会议在青岛黄海饭店召开。海洋科学教学指导委员会主任委员、中国海洋大学原校长吴德星出席会议并做主题发言，中国海洋大学出版社社长杨立敏主持会议。海洋科学教学指导委员会成员以及来自全国涉海高校及有关海洋研究机构的近40名教授、专家与会。会议确定组织出版20部海洋科学类本科专业规划教材，拟由中国海洋大学出版社出版。

本年　经学校专业技术职务任职资格评审委员会评审通过，韩玉堂获编审任职资格。

本年　冯广明被评为2014年度中国海洋大学优秀共产党员；徐永成被评为中国海洋大学2014年度先进工作者。

本年 "畅游海洋科普丛书"（10册）获第二届山东省新闻出版奖优秀图书奖；"人文海洋普及丛书"（6册）获科技部2014年全国优秀科普作品奖；"图说海洋科普丛书"（5册）入选《全国图书馆推荐书目》。

<h1 style="text-align:center">2015年</h1>

2月 我社重大出版项目、国家"十二五"规划重点图书——《中国海洋鱼类》获2015年度国家出版基金资助，资助金额90万元；学校另外资助30万元用于该书的出版。

3月7日 中国海洋大学出版社有限公司第一届董事会暨监事会举行第五次会议，审议通过了《中国海洋大学出版社2014年度工作总结》《中国海洋大学出版社2014年度财务工作报告》《中国海洋大学出版社2015年度工作要点》。

4月15日 "中国科普作家协会海洋科普专业委员会"依托中国海洋大学成立，秘书处设在中国海洋大学出版社。杨立敏社长出任副主任委员兼秘书长。海洋科普专业委员会揭牌仪式暨海洋科普工作座谈会在我校崂山校区图书馆第一会议室举行。

5月25日 我社出版的"神奇的海贝科普丛书"（5册）新书发布会暨赠书仪式在出版社会议室举行。

8月28日 我社出版的"中小学海洋意识教育系列教材"《我们的海洋》（5册）入选海南省中小学海洋意识教育地方课程教材，成为唯一指定教材。

11月23~25日 我社承办的国家海洋局全国海洋意识教育基地暨海南省中小学海洋意识教育教师培训活动在海口市举行。国家海洋局副局长张宏声、海南省政协副主席史贻云等出席开幕式，来自全国海洋意识教育基地的120余名中小学海洋教育教师及海南省的280余名中小学海洋教育骨干教师参加了培训和交流活动，国家海洋局宣传教育中心主任盖广生、中国海洋大学出版社社长杨立敏主持培训活动。

本年 经学校专业技术职务任职资格评审委员会评审通过，张华获副编审任职资格。

本年　杨立敏被评为2015年度中国海洋大学优秀共产党员；邵成军被评为2015年度中国海洋大学先进工作者。

本年　在中国海洋大学第十一届优秀教材评选中，学校出版基金资助、我社出版的教材有三部获二等奖，它们是《海洋脊椎动物学》（武云飞主编）、《糖药物学》（于广利、赵峡主编）、《海洋工程波浪力学》（王树青主编）。

本年　我社自主策划、组织编写并出版的"魅力中国海系列丛书"（12册）入选2015年国家新闻出版广电总局向全国青少年推荐的百种优秀图书，该系列丛书还被评为（科技部）2015年度全国优秀科普作品；《中国海洋文化史长编》获教育部第七届高等学校优秀科研成果（人文社科）二等奖。

2016年

1月15日　出版社社委会公布第三次内部运行机制改革实施方案。出版社设5个编辑室，韩玉堂任第一编辑室主任，纪丽真任第二编辑室主任，邵成军任第三编辑室主任，张华任第四编辑室主任，邓志科任第五编辑室主任；徐永成任办公室（总编室）主任兼技术编辑室主任；朱柏兼任发行部主任；李晴任财务部主任；王英海任图书代办站（读者服务部）经理；解晓鹏任储运部主任。

3月16日　我社自主策划、出版的"海洋启智丛书"（5册）新书发布会暨赠书仪式在中国海洋大学浮山校区举行。

7月13日　出版社在中国海洋大学学术交流中心青岛厅举行《中国海洋鱼类》出版及学术交流会，社长杨立敏主持会议，中国海洋大学原校长、中国工程院院士管华诗，学校党委常委、总会计师王剑敏，中国工程院院士麦康森，作者陈大刚教授、张美昭教授以及有关高校和研究院所的专家30余人参加了会议。

7月15日　学校党委发文（海大党字〔2016〕36号），任命刘文菁同志为出版社直属党支部副书记。

7月15日　学校发文（海大人字〔2016〕41号），任命刘文菁同志为出版社副总编辑兼副社长。

8月11~18日　"第十二届海峡两岸图书交易会"在我国台湾地区台北市举行，社长杨立敏、副社长朱柏、办公室（总编室）主任徐永成与会开展图书展销活动。期间，为我社策划、出版的"中国海洋符号丛书"举行了新书推介活动，并与台湾水产出版社就《黄河鱼类志》《拉汉世界鱼类系统名典》版权引进达成协议。

9月26日　"中国·青岛海洋国际高峰论坛"在即墨蓝色硅谷举行，我社为青岛蓝谷管理局海洋科普展提供了设计方案，社长杨立敏参加了"海洋科普教育"专题论坛并做《发挥出版优势，繁荣科普创作，深入推进全民海洋科普教育》专题报告。

10月18日　中国科普作家协会海洋科普专业委员会2016年（首届）年会在青岛举行。本届年会以"立足海洋原创，放飞蓝色梦想"为主题。海洋科普专业委员会主任委员、中国海洋大学原校长吴德星，副主任委员、国家海洋局宣传教育中心主任盖广生出席会议，秘书长、中国海洋大学出版社社长杨立敏主持会议并宣布了中国海洋大学出版社"海洋科普原创支持计划"。

10月24~26日　我社出版的"中小学生海洋意识系列教材"——《我们的海洋》任课教师培训班在海南省琼海市举办，285位教师参加了培训。

11月25日　中国海洋大学出版社向新疆维吾尔自治区教育系统捐赠图书1万册，价值30余万元。捐书仪式在乌鲁木齐市第三中学举行，社长杨立敏、副总编辑李夕聪，自治区教育系统关工委负责人、自治区教育厅基础教育处副处长、自治区教育系统关工委副秘书长张欣、乌鲁木齐市沙依巴克区政府副区长杨丰琳以及中小学师生代表等200余人参加了图书捐赠仪式。

12月1日　社委会研究决定，成立教材服务中心，撤销图书代办站；聘任王英海同志为教材服务中心（读者服务部）经理，张永洁同志、刘学忠同志为副经理。

12月8日　青岛市海洋文化研究会成立暨第一次会员代表大会在中国海洋大学学术交流中心举行，秘书处设在中国海洋大学出版社，社长杨立敏当选为副会长。

本年　刘文菁被评为中国海洋大学2016年度优秀共产党员；徐永成被评为中国海洋大学2016年度先进工作者。

本年　"神奇的海贝科普丛书"入选2016年新闻出版广电总局向全国青少年推荐的百种优秀图书；"魅力中国海系列丛书"分获中国科普作家协会优秀科普作品银奖和2016年度国家海洋局海洋科技优秀图书奖；《海藻学》获国家海洋局2016年度海洋科技优秀图书奖；"海洋启智丛书"获第四届山东省社会科学普及应用优秀作品一等奖；《科学·人文·未来论坛实录》获第四届山东省社会科学普及与应用优秀作品二等奖。

2017年

1月5日　学校党委办公室书面通知：经党委常委会研究决定，同意出版社第二届董事会、监事会组成名单。董事会成员有杨立敏、李夕聪、刘文菁、高元鹏、方奇志、陈鷟、朱自强，杨立敏任董事长；监事会成员有许志昂、唐捷、许小满、魏建功、邵成军，许志昂任主席。

1月12日　我社自主策划、组织编写并出版的"中国海洋符号丛书"（7册）新书发布会在北京中国国际展览中心举行。

2月　"中国海洋符号丛书"获2017年度国家出版基金资助，资助金额37万元人民币。

4月12日　我社重大出版项目"中国海洋故事丛书"（6册）编撰与出版项目正式启动。

4月23日　中国出版协会第六届中华优秀出版物奖颁奖仪式在北京举行，我社出版的《中国海洋鱼类》（共3卷）获中华优秀出版物奖图书奖，社长杨立敏、副总编魏建功、办公室（总编室）主任徐永成与会领奖。

6月21日　经社委会研究决定，聘任张永洁任教材服务中心（读者服务部）经理。

7月8日　中国海洋大学出版社有限公司第二届董事会、监事会成立暨第一次会议在海大出版社会议室举行，李华军副校长出席会议并讲话。杨立敏社长做《中国海洋大学出版社2016年度工作总结报告》，并对《中国海洋大学出版社2017年度工作要点》进行了说明；财务部主任李晴做《中国海洋大学出版社2016年度财务工作报告》；会议还审议通过了《中国海洋大学出版社有限公司董事会议事规则》和《中国海洋大学出版社有限公司监事会议事规则》。

7月13日　国家海洋局宣传教育中心委托出版项目《中国海洋保护区档案》正式启动。

7月18日　我社重点出版图书《骑龙鱼的水娃》出版发行。

7月21日　党支部组织全社党员到青岛海军航空兵某团参观学习。

7月26日　中国海洋大学出版社海南分社成立，为我社派驻海南省的业务分支机构；曾科文任海南分社社长。

9月12日　青岛海洋科普联盟成立，中国海洋大学出版社作为团体会员加入青岛海洋科普联盟。杨立敏社长在成立大会上做《发挥出版优势，繁荣科普创作，助推青岛海洋科普事业发展》主题发言，并向联盟秘书处提交了"智慧海洋"科普出版计划（2018–2022），这是联盟成立后第一个为期五年的科普图书出版计划。

9月21日　经社委会研究决定，聘任孙玮任发行部主任。

11月1日　我社出版的《黄河鱼类志》及《拉汉世界鱼类系统名典》首发式在暨出版研讨会出版社会议室举行。

11月4日　中国科普作家协会海洋科普专业委员会第二届年会在中国海洋大学学术交流中心举行，本届年会的主题是"加强海洋科普教育，增强青少年海洋意识"。海洋科普专业委员会主任委员、中国海洋大学原校长吴德星出席会议并讲话，海洋科普专业委员会秘书长、中国海洋大学出版社社长杨立敏主持会议。

12月13日　我社出版的"中小学海洋意识教育教材"《我们的海洋》任课教师培训及交流活动在海南省海口市举行，海南省100余名海洋教育骨干教师参加了本次培训。

本年　韩玉堂被评为中国海洋大学2017年度优秀共产党员，同时被评为中国海洋大学2017年度先进工作者。

本年　在中国海洋大学第十二届优秀教材评选中，学校出版基金资助、我社出版的教材有4部获二等奖，分别是《海洋环境保护》（朱庆林主编）、《大气和气候的变化与预测》（赵传湖主编）、《涉海英语翻译系列教材》（任东升主编）、《中国文化要览》（孙立新主编）。

本年　我社出版的《中国海洋鱼类》和《海洋物理化学》分别获得2016年度国家海洋局、中国海洋学会、中国海洋湖沼学会、中国太平洋学会共同评选的海洋优秀科技图书奖。

2018年

1月11日　我社策划、组织编写并出版的"舌尖上的海洋科普丛书"（4册）在北京全国图书订货会山东展区举行首发式并开展宣传推介活动。山东省新闻出版广电局副局长孙杏林及出版管理处处长刘子文、中国科普作家协会常务副秘书长尹传红、中国科普作家协会食品专业委员会主任委员单守庆、中国海洋大学出版社社长杨立敏以及出版发行界同行60余人参加了首发式。

2月　"舌尖上的海洋科普丛书"获2018年度国家出版基金资助，资助金额27万元人民币。

3月3日　中国海洋大学出版社有限公司第二届董事会暨监事会举行第二次会议，审议通过了《中国海洋大学出版社2017年度工作总结》《中国海洋大学出版社2017年度财务工作报告》《中国海洋大学出版社2018年度工作要点》。

3月　我社出版的《海上丝路》入选中国出版协会2018年中华优秀科普图书榜（少儿原创）榜单。

5月15日　经社委会研究决定，成立第六编辑室，聘任郭利为第六编辑室主任。

5月22~25日　我社博士编辑在青岛市莱芜一路小学开展了"畅读海洋"主题活动。

6月15日　党支部组织全社党员赴全国"双有"教育活动基地暨全国军工文化教育基地——荣成市郭永怀事迹陈列馆参观学习

9月13~14日　我社出版的"中小学海洋意识教育系列教材"《我们的海洋》任课教师培训活动在海南省三亚市举行，本次培训海南省海洋教育骨干教师130人。

9月13日　社长杨立敏、副总编辑李夕聪、办公室（总编室）主任徐永成到海南热带海洋学院与陈锐院长以及教务处和商学院负责人洽谈教材出版合作事宜。

9月　在山东省2018（首届）科普（文学类）创作大赛中，我社出版的"中国海洋符号丛书"和《骑龙鱼的水娃》获一等奖，"舌尖上的海洋科普丛书"获二等奖。

10月　我社出版的"畅游海洋科普丛书"和《中国海洋鱼类》入选山东省"改革开放40周年40本优秀鲁版图书"书目。

11月4日　中国科普作家协会海洋科普专业委员会2018年年会暨"探索深海奥秘，助力海洋科普创作"主题沙龙在中国海洋大学学术交流中心举行。本会副主任委员、原国家海洋局宣传教育中心主任盖广生，副主任委员、国家海洋局第一研究所原所长马德毅，省政府参议、山东省科普创作协会理事长马来平等出席会议并讲话。年会由本会秘书长、中国海洋大学出版社社长杨立敏主持；主题沙龙由中国科学院海洋研究所研究员李新正主持。

11月12日　中国海洋大学出版社淄博分社揭牌仪式在山东理工大学举行。中国海洋大学副校长李华军院士、山东理工大学校长张铁柱以及山东省新闻出版广电局、淄博市文化广电新闻出版局等有关单位的领导出席会议。社长杨立敏、副总编魏建功、副社长兼副总编辑刘文菁、办公室（总编室）主任徐永成参加了揭牌仪式，并与淄博分社的职工座谈。魏建功任淄博分社社长（兼）。

本年　我社自主策划、组织编写并出版的"中国海洋符号丛书"和"舌尖上的海洋科普丛书"获山东省第五届社会科学普及与应用优秀作品奖。

　　本年　我社出版的《海洋恢复生态学》获2017年度国家海洋局、中国海洋学会、中国海洋湖沼学会、中国太平洋学会共同评选的海洋优秀科技图书奖。

　　本年　张华被评为中国海洋大学2018年度先进工作者。

1989-2019

书缘

Congratulations

119-160

胶州湾畔扬帆，驶向大洋远方

陈大刚

陈大刚（右三）出席《中国海洋鱼类》出版及学术交流会

　　30年前初创的海大出版社，还只是几间陋室，印刷挂靠学校印刷厂，印刷手段主要是铅字排版的传统印刷术。因此，只能为学校出版相关专业教材和其他出版物。随着国家对高等教育经费投入的增加、出版事业市场化改革的深入，特别是进入21世纪后，海大出版社也进入突飞猛进的发展时期。

　　以我们这套《中国海洋鱼类》的出版过程来说，我深切体会到改革开放、组织能力与工作作风转变给海大出版社带来的活力和成就。这主要体现在从过去"等米下锅"到"找米下锅"的转变，一个有名的出版社要有许多高水平著作支撑，然而高水平或大型著作往往是作者花费大半辈子的精力写就的，如要等作者完稿并筹足经费，找上门来，不仅周期长，而且往往因某些原因中途夭折。我们就是这一转变的获益者，当该书初稿即将完成之时，也是我们逐渐发愁出版与经费问题之时，是海大出版社魏建功编审主动约稿，经申报社长同意，承诺解决经费问题，还为作者预付稿费，这无疑给我们吃下了"定心丸"，极大地提高了编写信心和进度。当我们完成二稿交予出版社后，出版社特成立专审小组，加班加点，分头审改，为完善书稿内容提出很多修改建议。当稿子送至印刷厂时，总编还亲到现场对部分彩图进行必要修正。这种高效认真的工作方式，使得本书得以提前顺利出版。

从本书个例透视出，中国海洋大学出版社已从创建初期的"胶州湾畔小船扬帆"发展到如今，已是"巨轮驶向大洋远方"。其出版物琳琅满目，其中不乏优秀专著，成果丰硕。我们可以期待在不远的未来，海大出版社发展越来越好，成为在国际上也有一定影响力的出版社！

（作者系中国海洋大学水产学院鱼类学、渔业资源学教授，博士生导师）

以口为碑，以心为碑，以文为碑

侍茂崇

> 以口为碑，事业才会代代相传；以心为碑，治学精神才更感人至深；以文为碑，功德会寿于金石而不朽。
>
> ——题记

中国海洋大学出版社，依托名校中国海洋大学，在30年的奋斗历程中，栉风沐雨，勇于攀登，成为"口、心、文"三位一体的重要一员。

海洋科学建设与发展是一个水滴石穿的渗透过程，不能一蹴而就，需要从研究开始，一点一滴构地建起一个庞大的、可以传承的体系。

底蕴深厚、才华横溢的教师，忠实于党的神圣教育事业，既有严谨求实的科学理性精神，又充溢着敬畏生命的人文情怀，这才能"以心为碑"，治学精神才会感人至深；再之，能以由浅入深的讲解、精辟硕见的分析能力，循循善诱，授业解惑，做到"以口为碑"，我们的事业才会代代相传。

中国海洋大学出版社，秉承为高校教学科研服务的办社宗旨，坚持"学术为本，教材优先"的出版方针，形成了高质量、高水平、有特色的出版物结构，实现品牌的不断拓展，推动了多学科、多层次的高校教材系列的出版，逐步形成了一批在海洋界颇具影响的、具有文化积累意义的品牌图书，凝练出海洋研究、文史研究、经济学、管理学、法学、文献整理等特色精品和力作。做到"以文为碑"，既彰显了书写者的深厚功底，也给历史留下浅浅的足迹，功德定会寿于金石而不朽。

中国海洋大学出版社，以敏锐的嗅觉、超前的意识、真诚的姿态和市场的运作的魄力，于2014年召开由多个海洋院校和研究单位参加的、近30位专家学者组成的"高等学校海洋科学类专业基础课程规划教材编务会议"，编写21世纪海洋科学类专业教材。经过近4年的努力，许多专著陆续付梓，这无疑会推动中国海洋类大专院校的同步教育水平，取得对21世纪人才培养的共识。

哲人说："至远者非在天涯而在人心，至久者非在天地而在真情，至善者非在雄心而在贤达。"中国海洋大学出版社，还独具慧眼，鼓励聚焦中国海洋大学有重大影响的历史人物，即有巨大成就而为人所宗仰的学者。例如，《一代宗师赫崇本》《传奇教授侯国本》等。这些人物，行为示范，德艺双馨，以人格魅力征服了大众，赢得了尊崇。他们既是那个历史时期海洋大学的名片，又是有功于国家社稷的精英。通过对这些历史人物的了解，不仅可以看到他们创业的艰辛和智慧，而且是人心和灵魂的再教育过程，是一个人内在修养的历练与提升。

中国海洋大学出版社，不仅关注海洋科学的发展，而且关注青少年海洋认知的培养，出版了一系列海洋科普书籍，取得了很好的经济和社会效益。我们知道，在成就辉煌的中国古代文学里，描写海洋的作品只是沧海一粟，但是溯时间之流而上，不时也会发现珍珠美玉。《诗经》中就多次描述人类与海有关的活动。从那时起，2000多年来，我们的先人追随着梦想，一刻不停地行走着，最终与蔚蓝色的海洋拥抱在一起。20世纪70年代起，人类面临三大难题：适宜居住的空间越来越小，可资利用的陆地资源越来越缺，人类生活的环境越来越差。因此，科学家提出，人类起源于海洋，现在要重新返回到海洋中去，只有广阔富饶的海洋才能解决上面所说的三大难题。因此，出版社愿做时代弄潮儿，鼓励青少年：耕耘蓝色的海水，播种蓝色的希望。

21世纪开始到现在，中国海洋大学出版社先后为我出版、或将要出版六本著作：《海洋调查方法》《海洋调查方法导论》《一代宗师赫崇本》《传奇教授侯国本》《浪里也风流》《海洋调查方法》（修订版），以及一些临时使用的《物理海洋学》的教材。在和他们相交、相知过程中，充分领略了他们良好的敬业精神。他们有很高的客户群体信任度，有良好的企业形象；对内聚集人文力量，为员工创造一个和谐的工作环境，使其能够充分发挥各自能力，实现自我价值。对外，海大出版社有同磁铁一般的力量，吸引更多的佳作涌入。这样不仅可以使企业的内部结构更加稳定，还可以为其吸引更多的优秀人才。

值此中国海洋大学出版社30周年华诞之际，我祝福出版社：在21世纪的新舞台上高调亮相，并继续上演精彩的大戏！在物理海洋学、海洋化学、海洋生物学、海洋地质学、海洋环境科学、海洋工程和军事海洋学等诸多方面出版更多佳作，留香后世！

（作者系中国海洋大学海洋环境学院教授，山东省"科技兴鲁"金质奖章获得者）

与海大出版社合作的美好岁月

张杰

　　1989年，樱花盛开的时节，我因公赴青岛。工作之余，我到鱼山路5号中国海洋大学（原山东大学老校址），寻找我在那里学习、工作8年的足迹，拜访几位老同学，如邢福崇、刘桓等人。当我见到老邢时，他兴奋地告诉我："上级已批准海大成立出版社，欢迎你投稿！"我告诉他目前手头没有稿件，不过以后可以提供。他说，要尽快！

　　老邢为人我是知道的。我们是山东大学同班同学，都是学生干部。他办事干练，有能力，品德很好，是个可信赖的人。

　　事情也凑巧，我刚回到家中，老朋友泰安市乡镇企业局局长孙继业同志手拿一个大红本子兴冲冲地来找我，告诉我，他刚开过泰安市优秀乡镇企业家表彰大会，想问问我用什么办法宣传一下这些优秀的企业家。我建议他，可以请一部分文学工作者采访企业家的事迹，编一本报告文学集，广为宣传。孙局长是个干实事的人，他思考了一下说："此事可行，我回去研究一下，这件事就委托给你了。"他很快就给相关企业下发了文件，要他们热情接待来访的专家，并和我一起协商编委会组成人员。我就聘请了部分专家下去采访。历时3个月，20万字的书稿编辑完成。这就是我为海大出版社主编的第一本书《开拓者》。

1989年9月，也就是我和老邢见面后的5个月，《开拓者》就正式出版了。我在该书的《前言》中说：

我们在一些古老的乡镇可以看到成排的楼房，高大的烟囱，可以听到汽车的鸣叫和机器的轰鸣，这就是农村开拓者们所奏出新的时代乐章！

我们的共和国经历了几十年的风风雨雨和艰难险阻，迎来了她四十年大庆。我们这本《开拓者》，作为一件小小的礼物奉献给她。祝福她沿着党指引的航程开拓前进！

后来泰安市主管国有企业经委的同志也委托我主编了一本国有企业家们创业的报告文学集《东岳之华》。

这两本报告文学集的出版，在社会上得到普遍好评。

我还想谈谈与海大出版社合作出版有关泰山部分图书的情况。

20世纪80年代后期在我主编《泰安师专学报》期间曾发表过一些关于泰山的论文，在社会上有一定影响。有一天在泰山管委担任领导工作的路宗元同志和我商谈，我提议："能否由管委出资办个专门研究泰山的刊物？"他表示同意。

此后，经过海大出版社、泰山管委与编委的共同努力，于1989年12月，《泰山研究论丛》第一册就呈现在读者的面前。该书由山东省委书记、书法家梁步庭同志封面题字，共收论文22篇。其中像徐北文、苏秉琦、杨辛等著名学者的大作，给该书增色不少。

我在该书《后记》中说：

本书所收的文章既有对建立泰山学，建立对泰山'大文物'宏观研究的真知灼见，也有对泰山某个侧面的微观考察，诸如对泰山意蕴的考察，对泰山宗教、文物的专门研究，对泰山自然形态和气象的深入探讨以及对泰山与旅游开发的崭新意见等。这些文章对泰山学的建立，促进泰山研究的发展无疑将会起到积极作用。

《泰山研究论丛》共出版6本，这一开创性的工作，受到学术界的高度评价。

在出版该书的过程中，我有幸结识了海大出版社首任社长谢洪芳同志。当时他还相当年轻，为人谦和，办事沉稳，很有事业心，给我留下很好的印象。后来我们成了知己。

1990年秋季，"泰山国际研讨会"组委会邀请谢社长作为嘉宾参加会议。会议期间，他与泰山管委领导会面并商讨进一步合作出版"泰山文化丛书"事宜，并达成了共识。

这套丛书专门出版泰山研究专著及泰山有关的古籍整理点校注释等工作。

我在为编委代写的总前言中说：

这套丛书，分文献资料编、人文科学编、自然科学编三大部分，其内容涉及泰山的自然、政治、经济、文化各个方面。诸如泰山的地质地貌、气象、生态，泰山的自然景观和美学意蕴，泰山的历史人物、宗教民俗，泰山的摩崖碑刻，泰山的旅游资源开发与管理建设规划等。

这是一项浩大的文化工程，然而仅出了《泰山历代著述提要》《泰山药物志点校》《泰山刻石》《岱史校注》《石介》等几种。

另外，我还在海大出版社出版了两本回忆性散文《春风桃李忆吾师》《翘首东海忆故人》以及我与陆文采合著的《高兰评传》等。

在这些著作的出版过程中，我们编著者与出版社之间彼此信任，互相尊重，配合默契。从组稿、编稿、审稿、印刷，整个流程都十分愉快、从容和顺畅。

从1989年春天到1995年秋天，共出版图书16本，其效率之高也是惊人的。当然，所有这些仅仅是改革开放洪流中几点浪花而已，然而能感受到波涛和涌动！

我十分钦佩海大出版社的朋友们在创业初期那艰苦的环境里团结奋斗的精神。我也十分感谢编辑同志给我的支持和帮助。

那6年与海大出版社共事的美好岁月深深地铭刻在我的记忆里，永远也不会忘记！

（作者原为泰山学院教授）

希望的田野

杨春贤

右为杨春贤

　　"大雁之所以能够穿越风雨、行稳致远，关键在于其结伴成行，相互借力。"2018年，习主席在"一带一路"国际合作高峰论坛上这一意味深长的话语，恰恰揭示了《青岛日报》科教部与中国海洋大学出版社联手举办青岛市中小学生寒假征文，并陆续出版寒假征文获奖作品集的合作意愿和愉快旅程的内在张力和发展逻辑。

　　俱往矣，30年前，我还是《青岛日报》的一名记者，分工教育报道。

　　1989年1月，《青岛日报》科教部在我的倡导下，发起了青岛市中小学生征文活动。同年4月，青岛海洋大学出版社成立。我闻讯前往采访报道，意外见到了社长、总编辑谢洪芳。其实我们并非初次见面，早在谢洪芳同志任海大党委组织部长和党办主任时，我们就已经数次打过交道，这次邂逅算是老友重逢了。与以往不同的是，他又变换了新的角色。

　　刚刚成立的海大出版社虽然规模不大，设施简朴，却生机盎然，活力四射。

每人按照分工，埋头书稿，恪尽职守，胸中都怀揣着大格局、大气象、大情怀。那真是大树有大树的风景，小草有小草的春天。

采访中，我们很自然地谈到了寒假征文活动。

"其实，我们可以合作，"看似无意，却已有打算，谢洪芳社长敏锐地捕捉到这个极有意义的选题，"我希望明年咱们可以把两年的获奖作品编成书，出版一本寒假征文获奖作品集。"

"很好，"我欣然赞同，对孩子们来说，发表处女作那是人生的重大节日，更何况再进一步，将作品选入书中，那将是锦上添花，"不过，今年是来不及了，从明年起咱们一起联合举办寒假征文，然后，将每两年的获奖作品结集出版。"

双方一拍即合，其影响将是广泛的，意义也是深远的。在这些文字遁入昨天的时候，留下他们的情感和故事，传递出孩子们的思索和梦想，那无疑是历史的回响和时代的和声。

征文活动获奖者得知这一喜讯，深受鼓舞。那天颁奖会后，在公交车上，一位获奖的女学生一眼就认出了刚刚在主席台上为他们颁奖的谢社长，并跃跃欲试地向谢社长提出建议："叔叔，可否将寒假征文获奖作品集取名'希望'？"

"为什么呢？"谢社长有些好奇。

"这样可以表达参赛学生希望自己长大成才呀！"

谢社长微微一笑，点点头，脱口而出："好啊！"

于是，第一本寒假征文获奖作品集的书名"希望"便戏剧性地由此诞生。事后得知这位女学生就是一等奖获得者、青岛29中高二一班学生秦海宁。

"想要无可取代，必须与众不同。"在出版了《希望》之后，谢社长的思维又迸发出新的火花，他不甘平庸，把职业当作事业去追求，时刻规划着一幅幅美丽的蓝图，准备出版一套富有特色的窄幅32开本丛书。这种设计既别致，又符合孩子们的年龄特点，还便于阅读。

这期间，我担任了《青岛日报》科教部主任，与海大出版社的联系也日渐多了起来。

海大出版社立说立行，继《希望》出版后，《青岛日报》科教部与海大出版社又在此后的 10 年里，携手从青岛市中小学生寒假征文这棵大树上采摘了《新绿》《春歌》《晨曲》《彩贝》《小荷》等五大筐新鲜可口的果实。每年入选的作品都是从 10 万多篇来稿中精选出来的。这些精致的窄幅 32 开本获奖作品集，可以说是孩子们的良师益友，深受他们的欢迎，那种阅读的积极性，现在想起来都会令人喜出望外。要知道，当年每种书的印数大都在 15000 至 25000 册之间哩。

如今，寒假征文这棵大树业已枝繁叶茂、万紫千红。广大的中小学生正在以新观念、新角度、新思路观察事物，叩问生活，思索人生，以拳拳之心和殷殷抱负，书写时代华章。寒假征文已在岛城声名鹊起，成为青岛市精神文明建设一个响亮的品牌，为青岛乃至全国培养出许多杰出的人才，可谓功在当代，利在千秋。

意义是可以在时间中发酵的。深耕寒假征文这片沃土，从才露尖尖角的小荷里发现了大树，也让今天的丑小鸭变成了明天的白天鹅，丰收的喜悦在希望的田野上传颂。

1989 年曾获寒假征文二等奖的台东六路小学五年级二班学生贺萌，从小学开始就萌生了"记者梦"，她的寒假征文获奖作品《今天我当家》被收入《希望》一书，愈加增添了她的自信和勇气。一路走来，她不懈努力，"精诚所至，金石为开"，从追梦，筑梦，直到圆梦，终于在北京大学新闻专业硕士毕业后走进新华社，如愿以偿地成为一名出色的记者，还不时猝不及防地为读者奉上一篇篇波光潋滟、浮光跃金的精品力作。

王勍闻是从《新绿》一书中走出来的佼佼者。1993 年，还在文登路小学六年级一班上学的王勍闻，她的寒假征文《到东部去》荣幸地获得了特等奖，这是寒假征文活动举办以来，唯一的一篇特等奖。令人想不到的是，这个特等奖竟然还引出了一段美丽的故事。12 年后，从北京外国语大学西语专业毕业后又到美国读完硕士的王勍闻，前往西班牙著名的萨瓦德尔银行上海代表处应聘，面试时她被问及很多问题，当她说到自己在青岛市中小学生寒假征文中曾获得特等奖时，面试官露出会心的笑容，当场拍板："恭喜你！你被录取了。"

每一个奋斗者的故事都是时代的乐章。车海刚的经历似乎就是一个传说。1989 年，他在青岛 9 中高一五班时参加寒假征文获得了三等奖；第二年他再接再厉，获得了二等奖。其两篇获奖作品均被收入《希望》一书。上高三时，因忙于高考，他没能参加寒假征文。然而对新闻的钟情却深深地埋藏在他的心里，锲而不舍，是流淌在他血液里的基因。考入华东师范大学，他出任了学校《大夏之声》报主编，大学毕业后他被分配到一家科研院所从事宣传工作。两年后，他偶尔在报纸上看到《中国经济时报》的招聘启事，便毅然前往应聘，一举敲开了《中国经济时报》的大门，使自己梦想成真。几年下来，他便完成了由记者到主编，进而到副总编的华丽转身。现在他已调任中国发展出版社和《中国发展观察》杂志社副总编。1998年，他应邀在寒假征文10周年大会发言时，动情地说，感谢寒假征文为他提供了一个展示自我的舞台，激励自己奋发有为，去实现人生价值。

直到2000年，谢洪芳社长退休，第二年我也退休，双方合作的脚步才停了下来。

长江后浪推前浪，江山代有才人出。

习近平主席在庆祝改革开放四十周年大会上把建成社会主义现代化强国，实现中华民族伟大复兴比喻为"一场接力跑"，他说，"我们要一棒接着一棒跑下去，每一代人都要为下一代人，跑出一个好成绩。"其实，办好海大出版社，何尝不是一场接力跑？古人云：三十而立，而立之年，正是意气风发、大显身手的年华。

置身新的时代，包括退休在内的海大出版社每个人心中，想必都会涌起一股滚烫的热浪，自豪地挺起胸膛，唱起那首慷慨激昂的赞歌：《祖国不会忘记》——在茫茫的人海里/我是哪一个/在奔腾的浪花里/我是哪一朵/在辉煌事业的长河里/那永远奔腾的就是/不需要你认识我/不需要你知道我/我把青春融进祖国的江河/山知道我/江河知道我/祖国不会忘记我。

回顾来路，可谓30年砥砺奋进，30年春风化雨，30年岁月如歌。

展望未来，初心不改。长风破浪会有时，直挂云帆济沧海。

（作者系《青岛日报》原科教部主任、高级编辑）

不忘初心，创造辉煌

郝长江

我与中国海洋大学出版社的书缘已经有20多年了。

在这20多年间，我亲眼见证了海大出版社从弱到强，从普通单学科出版机构发展成为在全国具有重要影响的出版单位。在这20多年间，我见证了六位社长的辛勤耕耘，见证了年轻的出版工作者如何从踏入社会不久便很快脱颖而出，成为出色的管理者，成为出版社的中坚力量。

几位社长的热情奔放、大胆开拓、一丝不苟、认真负责的工作精神深深感动了我，使我愿意为海大出版社的发展做出自己的努力。20多年间，我亲眼看见了编辑人员如何从初出茅庐的年轻人成长为出版业的专家，他们的热情、他们的开阔思维、他们的善于沟通交流、他们的雷厉风行、他们的一丝不苟以及他们对作者的理解与支持，使我一直把自己看作海大出版社的一员。

20多年来，我在海大出版社出版过30多本书，但最为人称道的是，在我国出版史上，海大出版社是第一个出版发行高等医学英语系列教材的出版社。人们都知道高等医学教育对人民的健康有着至关重要的作用，而医学发展状况的信息传播从来是没有国界的。因此，高等医学英语教学如果仍停留在阅读教学的阶段，就势必影响我国高等医学人才获取信息、交流信息的水平。为了解决这个涉及十几亿人民健康的问题，海大出版社组织7所医学高等学院编写录音，出版了我国高等教育出版史上第一套"高等医学英语系列教材"，包括《医学科普英语》《基础医学英语》《临床医学英语》《医学英语听力》《医学英语会话》《趣味英语荟萃》共7本。为祝贺这套教材的正式出版，时任全国政协常委、全国政协科教文卫委员会副主任、卫生部副部长孙隆椿同志欣然题词"传播知识、促进交流"。部级领导为一套教材题词恐怕也是出版史上第一次。

每当我回忆起为出版这套教材日夜操劳的刘宗寅同志、李夕聪同志，仍十分感动。那夜半时分才下班的情景，仍一幕幕地浮现在眼前，真为他们骄傲。每当我去北京出差，在北京王府井外文书店看到海大出版社出版的21世纪高等英语系列教材陈列在书架上时，总能想起一位外教告诉过我的一件事。她回国探亲时，在首都机场突然身感不适，医生却听不懂她的话。这时，她发现了摆在首都机场书店书架上的《医学英语会话》。这使医生得以快速了解了她的病情。我们能不感谢海大出版社，能不为海大出版社自豪吗？然而，海大出版社并未由此止步。

2008年5月，海大出版社成功组织了由50多所高等医学院校参加的全国高等医学英语教材研讨会，场面之壮观，气氛之热烈，至今仍历历在目。根据第一套高等医学英语系列教材的使用经验，重新修订出版了21世纪高等医学英语系列教材，包括《基础医学英语》《临床医学英语》《医学英语视听说》等。《医学英语视听说》把较单一的听力教材丰富为视、听、说合一的教材，这标志着高等医学英语教材的编写和出版水平达到了一个新阶段。

海大出版社在这个领域继续深耕，2010年又成功组织了国内西医高等医学院校和中医高等医学院校共同参加的高等医学英语教材研讨会，并在会后成功组织编写出版了"高等中医医学英语系列教材"，包括《基础中医医学英语》《临床中医医学英语》《中药英语教程》和《中医医学英语视听说》，再次在我国出版史上留下记录，在一定意义上说，其深远影响和重大意义是史无前例的。

改革在发展，国际交流在不断加强，大学英语教学必然要在专业英语、功能英语方面不断发展、不断提高。中国海洋大学出版社对中国高等医学英语教学发展的贡献得到七省几十所高等医学院校的支持，这对于一个单学科性的出版社来说是何等的表彰。衡量任何一个单位的标准首先是看其对社会贡献的大小，然后才是经济价值，特别对文化产业性质的单位来说更是如此。在庆祝中国海洋大学出版社成立30周年之际，我更加坚信中国海洋大学出版社对我国高等教育，特别是对高等医学英语教育的贡献理应得到，而且一定会得到更广泛、更充分的认可。

中国海洋大学出版社出版了很多优秀的经得住历史沉淀的作品，比如《"科学·人文·未来"论坛实录》，"英语专业博士论文系列"以及杨立敏社长主导下的海洋科普类作品和中小学教材，这些都是含金量很高的作品，而且是难以令人忘怀的。

感谢海大出版社的同志，谢谢你们的认真负责和不懈努力。祝福海大出版社！

（作者系原青岛医学院外语教研室主任，教授）

一片情怀，一个领域
——我与中国海大出版社

别敦荣

　　我觉得学者与出版社之间是鱼水关系，学者离开了出版社，便失去了最重要、最有分量的学术传播与交流的平台；出版社如果没有了学者，就成为一个空壳，没有了内涵。所以，学者有了成果就要找出版社，出版社为了发布好的成果总是会找学者，就像淘宝贝一样。从这个意义上说，我与中国海洋大学（以下简称"中国海大"）出版社的缘分应该是必然的。其实，要真说起来，又有很大的偶然性。

　　我与中国海大的合作情缘始于2002年，一直到现在不仅未曾中断过，而且不断加深，用情投意合、历久弥新不为过。2002年我牵头翻译了一本美国高等教育管理研究的著作，即罗伯特·伯恩鲍姆所著的《大学运行模式》（*How Colleges*

Work: The Cybernetics of Academic Organization and Leadership, 1988）。这部著作在英语国家发行很广、影响很大，是美国学者研究高等教育管理的力作。在出版上我是比较保守的，翻译完成后，我想找一家出版社出版这部译著。当时，大学出版社收取一定数目的出版资助费已经成为"惯例"，还有的作者采取自费的方式出版著作。尽管有出版社与我联系，我都以模棱两可的态度应对。

我在等待时机。机会不期而遇，当时我还在华中科技大学教育科学研究院工作，中国海大的宋文红老师考入华中科技大学教科院攻读博士学位。作为在职人员，她一边在华科教科院上课、做学问，攻读博士学位，一边还承担着中国海大的工作。2002年她受命担任大学出版社副总编，当她看到我这本"待嫁阁中"的译著时，一下被吸引住，告诉我"读起来像是创作而不是翻译的著作"，而且要拿到中国海大出版社去争取免费出版，在大学出版社开拓一个新的高等教育的出版领地。她拿出详细的市场论证方案，在社里经过编辑、发行等几个回合的论证，最终争取到了采取市场运作方式进行出版。所谓市场化方式，就是出版社在研究市场预期的基础上来决定选题，由出版社承担市场发行的风险。据说在当时中国海大出版社还是第一次采用这种方式出版一本有海外版权的翻译著作。显然，这是富有冒险性的。在与宋文红副总编的讨论中，我们逐渐明确了出版丛书的想法，当时认为，如果只是出版一部书，很难在学术界引起较大的反响。这样就确定出版一套"美国高等教育管理学经典译丛"，并在2003年出版了第一部《大学运行模式》。

2000年开始，我先后帮一些大学编制发展战略规划，后来在教育部的要求下，全国所有大学都在制订各自的战略规划，但大学领导和规划人员对于如何科学地编制发展规划大都没有概念，市面上没有一本这方面的著作。我在英文文献中搜索发现，美国大学战略规划专家乔治·凯勒出版的《大学战略与规划：美国高等教育管理革命》（*Academic Strategy: The Management Revolution in American Higher Education*）不仅有理论而且有实践素材，是一部对理论工作者和实践工作者都有参考价值的专著。于是，我们就把这部书纳入丛书翻译出版。这期间，原陕西省教育厅副厅长郝喻教授赴美国哈佛大学作高级访问学者，他抽空翻译了美国著名高等教育管理研究学者迈克尔·D·科恩和詹姆斯·G·马奇教授所著的《大学校长及其领导艺术》，我了解情况后即与郝喻教授取得联系，征得他的同意将这部译著也纳入丛书。这套丛书出版后收到了意想不到的好效果，发行量持续走好，大大增强了我们进一步合作的信心。

与中国海大出版社的合作之门开启后，不论对我还是对出版社，都犹如得到了一片广袤的天空。2000年我出版了个人第一本专著，此后陆续在六家出版社出版著作。中国海大出版社出版了我最多的著作，种类之多、系列之多都名列前茅。我粗略统计，2003年以来，我在中国海大出版社出版了6个系列，近40种各类书籍，包括"美国高等教育管理学经典译丛"（3册）、"国际高等教育译丛"（6册）、"国外原版高等教育丛书"（4册）、"中国高等教育学中青年学者论丛"（10册）、"现代大学制度与治理改革研究丛书"（9册）和"中国大学现代化之路"（3册）等。由此，中国海大出版社已成为全国最重要的高等教育研究学术著作出版社之一，出版了大量的高等教育研究学术著作，很多一流的学者都在中国海大出版社出版过著作，其高等教育学博士文库更是为众多青年学者所向往。她出版的很多高等教育研究著作成为本学科的经典著作，更多的著作被北京大学、南京大学、厦门大学、苏州大学等列为硕士生和博士生的必读书目。"现代大学制度与治理改革研究丛书""中国大学现代化之路"两套丛书是近年来我和中国海大出版社的最新合作成果。在出版过程中，面对全国性书号紧缩的形势，杨立敏社长和李夕聪副总编辑给予了大力的支持。丛书出版后，销量创历史新高，受到读者的广泛好评。

我知道中国海大出版社是以出版教材和学术著作为主的大学出版社，尤其在海洋类教材和学术著作出版方面的影响更是独占鳌头。与其他学科大多有本科生教育相比，高等教育学科是一个比较小众的学科，学者和研究生的数量都相对比较少。所以，高等教育研究的学术著作发行量一般都不大，经济效益没有其他学科的著作好。可能因为这个原因，很多大学出版社不大热心出版高等教育学研究著作。中国海大出版社可以说是逆势而为，开辟了一个不被出版人看好的学科领域，成就了一番属于自己的辉煌成就。我打心眼里钦佩中国海大出版社领导的胆识和远见，几任社领导都不改初衷，一如既往地支持出版高等教育研究学术著作，为繁荣高等教育学科提供了一个难得的平台。

我在中国海大出版社出版的著作中，既有我自己和朋友们所翻译的国外高等教育研究学术著作，又有引进国外高等教育研究的原版图书；既有我个人的学术专著，又有我约请相关学者所著的个人著作。在出版国外学者著作的时候，让我难忘的是那些学者的谦谦君子之风，他们不仅自己主动赠送版权，而且协助我和中国海大出版社与原出版公司或出版社沟通，帮助我们争取原出版公司的理解和支持。其中，特别印象深刻的是美国著名比较与国际高等教育研究学者菲利普·阿特巴赫教授，中国海大出版社出版了他最多的著作，包括他个人的专著和他主编的系列著作。他放弃了所有著作的版权，且不取分文稿酬，不仅如此，还帮助中国海大出版社以无偿或微薄版权的方式获得了一批著作的出版权限。他也被大学聘为客座教授，多次在大学做报告。可以说，没有阿特巴赫教授和多位国外学者的慷慨相助，那些为我国众多学者所青睐的国外高等教育研究学术著作恐怕难以引进来、得到广泛传播，影响我国高等教育学术界。在与阿特巴赫教授的合作中，2006年我们开始出版他的系列著作"国际高等教育译丛"，此时恰逢他来中国访问讲学，中国海大出版社邀请他赴青岛参加系列著作出版的首发式，他没有丝毫犹豫就更改行程，不辞辛苦去中国海大参加首发式并讲学。这次活动令他非常高兴，后来他在很多场合都赞扬中国海大出版社在高等教育学术出版领域的贡献。

毫无疑问，我与中国海大出版社的合作成果是多的，之所以合作成功且能长期坚持，我想可能是因为我们在合作中建立了一种共同的认知，孕育了一种共同的情怀，这就是对繁荣高等教育研究的热切期待，对促进我国高等教育发展的强烈责任感。如前所述，高等教育研究是一个小众的学科。所以，在早期的时候，在高等教育研究学者很少、高校数量也不多的情况下，除了几家师范大学出版社对本校高等教育研究学者的著作有所关照外，其他很多大学出版社基本上是不出版高等教育研究著作的。2003年中国海大出版社开始涉足高等教育学科的时候，出版高等教育研究著作的大学出版社屈指可数。中国海大出版社是大胆而富有远见的，我先后与出版社领导李学伦、王曙光、杨立敏三位社长打过交道，他们特点鲜明，李学伦社长的拓新精神、王曙光社长的豁达胸襟和杨立敏社长的开拓进取都给我留下了深刻的印象。我跟多位编辑老师交流频密且深入，他们共同的特点是认真、专业，精益求精，确保出版的高质量，比如，纪丽真博士学识深厚、聪慧干练，总能发现一些一般人难以发现的问题；邵成军老师严谨认真，对待文稿中的问题一丝不苟，我经常为他所提出的问题而陷入"苦恼"境地；滕俊平老师热心周密、处事得体，总是让人感到温暖而放心。还有其他编辑老师，在交流沟通中我总是觉得好像是在跟同事、朋友讨论工作，没有任何生分的感觉。我相信，我在中国海大出版社出版的著作一定还经过了很多其他编辑老师和领导的"严格把关"，尽管可能未曾谋面，但我能感受到他们所传递的正能量，这就是对出版高水平、高质量作品的坚守。在近20年的合作中，我为中国海大出版社领导和编辑老师们敢于独辟蹊径的勇气所感染，也为他们持续开拓、坚守高地的执着所折服。我想正是由于有这种精神，他们能够在竞争激烈的出版界树立起全国高等教育学术著作出版高地这面耀眼的旗帜。

（作者系厦门大学教育研究院教授，院长，博士生导师）

风雨历程三十载

陆儒德

　　中国海洋大学出版社风雨历程三十载，遵循出版方针，坚持服务社会，引领理念，书写海洋。以"大教育、大海洋"形成鲜明的出版特色，精选题材、精心编辑、精细制作，建社以来，共出版各类图书3000余种，获国家、山东省各种图书奖项达150多种，展示出版社的杰出成绩，可庆可贺。

　　近几年，海大出版社不仅在原国家海洋局宣传教育中心的组织、指导下，勇挑重担，精心编创，率先出版了"中小学海洋意识教育系列教材"《我们的海洋》及其配套的《我们的海洋（教师用书）》，并积极进行培训教师和推广发行工作，现已经在海南省中小学全面实施教学，对全国推广海洋教育具有示范意义。

而且，陆续推出的"畅游海洋科普丛书""人文海洋普及丛书""魅力中国海科普丛书""中国海洋符号科普丛书""舌尖上的海洋科普丛书"等精品图书，凝聚着出版社全体人员的心血，受到了国家出版部门的重视和读者的广泛欢迎，为提升国民海洋意识、普及海洋知识、丰富海洋文化、服务建设海洋强国战略做出了贡献。

我同海大出版社在共同宣传海洋中结缘，在编写《我们的海洋》中共事。在担任《我们的海洋》（高中版）主编的工作过程中，感受到出版社团队的优秀，领导魄力大，敢于担当，创新能力强；各位编辑责任心强，一丝不苟，精益求精，制作精品。海大出版社，能够聚集海洋、教育各方专家，齐心协力撰写、编辑、出版了内容丰富、编辑严谨、装帧精美的海洋图书，领军海洋图书出版界，在全国起到了示范作用。

在新世纪，海洋是"人类共同继承的财产"，和人类可持续发展的物质基础相融合发展，将重塑世界海洋秩序，构筑人类共建、共管、共享海洋的新时代。海洋上正在发生的重大改变，更显示出当今中国海洋文化软实力的不足。宣传海洋、知识普及，适应时代，任重道远。在海大出版社建社30周年之际，冀再接再厉，在出版战线取得更大成就，为振兴中国海洋文化、建设海洋强国提供有力的文化支撑，为建设现代化强国的历史使命做出更大贡献。

（作者系海军大连舰艇学院原航海系主任，教授，

国内知名海洋学者和军事评论员）

一次愉快的合作

张素萍

　　中国海洋大学出版社即将迎来成立30周年庆典。三十而立，标志着海大出版社已经进入黄金发展阶段。作为出版社的老朋友，谨以此文表示我最热忱的祝贺。愿中国海洋大学的出版事业蒸蒸日上，为传播科学知识，为精神文明建设做出更优异的成绩。

　　时光荏苒。回想起我与中国海洋大学出版社的合作，已是4年前的事情。但往事仍历历在目，始终萦绕在我的心中。我长期从事海洋贝类分类学和底栖生态学研究，研究成果除发表论文、撰写《中国动物志》有关卷册等学术著作之外，也编写出版了《中国海洋贝类图鉴》《中国宝贝总科图鉴》等贝类书籍，以供贝类爱好者及对此有兴趣的朋友们作为海洋贝类鉴赏和种类鉴定的参考资料。尽管国内已出版不少海洋贝类书籍，但缺少可供青少年朋友阅读的贝类科普知识丛书。恰在此时，中国海洋大学出版社的相关领导和副总编辑魏建功与我联系，希望合作编写一套集科学性、知识性和趣味性于一体的有关海洋贝类的科普丛书，弥补我国海洋贝类科普读物的不足，以期达到普及贝类知识的目的，这个提议和我的想法可以说是不谋而合。

为了出版一套高质量的科普丛书，我们多次召开座谈会，反复磋商，最终决定把这套丛书定名为"神奇的海贝科普丛书"，分为《初识海贝》《海贝生存术》《海贝与人类》《海贝采集与收藏》和《海贝传奇》5个分册。丛书用生动的描述语言、通俗易懂的文字和大量精美的图片，为广人读者诠释了一个神奇的海贝世界。在这套丛书的编写过程中，我有机会与海大出版社的各位领导和编辑们多次交流，大家相互配合，互相支持，同心协力，心往一处想，劲往一处使。海大出版社这个队伍充满活力，给我留下了深刻的印象。我也深切体会到编辑们严谨的工作作风和踏实的工作态度，他们对于每个细节的要求都精益求精。每当我们撰写完一篇文稿之后，他们都会一遍遍进行编辑修改，哪怕是一点点不妥的地方，都会反复推敲，力求找到最合适的表述方式。此外，在这套丛书的编撰过程中，分册的副主编尉鹏、王洋和几位热心的贝友也加入了撰稿，并为丛书提供了一些原始图片，为这套丛书顺利出版增色添彩。前后历时一年多的时间，"神奇的海贝科普丛书"在大家的共同努力下最终编撰完成，于2015年5月与广大读者见面。

这套科普丛书出版后深受广大青少年朋友的喜爱和一致好评，并成功入选2016年度新闻出版广电总局向全国青少年推荐百种优秀图书，令人欣慰。在我国贝类分类学研究已是一个冷门学科，从事专业分类的科研人员短缺。而贝壳收藏和贝类爱好者的人群，在迅速扩大，越来越多的青少年朋友喜欢贝类，收藏贝类。这套丛书的出版，对于广大青少年和贝类爱好者认识海洋贝类，普及贝类学知识，弘扬贝类文化，宣传海洋贝类资源保护等方面，都有着非常重要和积极的意义。

我衷心希望中国海洋大学出版社借三十年华诞之契机，百尺竿头，更进一步，出版更多、更优秀的海洋科普读物。为海洋强国建设，为中华民族的复兴大业，增砖添瓦，再创辉煌！

（作者系中国科学院海洋研究所研究员，
长期从事海洋贝类分类学与底栖生态学研究工作）

一见钟情的蓝色书缘

霞子

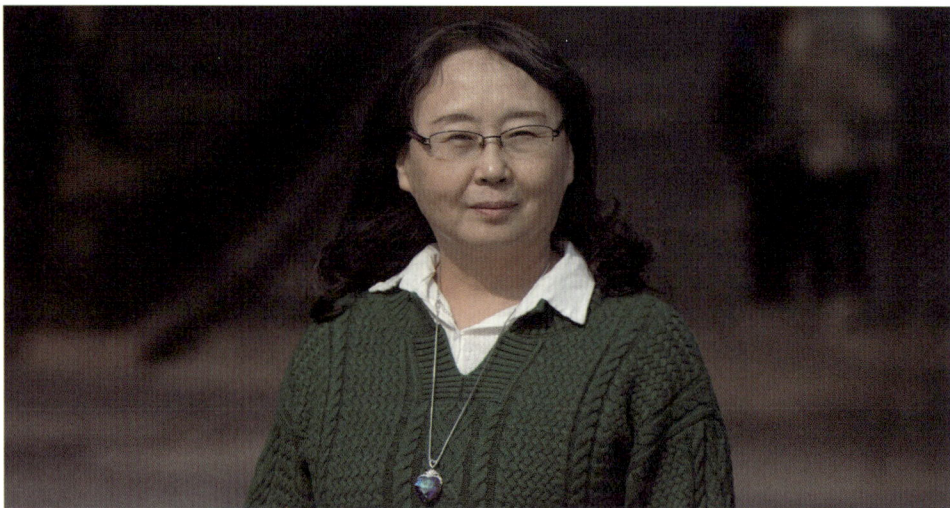

假如说世界上的一切皆有因缘的话，那么，在一个过去未知的时空里，我一定曾是海的女儿，且与海洋文学有不解之缘。

2015年，在中国科普作协理事会年会上，我与中国海洋大学出版社社长杨立敏和副总编辑李夕聪相识，从而开启了一个越来越深的合作之旅。作为中国科普作协海洋科普专业委员会秘书长的杨立敏社长，热情邀请我参加海洋科普专业委员会的年会。在这次年会上，我了解了社里出版的各类海洋科普书籍和获得的诸多奖项，以及中国海洋大学出版社打造中国海洋科普出版高地的宏大规划，立刻被感染了。一个深邃广阔的海洋世界扑面而来，让我意识到，关于海洋题材的科普和文学会大有可为。

李总邀请我写海洋科普，碰巧手里有一套打磨多年的关于珍爱生命之水主题的少儿神话《骑龙鱼的水娃》，便问李总是否感兴趣。之所以这样问，是因为像这样特立独行的作品，既有一个现代环保的主题，又有诸多中国传统文化元素糅合其中，具有将中国传统神话赋予时代新意的探索性，必然带有一定风险，不是每个出版社都愿意尝试的。谁知文化底蕴深厚的李副总非常认同，一拍即合。稿子发出后，在李副总和编辑吴欣欣的精心打造下，以极快的速度出版了。从某种意义上说，这是中国海洋大学出版社对作品的认可，引领了作者对海洋文学重要性的深度认知，从而开启了一段"情投意合"的蓝色书缘之旅。值得庆幸的是，在全社上下的一起努力下，刘文菁副社长领导的销售团队业绩不错，让海洋科普文学走向了广阔的市场，受到了孩子们的喜爱。甚至不止一个孩子说，"我觉得比哈利·波特还好看"。这样的评价让我感到欣慰，也激发了我更大的创作热情。

非常感谢海洋科普专业委员会吴德星主任和杨立敏秘书长的赏识，被任命为该委员会的副主任委员，深感责任重大。一个人的创作能力是有限的，为了推动海洋科普文学的创作和发展，我和出版社应邀在中国海洋大学文学与新闻传播学院开启了培养海洋科普文学创作人才的尝试，并在山东省科普创作大赛中取得了不错的成绩。

海洋，是孕育生命的地方。海洋占地球表面积约71%。可到目前为止，人类已经探索的海底只有5%，还有95%的海底是未知的。神秘的大海等待着人们去探索、发现和认知。广阔的海洋与众多领域有着千丝万缕的联系。随着科技的发展，深海探秘已经成为进行时，海洋发电与风电并驾齐驱，水下高速列车正在实现，海洋粮仓也许不是遥远的神话。总之，海洋科普任重道远，海洋文学风景无限。衷心祝福中国海洋大学出版社为海洋科普出版事业和海洋文学的发展做出更大贡献，再创辉煌。

面海临风，蔚蓝阔然。回望这一段奇妙的蓝色书缘，我想对你说，我愿意和你一起走向美好的更远。

（作者系国家一级作家，中国作家协会会员，中国科普作家协会理事及海洋科普专业委员会副主任委员，中国海洋大学驻校作家）

乘势而上，砥砺前行

周德庆

在贵社即将迎来30周年社庆之际，作为贵社的读者和作者，我在此表示衷心的祝贺！30年来，海大出版社不忘初心、砥砺前行，与广大科研工作者携手，共同致力于普及科学知识、传播科学思想，为天南海北、世界各地关心海洋与渔业科学事业发展的人们送上优质服务，是广大读者的良师益友。2018年，由我主编的"舌尖上的海洋"科普丛书在贵社出版。贵社投入了大量精力，各位编辑专业素质高、责任心强、编辑业务纯熟。在贵社积极支持下，这套书受到读者朋友们的欢迎，并被推荐为山东省第五届社会科学普及与应用优秀作品。

新媒体时代的科普空前繁荣，对出版社未来的工作也提出了挑战。在贵社30周年庆典之际，衷心期盼海大出版社乘势而上，再接再厉，为中国的海洋科学传播和海洋科学文化建设事业做出更多贡献！

（作者系中国水产科学研究院黄海水产研究所食品工程与营养研究室主任，
研究员，博士生导师）

书海踏歌，击楫扬帆

袁宾久

　　《走过中山路》，启航一段《青岛老建筑之旅》，我正因为这两本书与中国海洋大学出版社结缘。

　　作为一位生于斯长于斯的青岛人，我从小就深爱着我的青岛、我的家，爱青岛的山，爱青岛的海，爱青岛的每一个清晨和黄昏中那绮丽纷呈的城市天际线，爱青岛那独特的东西方文化相汇与融合的欧陆风情。

　　这座年轻城市老城区里的老街道和老建筑，都镌刻着历史的痕迹。她经历了清军驻防、德国租借、日本两次占领以及民国统治等多个历史阶段，每一栋建筑都见证着城市的过往，它们是一部看得见的历史。在对青岛的历史以及历史建筑艺术探究和梳理后，我一直想将一个美丽、真实的家乡通过书籍让所有人领略欣赏青岛的建筑之美。有缘千里来相会。《走过中山路》和《青岛老建筑之旅》的出版，正是由中国海洋大学出版社的鼎力支持而生。

从"弗里德里希路"到中山路，这里是一条历史走廊，从欧陆风情到合院建筑，赋予了中山路无法复制的独特风格。

《走过中山路》用160余个镜头和70余幅历史老照片，以及6幅不同时期的中山路老地图，通过拼接中山路两侧建筑连续影像，全景式记录了2002年的中山路和百年中的历史风貌，将中山路的过去和现在，以6米长古色古香褶子式的画卷图像形式呈现给了读者。展开这幅图卷，回眸的是历史一瞬，收拢这册记录，珍藏的是昨日之影。

青岛素有"万国建筑博览会"之美誉，无论是谁置身此间，都会不由自主地去领略和感叹这些建筑的风采，品读这些建筑的艺术。

《青岛老建筑之旅》由120座青岛老建筑、300余幅图片汇集而成。为了便于收藏，出版社特别设计了书匣的形式。封面设计几易其稿，力图更好地展示青岛建筑的欧陆风情。内文设计上也多次完善修改，力图让篇章页中的地图清晰明了，让简介中的文字简洁得当，让图注更加清晰明确，让图片更加赏心悦目、与正文相辅相成，让字体字号更加舒适。不仅如此，本书在印制时，一遍遍地打样看效果，作者、编辑、美编一起赴印刷厂，与工作人员一起一页页调整效果，最终呈现出饱和的色彩和明亮的色调。为了便于国际友人也能对青岛老建筑进行比较清晰深度的了解，更是以中英双语形式呈现。今年，出版社又推出了本书的简装版，进一步充实和更新了内容，重新进行了设计和审读，精致轻盈，便于携带，便于捧读。

三十年半甲子，立足青岛的海大出版社由一叶艨艟成长为蓝海巨舰，未来一定会继续与广大作者、读者一起风雨同舟，书海踏歌，击楫扬帆！

（作者长期致力于德租青岛时期的历史与建筑艺术探究，近年来出版有《青岛老建筑之旅》《塔楼上的青岛》《青岛德式建筑》《走过中山路》等书）

小贝壳，大桥梁

耿秉

与中国海洋大学出版社结缘，始于2014年贝壳博物馆初建，始于海大社"神奇的海贝"系列丛书。因贝结缘，一见如故，携手走过了5个春秋。

贝壳博物馆主张以小见大、科学普及，让更多的孩子透过小小的贝壳，认识大自然，培养科学思维，开启科学大门。这与中国海洋大学出版社海洋科普出版的定位不谋而合。由此，贝壳在海大社和青岛贝壳博物馆之间架构起了一座坚固的"友谊"桥梁，结出了累累硕果，如《神奇的贝壳启蒙大卡》《小贝壳大世界》等，未来还会有更多新作品面市。

在此感谢海大社社领导的大力支持，感谢郭利编辑及其团队的辛苦付出。

做好科普，不仅仅需要的是知识，更需要的是胸怀，更需要对这个时代的理解和文化教育的定位。孩子们就像海洋里的一枚枚小贝壳，我们希望在他们的孩童时代种下一颗科学的种子，精心守护，相信不久的将来他们就是一颗颗光彩夺目的珍珠。而这一切我们愿意与中国海洋大学出版社携手并进，通过贝壳，赋予孩子们撬动世界的力量。

　　值中国海洋大学出版社建社30周年之际，青岛贝壳博物馆送上最真诚的祝福，祝愿海大社祝愿海洋科普事业蒸蒸日上，"贝"精彩！

（作者系青岛贝壳博物馆馆长）

海味最浓的地方

张涛

转眼间，离开大海将近20年了。

大海的涛声、海鸥的鸣叫、船桨卷起的浪花……至今，仿佛仍然历历在目，时时在耳畔回响。

与大海结下不解之缘的我，梦中常被大海的呼唤惊醒。

当年，高中毕业，由于我的文科成绩比较突出，老师动员我报考文科院校。然而，一个偶然的机会，我结识了一位远洋船长。在船长的讲述中，神奇而浪漫的航海生涯、丰富多彩的异国风情都让我陶醉、让我向往，最终我选择了航海院校，开始了与大海不离不弃的海上生涯。

时光如梭，弹指一挥间。几十年的航海生涯结束了，但是，大海给我太多的感受、太多的情感，我离不开大海，离不开生死与共的海员兄弟，离不开浓浓的海味！

后来我回到岸上工作，虽然仍然与大海有关，但是海味淡了，距离远了！朝夕相处的大海你在哪里？

一天，一位知名的作家来到我的身旁。他告诉我，把对大海的情感和向往，写在纸上，让更多的人特别是青少年了解大海，这难道不是对大海最好的怀念和寄托吗？

我茅塞顿开。想当年，我年轻时读过许多与大海有关的书籍：《老人与海》《海底两万里》《格列佛游记》《鲁滨孙漂流记》……我仿佛与书中的主人翁一起走进海洋，潜入海底，漂泊荒岛，心灵得到了满足和喜悦，对大海产生了深深的感情！书里的一切都充满了浓浓的海味，好似我已经走进了大海，我满足了，我陶醉了。

我终于拿起了笔。

由于工作的原因，没有更多的时间和精力，只能抽空埋头灯下，写出一个个"豆腐块儿"。这些"豆腐块儿"宛如大海的朵朵浪花。功夫不负对大海的眷恋，这些浪花终于在报纸杂志上出现了。

没料到，这些带有海味的浪花，得到人们的喜爱，特别是青少年朋友："让我们走近了大海，了解了更多的世界！闻到了浓浓的海味。"他们的渴望，让我决心写出更多大海的作品。

随着时光的流逝，一篇篇抒写大海的文字，让我仿佛重新回到了大海。

但是，一次偶然的机会，我有幸看到了一个出版社的一套丛书——"畅游海洋"。我惊呆了，这里才是真正的大海——奇异的海岛、壮美的极地、海洋生物、航海探险……到处充满了浓浓的海味，相比之下，我笔下的大海，只是漂浮的浪花，只是沧海一粟。这个出版社才是"海味最浓的地方"！

我决定把自己几十年的海上生涯和所见所闻写出来，有朝一日献给这个海味最浓的地方！

终于，我退休了，把自己几十年航海生涯的所见所闻，一股脑儿写了4本书，冒昧地寄给了这个海味最浓的地方。

万万没有料到，这个海味最浓的地方，伸出了热情的双手，坦诚、质朴、宽容、大度……宛如心胸宽阔的大海，真挚地接受了我这个微不足道的海上浪花！

2015年，我的《海上天方夜谭》《有故事的魔岛》《纸上的风暴》《冰山里的船长》在海大出版社诞生了。毫无疑问，海大出版社给了我勇气和力量，给了我智慧和信心！

当2016年《海上天方夜谭》被中国航海学会和交通部推荐为优秀科普作品时，我最先想到的是这个海味最浓的地方。没有它，就没有《海上天方夜谭》这朵海上浪花。

近年来，海大出版社组建了中国科普作家协会海洋科普专业委员会，参与了中国航海学会年会，走进了航海院校……海味越来越浓！

海大出版社更值得人们称赞的是，从出版社的领导到每位员工，都有大海一样的气质和胸怀：大度、宽容、热情、奔放、博大、深邃、他们就是大海！他们让人难以忘怀。

我有幸走进了这个"海味最浓的地方"，我真正回到了大海！

在中国海洋大学出版社成立30周年的大喜日子里，祝愿她蒸蒸日上，海味越来越浓！

最近，习近平主席在视察上海洋山港时，提出了"经济强国，必是海洋强国，航运强国"的伟大号召，让我们在这个口号指引下，出版更多、更好与海洋、航运有关的图书，为实现伟大的海洋强国和航运强国添砖加瓦！

我永远爱你——这个"海味最浓的地方"！

（作者系中国科普作家协会会员，中国海员作家协会理事，中国航海科普作家）

八月桂花香似海

纪玉洪

2018年，农历八月的岛城，桂花飘香，清爽宜人。

一个暖阳的午后，手机上出现了一条微信，是中国海洋大学出版社李夕聪副总编辑发来的："纪老师好，好久不见，秋安！明年是我社建社30周年，可否拨冗赠言寄语，作为对我们出版社的鼓励与鞭策，非常感谢您一直以来对出版社的关心与大力支持！"我不假思索地回复道："好的！"

看着这条短短的微信，我的心中涌起阵阵暖意，浮现出片片回忆。近几年来，我和海大出版社的交集太多了，心中有好多话要说，却一时又不知从何说起。若要一言以蔽之，那就是鞠躬致谢，感谢海大出版社的垂青和扶掖！

杨立敏社长既有智慧，又有胆略，很有开拓意识和能力。我与其相识久矣，一直以来对其仰慕至极，敬佩有加。杨社长在学校多个部门履职过，都是工作业绩斐然。亦是学校领导慧眼识珠，让其挑起出版社的重担。

杨社长来到出版社后，树起了"特色立社，文化引领"的大旗，立足高远，放眼全局，精于策划，接连不断地出版了"畅游海洋科普丛书"（10册）、"人文海洋普及丛书"（6册）、"图说海洋科普丛书"（5册）、"魅力中国海系列丛书"等若干富有"海味"特色的系列丛书，一时声震业界，赢得好评如潮。

这些丛书的相继推出，使出版社的产品结构日趋合理，海洋特色更加鲜明，市场竞争力显著

采访小学生

增强。这些图书或荣获全国优秀科普图书奖，或获得"三个一百"原创图书出版工程奖，或进入全国农家书屋工程，或进入小学图书馆馆配销售渠道，或得到财政部的项目资金支持，取得了社会效益和经济效益双丰收。

原国家新闻出版总署副署长邬书林在视察海大出版社时，对此曾给予充分肯定——"思路清晰，进展可喜，特色显著，前景广阔"。

"栽下梧桐树，引来金凤凰。"中国科普作家协会海洋科普专业委员会、青岛市海洋文化研究会等机构先后落户海大出版社，这让杨立敏社长"全力打造中国海洋图书出版基地品牌"的底气更足了！

我从中学调入海大校报编辑部工作时，李夕聪副总编辑那时也在校报编辑部担任编辑。她的儒雅、稳重、热情给我留下了很美的印记，业务上对我帮助很多，我一直心存感激。后来她到了出版社工作，还被选派到法国研修一年，很快成为社里的骨干。

自从社里策划推出一系列科普丛书以来，我和李夕聪老师一下子接触频繁起来。她常常打电话给我，让我推荐校报学生记者或作者参与丛书的文稿撰写工作。我也会时常跑到社里商谈有关事宜，从那时起我感觉社里的人都特别忙。李老师总是风风火火的，策划图书，筹划首发式，约见作者，审阅稿件……忙得不亦乐乎。

因为书籍策划设计的内容很接地气，学生对参与这一工作热情很高，干劲十足。出版社对书稿的要求是精益求精的，对学生实行试用淘汰制，而学生又都是

课余时间做，所以挑灯夜战是常常有的事。有个叫张晶晶的学生曾对我说过，为了赶进度，大年三十晚上她还写稿子。

由此可说，出版社出书的过程，又是一个育人的过程。我粗略地算了算，先后有三四十名学生参与了这项工作。这些学生在查资料写书稿的经历中获益匪浅。有位叫孔晓音的学生，毕业后进入重点小学当了老师，不几年就主编了教育图书，且被提拔为教导处副主任；张晶晶现在已经是一家大型央企分公司宣传部门的负责人；还有两位优秀的学生王晓、吴欣欣成了出版社的优秀编辑。

近年来，海大出版社策划推出了"中华海洋学人丛书"。得到社里抬爱，余忝列《传奇教授侯国本》一书的作者之中。为了赶在侯先生百年诞辰之前面世，杨社长多次召集相关人员谋划此事，列出了超常规的时间进度表。

前期，侍茂崇教授等都为此书的出版付出了大量心血。今年暑假，受到出版社干事创业精神的感召，我忍着身体不适的干扰，日夜奋战一个多月，终于在时间节点前完成最后的撰稿任务。书稿编校过程中，纪丽真编审、矫恒鹏编辑等那股认真劲儿给我留下了很深的印象。回想起来，感动多多，收获多多。

我和海大出版社的书缘远不止这些，在编纂《中国海洋大学大事记》等书时，我真切感受到了李建筑总编辑、魏建功副总编辑、李学伦教授专业水平之高超、编校过程之严谨，令人仰视！刘文菁副社长，是我交游多年的好友，在社里的工作中再次凸显了她的担当与学识。韩玉堂编审业务上一流，诗也写得很棒，是校报副刊的常客。邵成军、邓志科等编辑都有一股特别的敬业劲儿。

岁月不居，春秋代序。这些年来出版社年年都有新书策划，年年都有学生参与，一些老学生毕业了，又有一些新学生加入进来，连绵不断，硕果累累。今年玉兰花开的时候，应社里的约请，我又推荐了一批学生参与"中国海洋故事"等科普丛书的写稿工作，编辑高兴，学生高兴，我也高兴。

转眼又是色彩斑斓的季节，我想那一本本正在编撰的图书一定非常精美，散发着怡人的书香，沁人心脾，就像这八月的桂花，香飘似海……

（作者系中国海洋大学校报编辑部副编审）

且迎海风更浓时

螳小螂

　　作为一个热爱海洋科普与海洋文化的读者和作者，便免不了要成为中国海洋大学出版社的粉丝和朋友。从一本本与海洋相关的精美书籍，到"海洋欢乐谷"微信公众号，无不让关注的粉丝感受到了浓浓的"海风"。中国海洋大学出版社近年来的快速发展是有目共睹的，其名字也越来越响亮。在优秀的海洋文化挖掘中，在社会公益科普推广中，在对青少年的海洋保护与海权意识宣传中，在向世界展示与传播中国的海洋研究成果中，我们都看到了中国海洋大学出版社活跃的身影。而这被背后的原因，既是顺应国家的海洋强国战略，也是出版社自身活力与影响力迅速增长的体现，并且与优秀的出版团队也是密不可分的。

　　随着我国海洋经济的发展，以海洋为主题的科学与文化产业越来越热。且迎海风更浓时，希望出版社能够稳稳占领海洋出版的高地，并且傲立潮头，越做越好！

（作者系工科博士，中国科普作家协会海洋科普专业委员会委员）

感恩母校、感恩母校出版社

于欣力

母校情怀

对母校的情怀往往来自当年的同窗情谊以及对老师的敬佩与感恩。作为外语系首届毕业生，尽管在学校只度过短短的两年时光，却在学习中与同学们结下了深厚的友谊。

1983年9月，一个单纯的、青涩的懵懂少年来到山东海洋学院外语系求学。记得当年我们全班的分数都大大超过了外语类本科的分数线，上的却是专科，心里难免有些失落。但是因为老师们的认真负责和严格施教，大大缓解了这种失落的情绪。记得最深切的是我们的班主任和精读老师谷磊昭，他教学极为认真、发音极为标准。除了正常的课程外，谷老师还给我们开小灶，教授我们《新概念英语》的第二册和第三册，毕业时我已经可以把新概念第二册的96篇课文倒背如流，也可以背诵第三册的大部分课文。谷老师上课的形象至今仍然时常浮现眼前：一支烟在手中缭绕，英国式的幽默与深入浅出的课文讲解伴以字正腔圆与一丝不苟的发音。毕业后我分配到山东大学工作，曾经每年暑假都去看望谷磊昭老师，陪他下棋，听他教诲。如今斯人已去，老师的风范永存心中！

2007年，在越南河内参加东盟－中国大学校长论坛的会议上结识了母校的于宜法副校长。在异国他乡遇到来自母校的领导，特别是他兄长般宽厚的胸怀，使我如沐春风。后来他又因工作数次来过云南，特别是2014年9月27日，他亲自陪同学校原党委书记、校友会会长冯瑞龙出席在云南昆明的云南省校友会的成立大会。作为云南分会会长，我代表云南校友致辞，表达了对母校的感激之情："在母校的学习和生活经历帮助每位海大人树立了做人准则，培养了人文情怀和全球思想。校友会是个开放的平台，是校友联系母校、联系校友的感情纽带，更是校友抒发感情、互诉衷肠的场所和共同勉励、协同发展的平台。云南分会将在总会的带领下，联系校友，依靠校友，服务校友，在母校九十华诞之际，秉承海大精神，开拓进取，尽心尽责，为母校和云南的发展添砖加瓦，增添光彩。"无论我在工作上遇到怎样的艰辛，宜法大哥总是鼓励我，给我满满的正能量。他是一位海洋方面的专家，在已经抱病的情况下，于2015年获得了国家社科基金重大项目"海平面上升对我国重点沿海区域发展影响研究"，他是我学习的榜样。

因书与出版社结缘

我的大学同学李夕聪毕业后不久去了海大出版社工作，后来成为副总编辑。我也因缘结识杨立敏社长，所以对母校出版社有一种特殊的亲近感。

《高校国际化探索与实践》是我工作33年来总结自己在几所高校工作经历，出访百余所国外境外高校体验，以及自己对高校国际化的亲身感受而写成的。这本书可以在母校出版社出版是我的荣幸，从原点回归原点，把工作再向母校汇报，算是对母校培养的回馈，也是给海大这所浩瀚的大海中增添一朵小小的浪花。本书得以出版，特别感谢责任编辑刘宗寅编审，他是中国海洋大学出版社的前任总编和社长，他以极其认真负责的态度提出了大量的建设性意见。

　　如今母校出版社三十而立，再创辉煌！我也要更加努力，不辜负母校的培育之情，谨记老师的谆谆教诲，传承海大人的精神，立足自身岗位，奋力前行！

（作者原任云南大学国际合作与交流处处长，现任云南民族大学对外交流处处长）

记忆

Memories

161-338

做一个有情怀的出版人

杨立敏

  当今人们都喜欢讲人生规划、职业生涯设计，作为20世纪80年代的大学生，我们更多的人是服从组织安排，立志在平凡的工作中建功立业。我于1990年从青岛海洋大学毕业，留校担任了政治辅导员。从此，自己的人生就与高等教育紧密联系在一起。说实话，作为一名高校教师，我心里对自己的工作还是充满自豪感的，虽然在参加工作之后的很多年里，大学教师待遇不高，经常"囊中羞涩"，生活条件也很简陋，但是我一直不改初衷，始终积极热情地投入工作。随着学校的事业发展和自己的不断进步，我对高等教育事业的热爱有增无减。然而，自己的人生能与图书出版结缘，却是我从来不曾想到的事情。

中年之时，邂逅出版

我大学毕业之后，在母校不同的管理岗位上工作过，先后担任过团总支书记、学生管理科科长、学生处副处长兼校团委副书记、经济学院党总支副书记兼副院长、党委研究生工作部副部长等职务，几乎都是与学生打交道的岗位。2005年8月，我刚满38周岁，通过竞争上岗走上了学校正处级管理岗位，担任我校产业处处长。能够得到组织的信任和提拔，我心里自然很高兴，可这个岗位对我来说完全出乎意料！一个对企业几乎一无所知的人，被任命为40多个校办企业的管理者，当时我心里还真有点儿懵，也有点沮丧。然而，我还是积极地投入新的岗位工作中，不断调研、不断学习、不断积累，也不断进步。4年多的时间里，我校产业的发展上升到了一个新的高度，各项工作蒸蒸日上。其间，我也在职获得博士学位，并被学校授予正高级专业技术职务——高等教育管理研究员。

正当我踌躇满志，准备继续谋划构建学校科技成果转化与产业化的更大平台之时，学校新一轮中层领导干部大调整开始了。据说这次干部调整几乎所有人都要动，我思前想后，感觉自己到学院做一名党委书记比较合适，于是就报了三个全部是二级学院党委书记的岗位。然而这一次，命运又与我开了一个玩笑，学校党委任命我为海大出版社社长，让我这个对图书出版一无所知的人，又成为出版社的掌舵人！这个时间我记得非常清楚，2010年1月21日，我不满43周岁。一段陌生而又充满挑战的人生旅程又开始了！

机制改革，时不我待

这次岗位调整，虽然结果也有点儿出乎我的意料，但是我的心理素质似乎比上一次好多了，况且我是一个热爱读书的人呢。不懂出版不是吗？那就认真学、好好干！我是带着好奇和兴奋的心情到出版社报到的，李华军副校长作为分管出版社的校领导，亲自送我到出版社上任。在与全体员工的见面会上，李副校长又肯定和鼓励了我一番。看着新同事们热情的笑脸，我的心里似乎踏实许多。

　　虽然当时我对出版业务一窍不通，然而出版社毕竟是一个企业，我在产业处学会的一项本领用上了——我会看会计报表。我让财务部把财务报表和图书销售统计表等资料拿来，我要研究分析。看完了2009年度的财务报表，我后背有点发凉：40多人的企业，销售收入只有865万元，企业当年处于亏损状态不说，还有几十万元学校事业编制人员的工资没有返还。这个"下马威"还真是有点儿厉害！

　　不服输的性格再一次激起了我的上进心。我决心调动自己全部的社会关系和智慧能量，一定要把海大出版社整出一个新模样！多年的工作经验提醒我，行动之前，需要先摸清海大出版社的基本情况。我的基本思路是先跟班子成员谈话，再跟中层管理人员谈话，最后再找有代表性的员工谈话，了解制约出版社发展的问题所在，观察一下职工的精神状态，半年后再动手改革。然而，上任没有几天，我的计划就被打乱了。还没等我主动找人谈话，班子成员和部分中层管理人员就主动找到我了，汇报情况、反映问题、提出建议、等待决策……总之一句话，海大出版社必须马上采取改革措施，否则，问题很严重……

　　怎么办？改革肯定要"伤筋动骨"，利益调整，肯定会"鸡飞狗跳"。出版社的基本情况我还没有摸清楚，仓促改革会不会引起轩然大波？我心里没有底。此时，我心里坚持着一个理念：要相信班子成员、相信职工群众。我对班子成员坦诚相见：我还没有了解出版行业的基本规律，甚至对出版社的基本情况都不熟悉，我们现在就开始研究改革方案，能行吗？时任出版社总编辑李建筑老师、副总编辑李夕聪老师，还有分管发行工作的朱柏副社长，都表态坚定支持我，尽快开始研究改革方案，边研究、边学习、边熟悉情况。于是我下定了决心，制订出版社3年发展规划，修订与出版社发展紧密相关的《编辑政策》《发行政策》《教材服务中心管理考核办法》等经营政策，调整员工工资体系，建立激励与约束机制，调动全体员工的工作积极性与主动性。一场历时4个月的改革大讨论，在出版社全面展开了。

　　当时，问卷调查、征求意见、开会、辩论成为出版社日常的主要工作。多少次会议上大家面红耳赤、唇枪舌剑，多少次开会从下午两点到晚上八九点，多少次吃着盒饭继续探讨争论……无论大家如何争吵辩论，但都坚持一个不变的中心：挖掘员工潜力，实现出版社快速发展。随着时间的推移，改革的目标、任务、措施和出版社内部运行机制的轮廓，越来越清晰！后来我感觉到，这个分析、辩论的过程，就是认识问题、统一思想的过程。这个艰难的过程，确实让我身心疲惫，然而，却实现了我边研究、边学习、边熟悉情况的工作目标，同时，也统一了全体员工的思想，这为下一步出版社改革的顺利进行打下了坚实的思想基础。2010年4月底，我到出版社后第一个3年发展规划——《出版社内部运行机制改革实施方案》终于诞生了！改革讨论历时4个月，通过改革文件和人员调配到位却只用了一天。后面的实践证明，对海大出版社而言，这是一份具有里程碑意义的企业发展规划，是全体员工集体智慧的结晶，为我社后续多年的快速稳定发展奠定了坚实的基础。

开疆拓土，"贵人"相助

有了企业发展目标和改革措施，大家的工作积极性有了显著的提升。作为领导班子的带头人，我的工作目标很清楚，就是要开疆拓土，在巩固传统优势出版板块的基础上，开拓新的出版领域，加强发行能力建设，努力提高出版社的经济与社会效益。"让员工过上有尊严的生活"是出版社领导班子和社长第一个阶段性目标！

万事开头难。"开疆拓土"从哪里切入呢？海洋出版特色如何巩固和强化？经过长时间的思考与讨论，我提出了"从海洋科普图书的策划与出版入手，加大海洋普及类图书的出版与发行量，同时，继续巩固和强化海洋科学、水产科学类高校教材与学术专著出版，不断强化我社海洋出版特色"的基本思路，得到了社委会成员的一致拥护。我提出的"特色立社，文化引领，学术为本，教材先行"的企业发展理念，也得到了全体员工的一致认同。时至今日，这一发展理念依然没有改变。

在"开疆拓土"的过程中，我有过豪情万丈的激动时刻，也有过灰心沮丧的低落心情。总之，前进的道路并不平坦。在这段艰难的时光里，出版社班子成员和许多职工给了我真诚的鼓励和默默的帮助，现在回想起来，我依然心怀感恩。没有他们的鼓励，不可能成就今天的海大出版社。在这里，我必须要提到四个给我真诚帮助、至今仍让我感动的"贵人"。

令人感动的"老社长"。海大出版社的"老社长"是指李学伦老师。老社长原来是学校海洋地球科学学院的常务副院长、海洋地质学教授，后来曾担任海大出版社社长多年，十几年前就已退休，至今一直被社里返聘作为顾问和审读专家，继续发挥余热。其实，早在20世纪90年代初，我就认识老社长了，他那时还是地球科学学院的教授。当时我对老社长了解不深，只感觉他为人和善、平易近人，身为"大教授"却没有什么架子，与他交流谈话如沐春风。后来，我到出版社工作，老社长用自己的实际行动，全力支持社里的工作。无论是复审、终审、审读书稿等常规工作，还是时间紧、任务重的临时任务，老社长从来不会讲条件、提要求，每次都是扎实认真地圆满完成工作，从来不会留下"尾巴"。海大出版社出版的海洋科学类教材、学术专著或者科普读物，大多出自他的手。现在，每当看到老社长日渐年老和消瘦的身体，我都会情不自禁地感到心疼。

功夫过人的"李老总"。在海大出版社，说到"老总"或者"李老总"，大家都知道指的是谁，他就是李建筑老师。说起来，老总是我的"亲老师"。我于1986年考入当时的山东海洋学院物理系电子学与信息系统本科专业，那时老总还是30岁左右的年轻人，已经是物理系的党总支副书记了，我是他地地道道的学生。工作之后，因为工作岗位关联性不强，我与老总接触不多。真正了解老总的为人和工作风格，还是我到出版社工作之后。老总是个非常严谨的总编辑，用"一丝不苟"形容他的工作风格最为恰当。他的文字功夫很深，所以许多重要的教材、专著和我社自主策划、组织出版的海洋科普类图书，社里都会请他最后把关。老总对编辑要求很严，有些编辑有点怕他。因为只要"老总"复审或者终审他们的书稿，一定会提出"一大堆"没有处理好的问题，而且每一个问题都是真实存在的，让编辑们又佩服又害怕。退休之后，老总被社里聘为顾问和审读专家，还是像往常一样按时上下班。对于社里的工作，老总总是顾全大局。为社里重点出版项目把关、复审、终审书稿，老总一直在默默地奉献着。

真情相助的"刘老总"。海大出版社的"刘老总"算是我的"忘年交"，在我到出版社工作之前，我知道"刘老总"的真名刘宗寅，也知道他曾任海大出版社的总编辑，但是一直不认识他。在我到出版社之前，刘老总已退休多年。真正认识刘老总是2010年，我到出版社工作几个月之后。当时，我到出版社策划的第一套海洋科普丛书——"畅游海洋科普丛书"的编创与出版项目刚刚启动，李夕聪副总编辑就提出请刘老总帮忙实施项目，我就与他认识了。刘老总身材魁梧、性格豪爽、声若洪钟，是一个地地道道的"山东大汉"。他为人和善、业务素质好、工作效率高，与社里的很多编辑都是好朋友。因为他曾担任山东省教育厅教育科学研究所的所长，所以对中小学教材出版的经验异常丰富，有许多独到的见解。他率先提出应该策划出版一套青少年海洋教育的教材，并带领几个年轻编辑设计出教材体系，制作了样书，为我社后来承接国家海洋局宣传教育中心"中小学海洋意识教育系列教材"——《我们的海洋》的编撰与出版项目，打下了坚实的基础。在此后的这些年，刘老总都是海大出版社不坐班的"老员工"，尤其在我社中小学海洋教育教材的开发过程中，发挥了重大作用，为海大出版社的发展做出了重要贡献。

默默奉献的"李副总"。在海大出版社，李夕聪副总编辑是一位公认的真诚善良的大姐，也是一位很有创意、作风扎实的社领导。我留校不久就认识她了，但相互并不熟悉，真正了解她还是我到出版社之后。记得我到出版社不久，对出版业务一无所知，经常面对一大堆材料一筹莫展。没想到有一天，李副总拿着她整理好的一沓出版业务简介送给了我。我一看，这正是我所急需的内容啊！我的内心充满了感激。原本英文编辑出身的李副总，因为社里要开拓海洋科普图书板块，毅然接受了社里的工作安排，迎难而上，全身心地投入一个陌生的出版领域。对于我社具有奠基作用的首套海洋科普丛书——"畅游海洋科普丛书"，她可是用尽了心思。当时，我们对海洋科普图书的编创和出版都没有经验，但是大家的热情十分高涨。李副总作为项目负责人，带领编辑团队不断学习探索、积累经验，经常加班加点儿。原本计划2年的项目，竟然在10个月内成功完成！这是了不起的成绩啊。在共事的过程中，我发现李副总视野开阔，眼光独到，勇于开拓，有大格局，且始终保有图书出版的精品意识，是一位有情怀的优秀出版人。她敬业、专注，睿智而又坚韧；她言必行，行必果，而且往往是做得多说得少，默默地做着幕后英雄；她常说的一句话是"用人所长没有不可用之人，用人所短没有可用之人"。她似乎能够发现每位编辑的优势和闪光点，并善于挖掘他们的潜力，调动他们的积极性，在实战中切实锻炼了队伍。在随后的这些年里，她一直负责海洋科普、海洋教育板块的编创和出版工作，如今又开拓了海洋文学板块。随着一套又一套海洋科普丛书、海洋教育教材的出版，一项又一项国家级图书大奖的获得，我社的社会影响力也在不断扩大，这其中，饱含着李副总的汗水和功劳。

有了"贵人"的鼎力相助，以及全体员工的大力支持和共同努力，海大出版社在短短几年内就得到了快速发展。至2018年，出版社销售收入达到创纪录的3119万元，是2009年的3.6倍，实际利润280多万元，销售码洋接近8000万元，企业实现了跨越式发展。

心系海洋，情怀引路

2019年，我在海大出版社社长岗位上工作已是第10个年头儿，占到海大出版社历史的三分之一了。回首往事，感慨良多。一路走来，各种酸甜苦辣、情绪波折，我都曾体验过，各种体会归结为两个字，那就是"辛苦"。然而，我对图书出版事业尤其是学术出版的热爱，却有增无减！常有朋友和同事开我的玩笑，说我做出版10年了，热情不减当年啊。其中的原因我自己最清楚。因为在我的心里，一直有一种情怀在牵引着我、激励着我，这就是海洋。海洋教育、海洋科普与海洋文化，是我的兴奋点之所在，也是海大出版社核心竞争力之所在。

1986年，19岁的我考入当时的山东海洋学院。从那时起，我的人生就与海洋联结在一起。其实，在入学之前，我一直在山东招远的老家生活，而且基本都是在校园里度过的，小学、初中和高中就占了12年时间。虽然老家离海不远，但是我从来没有机会见到大海。在我心里，大海是蓝色的、辽阔的，白云下的海面上，是巨大的轮船。海里有很多的鱼，还有千奇百怪的其他海洋生物。当时报考山东海洋学院，我就是被高中校园里张贴的招生简章上的海洋生物吸引的！虽然没能考上海洋生物系，但是能到海洋学院上学已使我兴奋不已。开学第一学期，我就加入了学校的大学生南极协会，知道了南极磷虾、南极科考等有趣的知识，我对海洋开始产生真正的兴趣。在随后很多年的学习、工作和生活过程中，我对海洋高等教育、海洋文化的情感逐渐渗透到了自己的思想观念之中。有时常常想，自己是一个很幸运的人，自己的人生能与国家的海洋事业联系在一起。学校老一辈海洋科学家的事迹、海洋学科发展取得的重大科技成果、优秀毕业生给母校带来的荣耀，都成为激励我不断成长的内生动力。我为自己能留校成为一名海大教师而自豪！

2010年1月21日，我有幸成为海大出版社的掌舵人。我想，自己终于可以通过出版海洋教材、学术专著等方式，直接为我国的海洋高等教育事业服务了，心里充满了期待。在出版社工作中最美好的时刻，就是总编室把新出版的样书送来的时候。无论多么忙，我都会停下手头的工作，翻一翻散发着油墨芳香的新书，每一本书的版权页上都印着我的名字，我是出版人啊，心里有说不出的欣慰和高兴。特别是看到那些印装精美的海洋类教材、学术专著、海洋科普与海洋文化类图书，更是感觉十分自豪。我对图书出版事业的感情与日俱增。

中国海洋大学是肩负国家特殊使命的高等学校，是我国海洋高等教育的"旗舰大学"。尤其是在全面实施海洋强国战略的今天，海大的历史地位更加凸显。作为中国海洋大学主办的大学出版社，发挥自身的海洋学科优势，出版更多海洋高等教育的教材、学术专著，服务国家的海洋高等教育，是海大出版社义不容辞的责任和历史担当！我有幸赶上了这个伟大的时代，有幸从事了这个特别的行业，我决不能辜负这个神圣的职责。

在我的倡导、支持和组织策划下，一部部海洋学术专著陆续问世，《中国海洋鱼类》《黄河鱼类志》《拉汉世界鱼类系统名典》《海藻学》《海洋恢复生态学》《中国海洋文化史长编》……"教育部海洋科学类专业核心课程规划教材"成功启动，目前《海洋科学概论》《海洋调查方法》《海洋生物学》《海洋地质学》《海洋气象学》《海洋资源管理》等已陆续出版，《物理海洋学》《海洋声学》《海洋生态学》等教材即将出版……水产科学类高校教材已成系列，《水产养殖学》《水产动物生理学》《水生生物学》《海水贝类养殖学》《渔业资源生物学》……尤其值得一提的是陈大刚教授编著的《中国海洋鱼类》，荣获中国出版协会第六届"中华优秀出版物奖图书奖"，使我社出版事业攀登到我国图书出版业的顶峰！

作为社长，我大力倡导和策划组织的海洋科普与海洋文化类图书出版工作，近十年来也取得显著成绩。我社先后策划出版了"畅游海洋科普丛书"（10册）、"人文海洋普及丛书"（6册）、"魅力中国海系列丛书"（12册）、"神奇的海贝科普丛书"（5册）、"海洋启智丛书"（5册）、"中国海洋符号丛书"（7册）、"舌尖上的海洋科普丛书"（4册）、《骑龙鱼的水娃》（3册）、"星辰海海洋幻想文学丛书"（4册）、"中国海洋故事丛书"（6册）、《世界海洋科技名人》等海洋科普与海洋文化普及图书100余部，并先后获得国家新闻出版广电总局"三个一百"原创出版工程奖、总局"向全国青少年推荐的百种优秀图书"、科技部"全国优秀科普作品奖"、中国科普作家协会"全国优秀科普作品奖（银奖）"等荣誉20余项，形成了明显的品牌效应。

这些成绩的取得，都是情怀引领的结果，也是全体员工共同奋斗的结果。有人说，"情怀是一种奢侈的东西"。我理解，因为在图书出版业，出版社能够生存已实属不易；然而，在我个人看来，情怀又是一种渗透在一个人价值观里的东西，它是因热爱而产生的持续不断追求卓越的精神动力。

我愿意永远做一位有情怀的出版人！

（作者系中国海洋大学出版社董事长、书记、社长，研究员）

难忘的岁月，奋斗的历程

谢洪芳

　　时光荏苒，岁月流逝，弹指间30年即将匆匆过去。我与全社同志们一样怀着无比喜悦和激动的心情，迎接我社30周年华诞。

　　每当回忆起我社初创时的情景，脑海里浮想联翩，感慨万千。当时的许多事情件件桩桩，如今犹历历在目。

　　1989年初，本人申请由校机关调到出版社筹备处工作。按照国家教委和国家新闻出版署的要求：新建出版社，必须有合格的编辑队伍、足够的办公用房，还要有充足的开办资金。而我们那时可以说其中哪个条件都不具备。当时教委直属36所高校唯有海洋大学没有出版社。山东部属高校山东大学，石油部辖属的中国石油大学也都创建出版社多年。当时学校领导和出版社筹备处的工作人员万分着急，都马不停蹄四处奔波，并向上级郑重承诺一定按出版署要求创造条件，争取早日上马。但是心中无底，未批之前一直忐忑不安。

　　苍天不负海大人。出乎我们意料的是国家新闻出版署1989年4月份正式发文批准我校成立出版社。

批准维难，创建维艰。出版社成立时可谓一穷二白。当时学校只在印刷厂厂房上面给了一间办公用房，临时招募了六七个人，其中只有两人有职称（一人为副教授，一人为讲师）。学校承诺拨给的15万元开办费迟迟没有到位。至于办社经验等多项事宜甚至连起码的交通工具可以说都一无所有。同志们并没有被困难吓倒。怎么办？没有房子就在印刷厂仓库上面搭建几间活动板房。这种简易房屋冬冷夏蒸，但没有一人喊苦。

建房难，修路亦难。要建房，同样要先修路。从印刷厂楼梯道仓库房上还要跨过一道"天堑"，我们就用水泥预制件板搭上，把两端衔接起来，命名为"跬步桥"，意为不积跬步无以至千里。印刷厂厂房上面立着一个高大的烟囱，同志们在直耸蓝天的烟囱上用彩笔写上"登攀"两个醒目的大字，显示同志们不畏艰辛、努力攀登的坚强决心，充分体现了同志们的革命乐观主义精神和不怕困难的坚强意志。

没有编辑经验就从头学起。刚开始时什么叫版权页，什么叫前缀号，甚至连多大的开本、几号字，大家多都很陌生。不懂就学，不会就问。很快就开窍了，并于成立的当年就出版了《师魂》和《曲阜旅游指南》等图书。当时那种喜悦心情难以言表，就像家中降生了新生婴儿一样的高兴。没有书库，就在印刷厂锅炉房旁搭了个简易遮雨棚。天气好时还无虞，一到下雨天麻烦就可想而知。凡是了解情况的人都知道每当印刷厂送来书时，全社人员就齐上阵，人人都是装卸工。大家虽然忙碌着，每个人的脸上总是洋溢着会心的笑容，快乐地工作着。

业绩是干出来的。经过不到4年的艰苦拼搏，出版社的各项工作已初步走上正轨，并取得了较好的成效。1991年时，已经形成了文科、理科和外语三个科的编辑队伍框架。行政方面已经设立了社办公室、出版科、发行科和财务室，并建了高校图书代办站，在红岛路还开办了自己的小书店。多出书、快出书、出好书是全社人员奋斗的目标。1993年已实现了每年新版和再版图书近百种，并有多种图书获得高校版协和省图书奖，取得了较好的影响，得到了教委和省出版局的好评，不仅取得了较好的社会效益，同时也取得了较好的经济效益；不仅实现全社人员工资自筹自支，每年还向学校上交部分利润，同时还利用节约资金在大学路建设了近20间办公用房，使办公条件得到了较大改善。

为了活跃职工的业余生活，社里还成立了女子模特表演队。表演队参加学校的比赛并代表学校参加市里比赛均获得了奖励。在承办高校版协会议时，模特队的表演获得与会人员的高度评价和赞许。工作之余还请校内有特长的人员教学唱歌、打太极拳。社里业余生活丰富多彩，生动活泼，有声有色，有力地促进了社里的各项工作的开展。

以上点滴成绩的取得，首先要感谢教委、省局和学校领导的大力支持；同时还要感谢山东大学出版社、中国石油大学的诚心相助以及海大印刷厂负责同志以及全体员工的鼎力帮助；当然更要感谢全社人员的艰苦拼搏和奋斗。

创业虽难，守业尤艰。至1996年事业发展较为顺利时，一套不合时宜的书受到新闻出版署的处罚，致使出版社事业一度处于低谷。同志们虽然很伤心，很痛心，但是没有灰心，更没有一蹶不振。同时，学校采取了一系列有力措施：对社内领导班子进行了调整，配备了新的社领导，加强了编辑力量，通过整顿学习，大家重新振作起来，很快从低谷中走了出来，重新迈上迅速发展的轨道。从此，出版社办得一年比一年好，出书一年比一年多，图书质量一年比一年高，社会效益、经济效益也一年比一年高，社会影响一年比一年大。已经从一个名不见经传的小社，一跃成为不仅在大学出版社系统，乃至全国出版界颇有影响的出版社。尤其是在海洋图书出版方面，已经占有举足轻重的一席之地，且发展势头不可小觑。

2019年，我社将是而立之年。今后将会发展更快，成绩更大。让我们携起手来，继续前行，努力攀登！我们要怀着火一般的激情、虹一般的憧憬，追求更加灿烂美好的明天。

我将继续为出版社的前行喝彩、呐喊、加油、助威！

（作者系青岛海洋大学出版社原社长、书记、总编辑，编审）

我们一起走过

李建筑

　　今年是出版社成立30周年，三十而立，确实应纪念一下。

　　记得2015年退休的时候，在一次全社会上，社长要我讲几句。我用"时间都去哪了"作题，有感而发地说了几句。大意是：1982年大学毕业留校工作，2015年退休，在海大工作了33年。1996年调到出版社，到退休已接近19年，应该说一半多的时间奉献给了出版。

　　仔细想想，我与出版结缘还要早。依稀记得，那是1990年的一天，出版社党支部书记邢福崇老师找我，说是有本书稿让我给看看（编辑加工）。这本书的书名是《泰山研究论丛》，第几辑就记不得了。由于是第一次编辑加工书稿，心里是既兴奋又有点忐忑。兴奋的是出版社找我编辑加工书稿，说明人家看得起自己；忐忑的是自己对泰山的情况了解甚少，担心整不好闹笑话。当时我在学校党委宣传部工作，事务性工作比较多，白天上班不能看书稿，只好晚上挑灯夜战。碰到拿不准的地方记下来，抽时间到社科系图书室和学校图书馆去查资料，那时连计算机都没有，更不用说互联网了。一本不厚的书稿，足足忙活了一个多月才交了差。图书出版后，出版社送给了我一本样书，但由于几次工作单位变化，这本书也就不知道放在了何处。现在想来，实在有点惋惜。

当时出版社的办公地点，是在学校印刷厂仓库顶上的几间简易板房，夏天闷热，冬天寒冷。尽管如此，我对出版社编辑的印象是，一个神圣的职业，给别人编辑加工书稿，需要有拿得起放得下的编辑能力和知识储备。说实在话，很羡慕和佩服当编辑的人。

1996年，由于众所周知的原因，我来到了出版社，正式开始了自己的出版生涯，先干社长，后当总编辑，直到2015年退休。退休后，也曾有单位想聘我到他们单位去，待遇还挺高。但当社里要我留在出版社继续干时，我马上愉快地答应了，因为多年的感情在啊。

不知不觉，4年的时光又过去了。总算起来，正式调入出版社到目前为止，我在出版社已经干了20多年。20多年的时间里，除了管理工作，主要是编校书稿，白天看晚上也看，可以说编校书稿占用了我大量的业余时间。责任重于泰山，辛苦带来快乐。具体工作就不说了，借此机会谈点感受吧。

当编辑实不易

编辑是很枯燥的工作，不论你编的是文科书稿，还是理科图书，不厌其烦一遍遍。

编辑是做嫁衣的工作，不论你改过多少个错句，添写多少字词，作者只能是他人。

编辑是看结果的工作，不论你看稿时间有多长，付出多少心血，差错多少定优劣。

编辑是会遗憾的工作，不论你编过多少本好书，获过多少大奖，一出问题终生憾。

编辑是第一个读者，也是一个把关者。当一个读者容易，把书稿看完即可，一目十行都行；但当一个把关者就不那么容易，要有一定的知识储备和编校能力，更重要的是要有责任心。

当编辑须敬业

图书是给人看的，尤其是教材教辅是育人的，编辑必须细心，来不得半点马虎。图书上有差错，会误导读者，甚至误人子弟。

出版带有意识形态属性，民族宗教领土国防都有红线，必须认真对待。有时一句话，或者用词不当，就会造成极坏的影响，甚至关系自己的职业生涯和出版社的存亡。

出版是结果工程，但结果的好坏是过程决定的，细节决定一切，无论是字词符号的规范，还是书稿内容的校雠，都需要精益求精。

细心、认真、精益求精来自敬业，只有敬业才能在编辑过程中细心、认真、精益求精。切记：图书是商品，但是一种特殊的商品。在市场经济浪潮中，追求利益无可厚非，但把追求利益作为唯一的动机，是难以做好编辑工作的。

（作者系中国海洋大学出版社原社长、总编辑，研究员）

沁园春 · 贺社庆

刘宗寅

　　改革春风，遍吹神州，欢腾四海。看祖国发展，如日中天，出版繁荣，方兴未艾。海大出版，应运而生，百花丛中新蕾开。人心齐，聚各方智慧，继往开来。

　　建社喜迎而立，看硕果，尽显海洋气派。做海洋专著，堪称一流，海洋读物，丰富多彩。海洋教材，独树一帜，创海洋教育新时代。望未来，祝海大出版，青春永在。

（作者系青岛海洋大学出版社原总编辑、社长，编审）

岁月悠悠，往事依依
——记在海大出版社工作的 20 年

李学伦

斗转星移，岁月如歌。中国海洋大学出版社自 1989 年 6 月成立起，一路走来，风风雨雨，转眼间已步入而立之年。我自 1998 年 6 月调入出版社工作，迄今也有 20 多个年头，伴随着出版社的发展、壮大，我也渐渐老去。虽然我已 70 多岁，但仍在出版社尽绵薄之力，甚感荣幸。值此出版社 30 华诞即将来临之际，回望在出版社度过的时日，不胜感慨。

与出版社结缘

1998 年 5 月，海洋地球科学学院（简称地球学院）行政领导班子该换届了，当时我担任地球学院常务副院长，风传可能让我换个单位，我听到这些传言也没在意。不久，党委组织部陈维胜部长找我谈话，大意是说，党委常委会在研究地球学院新的行政领导班子人选时，认为我离开地球学院比较好，并提议让我到出版社工作，等等。听了陈部长的话，我并没有感到吃惊，因为在两年前党委曾经有过这样的动议。

　　记得那是1996年五六月份的某天，我下课（三四节）回到办公室已经12点多了，时任地球学院党总支书记的魏世江同志还在等我。他说（大意）："上午组织部陈（维胜）部长来找过你，因为你在上课他就回去了，他让我代为转达，党委拟调你去出版社工作，请你考虑后给他回个话。"听后我顿时懵了，这真是连做梦都没有想到的事，当时确实感到意外。下午，我去找陈部长，询问有关这件事的详细情况，并问为什么要我去出版社。陈部长说（大意），一是出版社组建新的领导班子需要人；二是党委认为我"文笔"较好，适合出版社的工作；三是说我办事稳重，不会闹出乱子。又交谈了一会儿，最后我问是党委决定了还是征求意见？陈部长说现在是征求你的意见，听后我心情轻松了许多。我急忙回到地球学院想听听魏（世江）书记的意见，一则他是地球学院的党总支书记，我们一块共事合作得比较好；二则他在出版社工作多年，曾任副社长兼副总编，对出版社的情况比较了解。魏书记很爽快，他首先表示不愿意让我调离地球学院。他说不论从个人感情上还是从工作上，我们都是好伙伴。从工作上说，彼此志同道合、配合默契；从个人感情上说，志趣相投，相处融洽，舍不得我走。接着，魏书记向我介绍了出版社的情况，分析了出版社的优势和存在的主要问题。从他那里我了解了很多有关编辑出版的新鲜事，第一次听到什么是企业化管理。原来出版社的工作要比学院复杂得多，特别是企业管理对于我好比登天，凭我一介书生岂能驾驭出版社的工作。于是，我对魏书记说，我觉得难以胜任出版社的工作，既然你也不愿我调离地球学院，那咱们还是继续共事吧。之后，魏（世江）书记和我分别向陈部长陈述了不能到出版社工作的理由。就这样，第一次调我到出版社未能成行。

　　不曾想，两年后党委常委会又重提此事。我问陈部长，党委怎么又要我去出版社工作？他说："出版社是与文字打交道的，你'文笔'好，很适合你。"我觉得奇怪，问陈部长，领导怎么认为我的"文笔"好呢？他说："听说地球学院各种上报材料都是你执笔的，还请你参加过全校上报材料的汇总，领导们比较满意，觉得你'文笔'不错。"我又说了好多不到出版社的理由，陈部长只好让我再考虑考虑，他回去再向领导汇报我的意见。没过几天，党委副书记王元忠同志找我谈话，问我考虑得怎么样了。我说："想不通，我属于教师编制又不是专职管理干部，留在地球学院不担任领导职务专心做学问就很好，为什么非得离开地球学院而要去出版社呢？"王副书记说（大意）："党委充分肯定你在地球学院工作的成绩，考虑到你在地球学院的根基和影响都比较深，党委担心你若继续留在地球学院，新班子可能放不开手脚。与你打过交道的领导和部门都说你是咱校的笔杆子之一，很适合出版社的工作。"说到这个份上，我心里明白了，因为地球学院的党总支书记已经换了人，我们之间在工作上有些意见分歧。让我调离地球学院的真实原因领导不方便说得更多，我也就不问了。我觉得也许与出版社有缘吧，要不怎么过了两年，领导还是安排我去出版社呢？看来我最后的归宿就在出版社了。于是，我对王副书记说，"既然领导认为我留在地球学院会影响他们的工作，那我服从组织安排，就到出版社度过余生吧。"王副书记继续说："不过，出版社主要领导干部都配齐了，委屈你先做个副总编吧，原有的待遇不变，有什么要求可以提出来。"我说："没有考虑，等考虑好了，看情况再说吧。"

接下来的日子就是准备交代工作，行政工作比较好办，但许多业务工作还需要继续做下去，比如，硕士研究生的学位课程"近代海洋地质学"短时间内还找不到合适的开课教师，需要我继续上课；我指导的硕士研究生还有3名在读，需要我指导他们至毕业，特别是毕业论文得花费很大精力；在研的科研项目也需要一年多才能结题。经过反复考虑，我找了王元忠副书记，说明了上面的情况，提了两点要求：第一，到出版社工作后，不要改变我的身份，即保留我的"教师系列"编制和教授任职资格；第二，由学校继续为我发一年的工资。前一个要求既考虑了当时还需做很多教师的工作，同时也是为自己留条后路；而后一个要求则是想给出版社减轻点经济负担。王副书记说，我看不成问题吧，这事我向管校长（时任党委书记兼校长的管华诗院士）汇报后再答复你。第二天，王副书记打电话告诉我，管校长基本上同意我的要求，但工资先由学校发半年，到时看工作进展情况再行定夺。那时，学校"钱袋子"也很紧，发我工资到年底，恰好半年，便改由出版社支付了。因为我在地球学院遗留的工作基本上是利用周六、周日和晚上去做的，也就没再与学校交涉工资的事。

说起到出版社工作，还有一个小小的插曲。1998年6月中旬的一天傍晚，在下班回家的路上，同路的一位老师不解地说："学校发了红头文件，任命你当出版社副主编，不当老师了？"我开玩笑说："地球学院不要我了，到出版社讨碗饭吃。"他又问，"出版社副主编是什么职务？"我说："出版社不设副主编，设副总编，协助社长和总编负责编辑业务工作。"他有些诧异地说，"红头文件上明明写的副主编，我没有看错。"那天我没有去学院办公室，所以没看到文件，不想再解释，于是就把话题岔开了。第二天上午一上班我便到学院办公室看文件，上面确实是"任命李学伦同志为出版社副主编"，看过后我也觉得奇怪。中午快下班的时候，院办公室主任林建钧急急火火地找到我说："校长办公室来电话，让赶快告诉你，昨天文件上关于你的任命有误，以今天发的文件为准，下午就能看到。"果不其然，下午3点多钟文件就发下来了，还专门点名给我发一份，原来这个文件只涉及我一个人的任命，上面写着"经研究决定，任命李学伦同志为出版社副总编"。真想不到，一字之差竟让学校重新发文，文字的重要性可见一斑。

没几天，分管出版社工作的于宜法副校长给我打电话说："李（建筑）社长去北京培训还要等些日子才回来，我先送你到出版社报到吧。"就这样，于副校长陪我到出版社与大家见了个面，算是报到了，7月初正式到出版社工作，开启了我人生新的生活。

到出版社工作后，一切从头做起。不过，刚到出版社时适逢教育部组织的专家组对大学出版社进行评估，这对我真是一次难得的集中、全面学习出版编辑法律法规及业务知识的绝好机会，让我大长见识，受益匪浅。我们这一代人从小吃苦受累、风风雨雨、半生坎坷，练就了适应能力强的性格，最大的特点是能动能静、随和、耐得住枯燥和寂寞。在出版社同事们的支持和帮助下，我很快适应了出版社的工作环境和特点。我先从责编图书开始，边学边干，特别得到了出版社创始人之一、首任社长谢洪芳老师的热心帮助和悉心指导，工作还算顺利。到年底，不但能做责任编辑，还担任过好几本书的复审和终审工作。

赶鸭子上架

1999年2月16日（春节），出版社的团拜会结束后我回到办公室，不久便接到于宜法副校长的电话，除了客套的过年祝福之外，他说有急事让我去他的办公室面谈。我急忙赶到于副校长的办公室，他与我谈话的大意是，春节前党委常委会研究了出版社领导班子的调整问题，社长、书记、总编三个主要职位都换了人，并说明了具体安排。简单地说，出版社原党政领导班子的5名成员还都在新班子中，但其中4人的职务做了调整。我听了后很吃惊，特别对安排我担任支部书记感到惊讶。于是，我当即对这种调整表达了异议，重点谈了我难以胜任支部书记的问题。我特别强调说（大意），我来出版社时组织上答应过不改变我的教师身份，党务工作是专职管理干部的事情；再者，我年龄偏大；其三，我一直是做业务工作的，从来没做过党务工作，安排我担任支部书记岂不是"赶鸭子上架吗"！又讲了其他一些理由，交谈了差不多一小时，于副校长始终不松口。

由于除夕晚上看春节晚会太晚，本想吃过午饭睡一会儿，但心中有事，躺在床上毫无睡意，我想到了党委分管组织干部工作的王元忠副书记。于是，打听到王副书记的住处，我便找上门去了。说明来意后，王副书记说（大意）："出版社领导班子调整是教育部评估组建议后经党委常委会研究决定的……至于你，担任书记与教师身份并不矛盾，谁也没有规定书记必须由专职干部担当，学校下一步改革就要配备一批双肩挑（党务和业务）的干部。"说了半天也没起作用，但我还是不死心，便说，那我只好找管校长了。

第二天（大年初二）上午，我去管校长家。一见面管校长就知道了我的来意，也许于副校长或者王副书记已经与管校长通过气，还没等我谈正题，管校长就说了（大意）："关于出版社领导班子调整的问题，你的意见我都知道了。这次出版社主要领导成员的变动，主要是参考了去年教育部评估组的建议，经党委常委会多次研究决定的……党委觉得你为人处事比较稳当，让你当书记主要是把握好出版社的出版方向，出版社人又不多，工作好做。你看我也是做业务工作的，现在还不是兼着党委书记吗！相信你能干好。于（副）校长先找你谈话，就是希望你做做其他同志的工作。"看来，木已成舟，再说无益，便告辞了。临出门，管校长叮嘱我，"服从大局，一定做好稳定工作，千万别再出政治问题。"

出版社放假时间比学校少，正月初八（2月23日）全体职工便上班了。上班之前，我与社领导班子的其他同志私下里通过气，但学校还没开学，文件尚未发下来，谁都不愿意出头，所以上班第一天没有像往常那样召开全社职工大会。虽然职工间有些议论，倒也平静，表面上看大家仍然照常工作。过了几天，于副校长来出版社宣布了新领导班子成员任职的决定。就这样，我硬着头皮承接了出版社党支部的工作，学着做党务工作。因为当时我还是副总编，后来还兼任编辑部主任，所以，大部分时间在做编辑业务，主要是负责终审工作，而终审的主要任务是对图书的政治性和思想性把关，这也是出版社党支部的重点工作。

2000年5月下旬某天的下午，分管出版社工作的吴德星副校长找我说（大意），刘（宗寅）社长已经多次提出辞职，最近又递交了书面辞职报告。我说知道这事，并劝他继续干下去，他辞职对出版社的工作会有损失。吴副校长说："既然刘社长去意已决，就不再挽留了。党委常委会研究决定，同意刘社长辞去社长职务，拟由你来担任社长。"听了后我连忙摇头说："我不行，就不要再赶鸭子上架了。第一，出版社是企业化管理，本人不懂企业，难以胜任社长的工作；第二，从出版社的发展考虑，我年龄偏大，不适合做社长。"还说了一些其他的理由，并提名好几位我认为适合做社长的人选，建议党委考虑。最后，吴副校长说，那我回去向党委常委汇报后再定吧。

过了十几天，吴副校长打电话通知我说，他第二天要来社里宣布党委的决定，让安排召开个全社职工大会。6月9日上午，吴副校长来到社里，先在社领导班子中通了气，接着在全社职工大会上宣布，党委常委会决定由我主持出版社工作。又过了3个多月，学校物色出版社社长的工作也没有什么进展。9月18日，任命我担任社长的文件就发下来了，我只得打起精神来面对这艰难而又复杂的局面。

难以深化的两轮改革

世纪之交的 1999 年，学校正在进行内部管理体制改革，全国大部分大学出版社都在探讨内部改革的问题。调整后的党支部和社行政班子经过多次研究认为，对出版社进行整体改革很有必要。为使改革积极、稳妥、有效地进行，党支部决定先在党员中统一思想，要求党员从讲政治的高度，提高认识、更新观念、顾全大局、遵守纪律、理顺情绪、化解矛盾、促进稳定，做改革的推动者。之后，党支部又在全社职工中围绕"出版社改革与发展"的问题，开展讨论、集思广益。在此基础上，出版社进行了以"精简机构、定岗定编、竞争上岗、优化组合、全员聘任"为核心的改革，时称第一轮改革。

这次改革涉及一部分职工利益的调整，其中包括部分中层党员干部。总的来看，大家情绪比较稳定，对改革持积极态度并抱有较大期望。然而，在当时的管理体制下，出版社的自主权有限，特别是在人事和干部问题上，几乎没有什么自主权。在这种情况下，要推进改革谈何容易！2000 年 4 月份学校的一份关于科级干部任免的红头文件就等于否定了出版社的改革，因为它涉及出版社 3 名科级干部的任命，而这 3 个部门已经在改革中做了调整不复存在了，这 3 名干部也另有安排。我看了文件很不理解，学校任命出版社所属部门的干部怎么也不征求出版社党政领导的意见呢？于是，我便去党委组织部说明出版社改革后机构设置和干部任职情况，并强调说任命出版社的中层干部应事先征求出版社党政领导班子的意见。组织部负责人很不客气地说："你们改革调整了机构，我怎么不知道？谁给你们的权力连学校任命的干部都随便调换。"我做了些解释，说改革前后均向学校分管领导做了请示、汇报，得到了领导的同意和支持。他又说了些难听的话。这时，我才真正明白了，出版社其实是没有什么自主权的。

回头想想出版社的第一轮改革，确实有不到位的地方。虽然在改革前后将出版社改革的思路、方案等向分管领导进行了口头汇报并得到肯定，但改革这么大的事没有形成书面材料正式向学校党委报告，也没有将社内机构调整的情况和中层干部的聘任情况向党委组织部和人事处报告，这是很大的失误。当然，还有一些其他问题。对出版社进行内部管理改革，绝不能关起门来搞，出版社更不是独立王国，教训是深刻的。

2000年下半年，最主要的工作就是贯彻新闻出版署和教育部关于制订"十五"发展规划的部署。经过调研、分析本社发展的经验教训和现状、广泛征求意见，制订了《青岛海洋大学出版社"十五"发展规划（2001~2005）》。该《十五规划》提出的发展思路是"进一步解放思想，更新观念，以发展为主线，以改革为动力，以打造海洋出版特色为先导，以广开经营渠道为重点，以实施人才工程为保障，以高新技术为支撑，努力实现社会效益和经济效益的双赢"。出版社将《十五规划》分别报送学校及上级有关部门，经学校批准后于2001年3月份开始分步实施。

2001年是新世纪的开局之年，也是出版社实施"十五"发展规划的开局之年。当时，不论是全国的大学出版社，还是咱们海洋大学，都在紧锣密鼓地探索内部管理体制的改革。因此，出版社在这开局之年最重要的工作就是深化内部管理改革。党支部和社委会认真总结、分析了第一轮改革的经验和教训，经过广泛的调研，多渠道征求职工意见，达成了共识——"出版社必须进行人事、劳动和分配制度的改革"，否则，出版社内部管理改革只能是走过场。要达到改革的目标，出版社必须在人事、劳动和分配制度问题上具有一定的自主权，自主权的大小决定着改革的深度。所以，这是改革的核心问题，也是最艰难的事情。

在探索改革的过程中，社委会多次将出版社改革的思路、原则和做法向学校主要领导和分管领导请示汇报，要求学校下放权力给出版社并对出版社的改革给予政策性支持；多次与组织部、人事处、产业处等部门沟通，争取它们的支持和帮助。通过努力，学校原则上同意出版社自行确定社内中层机构；同意从校内外（即社会上）公开招聘中层干部及其他业务（编辑和营销人员）骨干；但不同意将聘余（不适合出版社工作）人员上交学校人才交流中心，只能社内消化。在劳动分配问题上，对于事业编制人员，除基本工资及国家规定的补贴外，其他补贴和奖金等可参考学校规定自行确定各类人员的标准；对于企业编制人员，在国家政策允许的范围内，基本工资、保险、补贴和奖金等根据出版社的经济条件自行确定标准。

心里有底之后，经过差不多一年的探索、试行和完善，社委会最终形成了《关于深化出版社内部管理改革的意见》，时称第二轮改革，经党委常委会批准后于9月份开始正式实施。本轮改革的主要目标和任务是"积极稳妥地推进以人事、劳动和分配制度改革为核心的全方位改革。破除封闭式管理模式，强化编辑队伍和经营队伍建设，人员能进能出，职务能高能低；按需设岗，淡化身份，强化岗位，公开招聘，平等竞争，择优聘任；管理人员精干、高效，一专多能。对编辑和营销人员实行'量化'管理、绩效优先、优劳优酬的分配制度。积极探索将学校特色和优势转化为出版社特色和优势的途径，逐步把出版社建设成为我国海洋（水产）类教材、学术专著及科普读物的出版基地。"本轮改革再次对社内机构进行了调整，设办公室（含总编室）、编辑部、营销部、财务部、图书代办站（含书店）。

第二轮改革的核心是人事、劳动和分配制度的改革，最关键的是引进人才。尽管出版社的改革方案已经学校党委常委会批准，但在人事问题上的自主权还是很有限的。当时，出版社的属性是学校的直属业务部门，事业编制、企业化管理，进人需要预先向人事处报计划，获得人事处分配的进人指标后方可招聘。为使引进人才的事办得顺利、稳妥，在征得分管校领导同意并获得人事处分配给的进人名额后，才将出版社面向社会公开招聘策划编辑和营销人员的广告在校园网上发布。

不久，便有十几位应聘者按出版社要求将个人信息发了过来，还有的直接找上门来。经过与应聘者沟通、筛选、初试、复试，参考应聘者的要求和期望，根据出版社的条件，最终确定了两名应聘者为出版社拟聘人员，一人拟做策划编辑，一人拟做营销主管。然而，当出版社将引进人才的报告送达人事处后却遇到了很多麻烦。人事处答复说，出版社引进的人才，其一不能享受学校引进人才的优惠待遇，其二不能作为事业编制人员进入海大出版社，其三学校不负责家属随调及工作安排问题，其四自行解决住房（当时职工住房还没有完全市场化）。面对这四大难题，我多次与人事处协商，还找了分管领导吴德星副校长以及管华诗校长、冯瑞龙书记，都无济于事。但是，我还是不甘心，因为我们拟聘的两位人员确实很优秀，便不断地在人事处与拟聘人员之间沟通、协商。拟聘做营销主管的陶先生因有家属随调，问题比较复杂，不得不放弃。拟聘做策划编辑的赵先生是因其夫人被青岛大学作为人才引进而随调，本来青岛大学拟安排他担任《青岛大学学报》编辑部副主任的，但他更希望来海大出版社发展。赵先生时年37岁，副编审，时任《中国矿业大学学报》编辑部副主任，曾任中国矿业大学出版社编辑室主任，掌握着比较丰富的出版资源。赵先生不存在家属的种种难题，青岛大学也为他们解决了住房，作为引进人才的优惠待遇由出版社自己解决，只需要学校解决赵先生的事业编制问题，何况当时出版社还有人事处分配的两名事业编制指标没有用，按说将赵先生调入出版社不应该成为问题。然而，我又把事情看简单了，人事处说那两个事业编制指标只适用于校内事业编制人员调入出版社或者应届毕业生的招聘，对我们拟引进的赵先生不适用。于是，我不得不再次找学校领导较为详细地汇报了引进人才前前后后的情况，领导们松了口。

趁热打铁，我赶紧找人事处办理赵先生的调入事宜。然而，人事处又给我们出了新的难题，他们向出版社推荐了两名人选希望出版社接纳，说是互相支持彼此的工作。我看了材料，觉得熟悉。原来这两位是学校引进人才随调的家属，因无适合的工作暂时储备在人事处人才交流中心的，以前人事处曾经向出版社推荐过，我们觉得她们不适合出版社的工作就拒绝了。没想到，人事处想乘机以此作为交换条件。经过出版社党政领导班子认真、慎重地研究，大家都觉得"请神容易送神难"，决定不接受人事处推荐的人选，但仍希望学校方面同意将我们拟引进的赵先生按事业编制人员调入出版社，结果被人事处否决了。我不死心，抱着一线希望再次去找学校领导寻求支持，领导们也都封了口。就这样，出版社引进人才的事彻底泡了汤。赵先生是个非常豁达的人，虽然他希望来海大出版社工作的愿望落了空，但仍然对我们的出版工作给予了很大支持，连续三四年为我们提供出版资源的信息，还亲自介绍过好几位作者来我们这里出书。他本人在青岛大学发展的也不错，不到三年便晋升为编审，并担任了《青岛大学学报》编辑部主任。

在第二轮改革的过程中，最关键的人事改革难以推进，想引进的人才进不来，不适合出版社工作的出不去，只能在出版社内30人左右的小圈子里打转转，何谈人事改革。令人欣慰的是，在劳动和分配制度改革方面实现了由"定性管理"向"定量管理"的重大转变，"量化管理、绩效优先、优劳优酬"的分配制度一直延续了下来。这也算是第二轮改革的最重要成果了。

情系出版社

2003年3月，我从社长的岗位上退了下来，地球学院的领导和部分老师多次找我，说他们研究生的规模越来越大，年度科研经费6000多万元，人手非常紧张，希望我再回去教书并参加他们的科研项目。尽管我到出版社后一路坎坷、成效甚微；尽管出版社的条件特别是经济条件还比较差；尽管调我到出版社时心里很不情愿并为自己留了后路（保留教师身份和教授任职资格）；但我还是毫不犹豫地拒绝了他们的好意。因为几年下来，我对出版事业、对出版社、对出版社的同事们都产生了深厚的感情。虽然干得不好，但我一直把出版社当作家用心经营着它，实在舍不得离开出版社。卸任社长职务之后，我可以静下心来，继续为出版社的发展和建设特别是出版资源的开拓而努力探索。

功夫不负有心人，2003年七八月份，我的一个学生介绍我认识了山东省建设厅（现山东省住房和城乡建设厅）负责职工培训的祁先生，通过他结识了青岛海大培训中心〔挂靠校产业处（现校控股有限公司）的民营教育机构〕的王东升主任。经过几次交谈，达成了三方合作出版建设工程类培训教材的协议，由王东升主任组织教材的编写和职工培训，由我负责教材的编辑和出版，山东省建设厅职教处负责组织生源。我把这种合作称为"借鸡生蛋"，得到了王曙光社长的大力支持。首次合作的"建设工程安全生产系列培训教材"（4册）于2004年5月出版，第一次印刷1万套，不到半年就用光了，9月份又加印了5000套，当年就产生了不菲的经济效益。至2018年10月，这套教材修改了三次（共出4版），印刷10余次，销售约12万套，不仅是山东省建设工程行业广泛使用的培训教材，也曾被湖北省和甘肃省的建设工程行业作为培训教材，既获得了较大的经济收益，也产生了一定的社会影响。

2005年10月，我到了退休年龄，那时正在忙活着合作项目"建设工程（土木建筑）系列培训教材"（4册）和"二级建造师培训教材"（6册）两套书的编辑出版工作，王（曙光）社长就想为我办理延聘，让我把合作出版培训教材的工作做大做好，我也不想舍弃这项工作。但是，当时出版社的经济基础还比较薄弱，对我延聘势必增加出版社的经济负担，如果选择退休，则由学校发我工资。所以，我坚持先办理退休手续，再由出版社返聘，同样可继续合作出版培训教材的工作。我退休后，与山东省建设厅和青岛海大培训中心扩展了合作出版的范围，陆续出版了"市政建设工程系列培训教材"（4册）、"建设工程监理工程师培训教材"（4册）、"建设工程（机电设备）系列培训教材"（4册）以及其他诸如建设工程法律法规、建设工程技术标准和技术规范、建设工程新技术新工艺、建设工程招投标等方面的继续教育教材10余部。直到现在，这些培训教材和继续教育教材的大部分还在修订再版或者重印。

2010年1月，学校中层领导班子换届，我也想趁此彻底退下来。新任社长杨立敏先是给我打电话挽留，刚到出版社上班就找我面谈，希望我能够继续留在出版社做些工作。我从杨社长诚恳的话语中感到了他的真诚，再说心里还一直装着未实现的梦想，使我不甘心就此离开出版社，所以我答应为了出版社的发展和建设，也为了实现我到出版社以来的梦想，愿尽自己所能，继续发挥余热。

春节后刚上班，杨社长就把拟定的《出版社运行机制改革实施方案》拿给我征求意见。我看过后，对他熟悉出版业务之快、了解出版社状况之全面、改革思路之明确、工作效率之高感到震惊。不久，他又将编创、出版"畅游海洋科普丛书"（10册）的策划书拿给我征求意见，并委托我担任海洋科学专家负责该丛书的科学性和知识性问题。尽管我对这套丛书的营销有些担忧，但还是被杨社长的敬业精神、勇气、胆识和谋略所折服。于是，我当场表示全力支持杨社长的这一创举。在杨社长的领导和李夕聪副总编的具体组织、指导下，一大批年轻的编辑和研究生兢兢业业地投入了丛书的编创工作，我也联系了十几位海洋科学和海洋技术专家负责科学性和知识性等方面的把关。社内外几十个人经过10个月的奋战，该丛书于次年5月份问世，很快便在社会上产生了巨大的影响。"畅游海洋科普丛书"的编创和出版，积累了经验，锻炼了队伍，对于出版社海洋特色的打造及海洋科普图书的进一步开发具有奠基性的意义。它的成功极大地鼓舞了全社职工的士气，增强了全社职工打造海洋出版特色的信心。紧接着，以杨社长为主、李夕聪副总编等人协助，先后策划、组织编创并出版了"人文海洋普及丛书""魅力中国海系列丛书""中国海洋故事丛书"等10余套100多部海洋科普读物与海洋文化普及图书。这些海洋科普图书分和海洋文化普及图书别获得过山东省新闻出版奖优秀图书奖、国家新闻出版广电总局"三个一百"原创出版工程奖、国家科技部"全国优秀科普作品奖"、国家海洋局"海洋科技优秀图书奖"、中国科普作家协会"全国优秀科普作品奖"、"山东省社会科学普及与应用优秀作品奖"等20多项。"畅游海洋科普丛书"（10册）、"魅力中国海系列丛书"（12册）和"神奇的海贝科普丛书"（5册）入选国家新闻出版广电总局"向全国青少年推荐的百种优秀图书"。

　　杨立敏社长秉承出版社"特色立社、文化引领、学术为本、教材先行"的发展理念，千方百计开发海洋（水产）类高校教材及海洋（水产）类学术著作的出版资源。在教育部高等学校海洋科学类专业教学指导委员会的支持下，成功地将"高等学校海洋科学类专业基础课程规划教材"（20余部）纳入海大出版社的出版规划，迄今已出版《海洋科学概论》《海洋调查方法》等十几部。与此同时，杨社长还不失时机地为出版社申请了出版基金，《中国海洋科学技术通史》和《中国海洋鱼类》（3册）等学术著作获得国家出版基金资助，这是海大出版社出版史上的重大突破。其中，杨社长和魏建功副总编策划的《中国海洋鱼类》（3册）出版后，获得我国新闻出版界三大最高奖之一的"中华优秀出版物奖"，使海大出版社首次登上了中国新闻出版界的最高荣誉殿堂。

　　2012年12月，杨立敏社长在李夕聪副总编的协助下，通过坚持不懈的努力和出色的前期工作成果，赢得了国家海洋局宣传教育中心的信任和支持，组织开发了全国首套"中小学海洋意识教育系列教材"《我们的海洋》（学生用书和教师用书各5册）。他们组织社内外100多人参加了该套教材的编创和出版，仍然安排我担任海洋科学专家负责这套教材的科学性和知识性问题。杨社长和李副总都是有情怀的优秀出版人，他们倾注的心血很快得到了应有的回报。该套教材出版后，被全国各地的中小学海洋教育基地选作进行海洋意识教育的教材，2015年这套教材成功入选海南省中小学海洋意识教育地方课程指定教材，之后又在广西壮族自治区推广使用，为培养和提升中小学学生的海洋意识发挥了重要作用。

在杨立敏社长的带领下，全社职工齐心合力，经过近10年的努力、拼搏，已将海大出版社初步建成为全国海洋教育教材、海洋科技专著、海洋文化研究成果及海洋科普读物的重要出版基地。在上述图书的编创、出版过程中，我有幸在这样一个团结、和谐、充满活力、积极进取的大家庭里参与其中的部分工作，虽然劳累，却很充实。我能够为打造出版社的海洋出版特色尽绵薄之力，从心底里感到骄傲和自豪，同时也为实现了我到出版社以来的海洋图书出版梦想而倍感欣慰。

浩瀚的海洋不仅蕴藏着丰富的物质资源，同时也蕴含着丰富的文化资源，有关海洋的题材无穷无尽、永远书写不完。在全国实施海洋强国战略的大好形势下，坚信我们海大出版社能够抓住机遇，继续探索、开发海洋出版资源，编创、出版品种更多的高水平海洋图书，为建设海洋强国做出更大贡献。

（作者系青岛海洋大学出版社原书记、社长，教授）

艰苦创业与创业艰苦

——追忆出版社成立初期三两事

陈万青

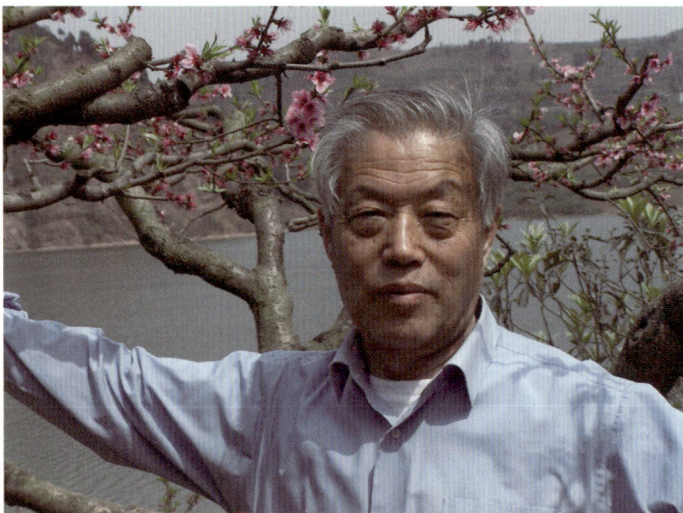

常言道，万事开头难，出版社的成立也不例外。难在哪里？概而言之，难在缺房，缺人，缺钱，缺被人理解。

先说缺房。刚建社，全社人员都挤在一间本校印刷厂腾出的办公室内，犹如课桌排排座的小学教室，当然拥挤不堪。相互干扰，可想而知。无论是客人造访，与作者交谈，有人开门出入，或谈天说地，或窃窃私语，甚至有人控制不住，排出腹内五谷杂粮之气声，都能让每个人声声入耳。倒也诸事公开透明，毫无隐私。虽然大家都坚信，这困难是暂时的，牛奶会有的，面包也会有的。但在当时，大家还是奢望，安得小房三两间，定会让全社上下尽开颜。

稍一定神，不安于现状的人们尝试自己动手，开创新天地，借印刷厂的房顶上搭建了几间简易板房，虽然夏热冬凉，倒也能遮风挡雨。在此陋室，人不堪其忧，大家却不改其乐，毕竟从拥挤的一间办公室里走出来，犹如蜕壳的金蝉，可以略伸展一下筋骨了。同时修建了登房顶的简易阶梯，社长亲自风趣地取名"跻步桥"，古人云"跬步者，半步也"。大家每天跬步登梯，倒觉得踏踏实实地走在步步登高的路上，心里倒也其乐融融。

随着出版社的发展壮大，简易板房已很难容纳得下，于是多方探索，终于找到本市的一家文化单位协作建写字楼，条件是海大出地皮，他们出钱，建成后第5层归他们使用30年。当时觉得这是好事。征得学校领导的含糊同意后，就立即动工。谁知刚一拆学校围墙，惊动了校领导，当时出版社在学校处于微不足道、可有可无的地位，被立即叫停。本以为是个很美好的计划就此胎死腹中，遗憾夭折了。

为了出版社的发展，经过努力，终于把学校修配厂一间舍弃的车间申请过来。出版社找人进行了装修，并趁机盖了几间平房。（虽然古语说普天之下莫非王土，海大的疆土当然莫非海大所有。）但与校内相邻的一个单位称，平房的一端侵占了他们"领地"的一角。平地起风波，处处干涉。出版社不得不利用夜间施工抢修，待东方日出，已是木已成舟，一座崭新的办公房平地而起。其领导人见状，气得火冒三丈。后来出版社诚心相待，不久便化解了矛盾。从此出版社的办公条件大为改善，有了分门别类的办公室，有了会议室，还修了临街的简易房做书店。与建社初期相比，可谓"鸟枪换炮"了。应该承认在办公条件的改进上，有一位副社长的功劳是不可没的。

再说缺人。建社初期，只有七八个人，显然势单力薄，忙不过来。解决途径，一是一人多能，或一人多用，从社长到职工都是如此。坐下来能看稿子的就是"编辑"，接待来访作者是"接待员"，搬运图书充当"搬运工"，出差时有时又帮催要书款充当"讨债先生"。情况紧急时，为校对一部书稿几个人齐动手，校对、剪贴、整理，甚至直到深夜，大家毫不计较分内分外，也未听到什么怨言或牢骚，没有攀比，可谓"俏也不争春"，也没有人期盼多拿奖金。事实上，社长处事唯谨慎，从来不会越雷池，为与全校平衡，从不敢多发奖金。大家都觉得一本书的出版是大家的功劳，这功劳有你的一半也有我的一半。随着出版社的发展，每个人即使有三头六臂，且以一当十，仍难免挂一漏万，顾此失彼。于是想办法向外求援，海纳百川可以行远，从各系选聘各专业教授充当兼职编辑，帮助编辑书稿，聘请退休老干部当顾问出谋划策，聘请新华书店退休经理帮助销售，人力不足之困稍有缓解。应该说出版社初期的发展也有这些人的一臂之力。

缺钱。出版社成立伊始，学校只拨给5000元，作为开办费，尽管大家节衣缩食，仍是捉襟见肘。巧妇难为无米之炊，出版社犹如没有汽油的汽车，很难全速正常运作。虽然说钱不是万能的，但没有钱是万万不能的。出版社向多方，也包括国家教委求助，国家教委听了我们的陈述，给以大力支持。预拨5万元教材补贴，以解我们的燃眉之急。这些钱出版社舍不得用，立即集中全社之财力，购买了一辆客货两用车。从此出版社如虎添翼，用它运送图书，客人的送往迎来，远程公务差旅等，真可谓"里里外外一把手，大事小事全靠它"。这对现在几乎每人都有汽车的白领年轻人来说，似乎很难理解。因为睁开双眼，进入眼帘的几乎都是各种牌号的汽车，它们或争先恐后地疾驰于马路上，或比肩接踵拥挤地停泊在合适的或不合适的场地上。但在当时汽车几乎是出版社的全部家当。

缺被人理解。一件小事就可以说明。如出版社成立初期，接了一本书稿，是潍坊作者写的介绍曲阜旅游景点的小册子，三四万字。谁知与作者有矛盾的对头，到处投诉作者出书的是是非非，同时也捎带上出版社。本校监察处得知后非常重视，立即立案侦查，派出多路人马，风尘仆仆，几乎跑遍了大半个中国，本想可以挖出个贪污分子，没想到最后得出结论是，正常经营、无可厚非，一场辛苦一场空，搞得自己也啼笑皆非。这充分说明他们，还有其他人，不知道出版社这些人是干什么的。此外，也缺乏得到应有的尊重。如约稿专著，被婉言拒绝，要到北京的出版社去出版，我们策划的选题，选的作者，觉得我社档次低，也要到省出版社去出版，如此等等，这激励大家，一定要干出个样子来。

无论如何，大家把一个个困难踩在脚下，一道道难关被冲破，办公房有了，人有了，车有了，从此，虽不能说出版社已步入了发展的快车道，但也是天天向上的。

出版社成立初期，在印刷上经历了从铅印到胶印的转换过程。出版社接的一部书稿是本校教师编写的《褐藻胶》，竟出于人情交由一个县的印刷厂印刷，印刷质量可想而知，肯定不会令人满意。还有一次，在一个表彰大会上本社出版的一本书作为奖品授予得奖者。结果，翻开书来竟有缺页。出版社知耻而后勇，后来都改为胶印，并逐步购买了电脑，建立了自己的排版队伍，并与全省五大新华印刷厂中的三个建立了合作关系，有的厂竟派出排版人员常驻本社，出书质量显著提高。同时，广交朋友。如与《青岛日报》社合作出版中小学生假期优秀征文，在广大市民和中小学中产生了很好的影响。我们又广泛联系科学院、高等学校及社会各有关单位的许多专家、教授、学者等。他们，甚至北京的著名画家，陆续手持本人的专著、论文、画集，甚至工具书稿纷至沓来，省教委也把全省用的教材交本社出版。此时，出版社一年出书100多种，销售码洋年年攀升，图书屡获图书奖和编辑奖，取得经济和社会效益的双丰收。全省甚至全国的有关出版、发行等会议也在青岛召开。《青岛日报》也稀有地在头版头条，用竖排的红色大字标题，报道前进中的海大出版社，并给以很高的评价。社长谢洪芳被评为全省优秀出版工作者，这不仅是他的光荣，也是全社的光荣和骄傲。老干部给出版社赠送条幅，赞出版社"点亮知识圣火"。

其他业余活动也丰富多彩。每天上午10点左右，大家走出办公室，做操，活动，以保证大家身体健康，请专业人员来社教授交谊舞，以丰富大家的文化生活，组织大家假期去泰山旅游，参加全校歌咏比赛，并荣获大奖，参与学校的服装模特大赛，出版社参加的女士身着白色表演服装，观众盛赞犹如白衣飘飘的白雪公主，楚楚动人，并投以惊讶的、欣赏的，甚至是羡慕的目光。不由得惊叹：哇！出版社真是藏龙卧虎之地，不仅能出书，竟还有如此佳丽。经济上钱袋子也不再空空如也，出版社成立不久全社人员的工资奖金就自给自足。以后除上缴利税外，还不断增加上交学校的数额。出版社还不忘做善事，如资助本校医院，购买治疗仪器，为全校师生造福。此时的出版社可以说是红红火火，为了使出版社发展得更快、更好、更富、更强，大家心往一处想，劲儿往一处使。

真希望如此好景能够永驻，但似乎天有不测风云。先是因为本社出版了两本介绍青岛情况的书，一个人出于个人私利向省出版局投递匿名信，但稍一调查就发现对我社可以毫发无损，对写信者可能会引火烧身。于是觉得大事不妙，赶紧后撤，又主动为我社开脱、辩解，真是一张面孔，两副嘴脸，令人作呕。

　　屋漏偏遭连阴雨。没想到不幸之事会接踵而至。因本社不慎出版了一套几乎招致了出版社政治上的八级地震的丛书，国家教委责令海大出版社停业整顿一年。霎时间，出版社的活动脉搏几乎停止了跳动，对外交以绝友，门虽设而常关。大家有一段时间，大家心情沉重，知我者谓我心忧，不知我者谓我何求。鲁迅先生曾说过，人要学会走路，必先学会摔跤，年幼的出版社也没例外，难免摔跤。不过这一跤摔得确实够重的。通过学习、学习、再学习，大家深刻认识到，政治无小事，政治这根弦任何时候不能松。这不仅是当时全社人员的深刻教训，我想对出版社的后来人来说，也是一笔宝贵无形的财富。大家每天接待来自五湖四海的作者、读者，来的未必都是客；审阅内容包罗万象的书稿，写的未必都是真；遇到的各种高谈阔论或奇谈怪论，说的未必都是对。难免有心怀叵测之人，用华丽的辞藻做掩护，贩卖不可告人的私货。只要心里装着政治，就像戴上火眼金睛，一眼就能看穿，手中拿起的笔，犹如挥起金猴千钧棒，不管妖雾何时来，就会棒打白骨精，使自己永远立于不败之地。即使常在河边站，也可以做到永远不湿鞋。另一个教训就是家和万事兴，这是众所周知亘古不变的真理。出版社是个大家庭，也概莫能外。常言道物必自腐而后生虫。家和才不会让想趁机而入者，有任何可乘之机。

　　经国家教委组织的评估组对出版社停业整顿进行评估，认为出版社整顿合格，准予营业。新领导带领大家，擦干脸上痛心的眼泪，扫去身上晦气的尘土，驱逐胸中郁闷的情绪，走出低谷，走出困境，昂首挺胸，阔步前行。莫道困难坚如铁，而今迈步从头越。

　　斗转星移，日月如梭，一转眼，出版社已到了而立之年。建社初期的一些人们，有两个在本不该离开的时候过早的与世长辞了，其中一个，刚退休被返聘不久便因病永远离开了我们，另一个是刚分配来的本校毕业生，结婚生子后因家庭矛盾而别于人世。之所以提他们，也是为了忘却的纪念，毕竟建社初期和大家一起度过了许多平淡的和不平淡的日日夜夜。其他人随着出版社的发展脚步走到今天，多已年逾古稀，甚至岁达耄耋，虽然雪落黑发，鬓毛已衰，但难忘建社初期度过的那些峥嵘岁月。有时偶然带着回家探亲的情感，步履蹒跚地踏进今天的出版社，发现青年相见不相识，笑问客为何事来，不由得感叹，哇！雕栏玉砌今犹在，只是换了人间。看到出版社驻于浮山校区大楼内，办公室宽敞明亮，室内设备一流，看到不断发展壮大的出版队伍朝气蓬勃，出版的新书琳琅满目，无不又一次感叹，真是今非昔比，不似从前，更胜似从前。又得知出版社出版的教材、专著、科普读物，都屡获全国大奖，获得的出版基金就达数百万之多，销售码洋、缴纳的利税几乎年年直线上升，且名声大振，不断取得经济效益和社会效益双丰收。这无疑缘于出版社领导得力，全社成员给力，上下齐心协力，必然节节胜利。正是，数风流人物，要看今朝。心里感到无比高兴，为自己曾是本社的一员而感到自豪。同时，心中暗暗祝愿我们的出版社在党的领导下，沿着有中国特色的社会主义道路阔步前进。当然，后来人的千秋功过，当留与后人评说。这里只追忆建社初期是如何艰苦创业及遭遇的创业艰苦。

（作者系青岛海洋大学出版社原副社长，编审）

平凡的回忆
——记创建出版社的几件往事

孙庆和

时光荏苒，岁月如歌。不知不觉，海大出版社迎来了她的30岁生日。

从申请建立出版社，到批准、创建，其间，经历了许多困难与波折。但在海大出版社老同志们的共同努力下，发扬团结合作、艰苦创业的精神，在较短的时间内，海大出版社已具雏形，且在全国百余家大学出版社中名声鹊起，为后来的发展壮大奠定了基础。

我作为创建出版社的参与者之一，目睹现今的海大出版社，人强马壮，窗明几净，一派生机勃勃的景象。追今抚昔，感慨良多。创建出版社的许多往事，历历在目，令人难以忘却。

赶上末班车

全国有3000多所高校，设立出版社的也就是百余家，占比不到4%。出版社对于大学而言，对学校的教学、科研以及学科的发展，具有无可替代的作用。

30年前，我校为设立出版社，专门成立了筹备工作组，我有幸成为五人筹备组的一员。现在回忆起来，幸亏学校决策及时，加上筹备小组工作努力，否则，我们就会错失良机，成立出版社的愿望就会落空。

当时，已传来消息，国家已开始严格控制出版社的数量，原则上不再审批高校出版社。所以，学校要求筹备工作组必须加班加点地收集、整理材料，编写申请报告，尽快上报国家教委（即教育部）和国家新闻出版署，争取早日获批。

说实话，编写申请报告本身并不难，难的是其中两个硬指标：一是开办经费，二是办公用房，这两个硬指标我们当时都不具备。怎么办？时不我待，只能"编"了。

我带着上报材料，顾不上等候买到卧铺票（很难买到），直接乘硬座火车去京。到了国家教委条件装备司出版管理处，周思处长指着办公桌上成堆的文件说："这都是各个高校报来的申请材料，不可能都批，你把材料留下，可以回去了。"

我悻悻地离开教委，又把同样内容的一套材料送到了国家新闻出版署。当然，在递交上报材料后，照例需讲一些"请多费心，无论如何请予批准"之类的话。

回青后，是焦急的等待。其间，我忍不住打电话给周思处长询问进展的情况。回答是领导们一直很忙，尚未研究。

后来，终于有一天周思处长来电话讲：尽快将办公用房及开办费的具体落实情况及其证明材料送京——看来教委领导研究时，发现了申请报告中关于办公房及开办费两项不实。

我立即将此事向学校进行了汇报。校领导当即电话指示总务处和财务处马上给予解决（出具证明）。其实，我们心里都很清楚，无论是办公用房还是开办经费，学校是心有余而力不足。当时，只鱼山路一处校区，用房相当紧张，而在当时教工的工资发放都有困难，这两项要求很难落实——但不管怎样，教委要求的"补充材料"算是整齐备了。

　　这一次，我和刘桓老师一起去北京送补充材料。刘老师腰腿不好，但为了赶时间，也只能坐硬座。经过13个小时的劳顿，他在我的搀扶下艰难地走出北京站。那时，北京出租车极少，我找了一辆三轮车花了20块钱。我俩到了国家教委，将补充材料交给周处长时，他见到刘老师腰疾疼痛的样子，感动地说："刘老师这么大年纪，就不要亲自跑了……"刘老师回道："只要领导批下来，累点无妨！"我顺势讲："教委若不批，我们无法向学校领导交差呀！"周处长说："精诚所至，金石为开嘛。材料留下来，你们回去等着吧！"

　　我和刘桓老师回青岛后，过了大约两周时间，接到国家教委电话通知，叫立即派人到京取批文。得知这个消息，筹备组的同志们非常兴奋，让我立即去京。这次是我一个人去的，到了国家教委，周思处长将批文交给我说："祝贺你们赶上了末班车！"周处长讲的是实情，这最后一次只批准了三家，另外两家是哪个学校，我记不得了，只知道此后将近10年再也没有批准新的高校出版社。

　　我拿着国家教委的批文直接去了新闻出版署，在那里进行了登记，领取了作为出版社最关键的ISBN统一书号。至此，海大出版社从法律意义上就正式诞生了。

简陋的办公用房

　　出版社刚成立时，只有校印刷厂三楼的一间约15平方米的办公用房，这对出版社来讲，甭说发展，连生存也艰难。

　　等、靠、要？不可能！只能靠自己。

　　我当时任出版社副社长兼印刷厂厂长。我提议在印刷厂纸库平顶上搭建活动板房，以解燃眉之急。这一建议得到大家的支持。

　　当时的活动板房，不是现在的中间夹着泡沫的彩钢板材的活动板房、塑钢门窗，既坚固、轻便，又保温、美观。当时的活动板房材料用的是一种叫磷镁土（一种黏土）的板材，工艺简单粗糙，门窗都是用规格细小的木条制成，顶层是用较细的圆木为支撑，铺上芦苇，然后盖上瓦，外表看起来像是舞台上的道具。当时，建筑工地上普遍使用它用作临时的工棚。过了一段时间后，由于支撑圆木强度不够，屋脊产生不同程度的下陷。就是这样的陋室，大家也都非常高兴，因为毕竟有了栖身之地了。当时，活动板房共搭建了6间，每间约10平方米，分别做社长室、总编室、办公室、综合室，另外两间是互通的，约20平方米，作为会议室和活动室。

虽然有了栖身之地，但这种活动板房毕竟材质低劣。到了冬天透风撒气，异常寒冷；夏天屋顶被晒透炎热难当。最可怕的是纸库的屋顶在设计时是不承重的，且由于年久失修，许多部位已有水泥剥落、钢筋裸露在外，现在上面又搭建了板房，看着就令人担心仓库屋顶会被压塌，还有材质低劣的板房，经过数年使用，也已摇摇欲坠，随时有垮塌的危险。因此，尽快搬出陋室危房，改善办公条件，已是当务之急。

经过多次向学校反映及要求，终于同意将二校门原后勤修缮科铁工组的一处地方划给我社使用，该处的改造修建费用自理。当时，由刘学忠开着皮卡车到东营向中国石油大学出版社借来10万元钱。对学校的这一安排，修缮科很不高兴，认为是我们侵占了其地盘，称我社是"以色列"。

当时，社里有的同志并没有看好这个地方。因为，其最大的一处房子（据说是德国侵华时的马厩）破旧不堪，院内到处是一堆堆破铜烂铁、垃圾丛生的杂草。但就在这样的基础上，我们经过近5个月对房间进行了改造、扩建、修缮，对院内进行了硬化、绿化。完工后，原来乱葬岗似的场地焕然一新，各科室的用房整洁明亮，当时没看好此处的同志，也感到满意。

1995年，在简陋而危险的板房里已度过了5个酷暑寒冬的出版社，终于搬进了新家，在此处一直到2006年10月，才最终搬到现在的浮山校区至今。

一本书、一面条幅参加全国高校书展

出版社被批准成立不久，就接到去成都科技大学参加全国高校出版社图书展销会的通知。当时，社里的图书不多，只有《高松庐画集》适合展销。怎么办，去还是不去？若去，只有一本书，不会有任何经济效益，连差旅费也挣不回来。但是，不去的话……为此好一阵纠结。经过一番讨论，最终还是决定参会，目的是亮相、交友、取经。

社里决定由我和李洪强参会。但是只有一本书参展，也真有点难为情。如何是好？我俩也动了番脑筋。我俩经过商量，除了带上《高松庐画集》样书外，决定再带一红布条幅参会。

在当时，很难买到卧铺票，我俩就坐硬座到达西安，再由西安换乘去成都的列车。这一换乘，连硬座都没了，整整站立一个晚上到达成都。

到达成都科技大学报到后，我和洪强放下行李，拿起一卷在青岛早已准备好的红布条幅，直奔图书展销会会场——刚竣工不久的科大体育馆。李洪强敏捷地爬到体育馆楼顶，我在地面仰头观察摆放位置。确定好位置后，我让洪强将红布条幅慢慢地放下展开，瞬间，"青岛海洋大学出版社向兄弟社学习、致敬"的条幅展现在眼前。鲜红的条幅、醒目的大字，很有点高大上的感觉，这是展会第一面条幅！该条幅引起了所有参会者的注意。许多人表示赞许，称这样的"宣传效果好，是免费的广告"。这等于告诉百余家出版社同仁和采购商：海大出版社成立了，海大出版社来了！

第二天上午，陆续有几家出版社在当地赶制的条幅也挂了起来，到下午时，体育馆展会正面墙上，几乎挂满了各个出版社的条幅，场面十分壮观。

带到展会上的样书《高松庐画集》很快就发送完了。我和洪强就分别到各社的展台交朋友、取经。

晚饭后，李洪强到各社找负责发行的同行交友、沟通、交流，我则主动找到国家教委和大学出版协会领导的房间（他们正在开会），刚见面，他们都异口同声地对我们率先挂出的条幅赞不绝口，夸奖我们带了个好头，然后主动问我社的情况。在与领导们交谈的过程中，我得知各个社大部分有图书代办站，且经济效益很好。我当时提出也要设立图书代办站。但版协的领导讲，要求有足够的流动资金及书店用房。

我当即表示：只要批准设立，资金与房屋不是问题。当时，国家教委与版协领导正在开会研究来年的全国会议的地点和承办单位，由于会议规模较大（约200人），迟迟无人敢接手。我表态我社愿承办明年的会议，但只有一个要求，批准我社设立"全国高校图书代办站"。国家教委及大学版协领导都笑了，称海大社办会还讲条件。领导们都很高兴，一致同意由我社承办，并且口头表示同意我社设立代办站，会后到京办理相关手续。

后来的发展证明，我们当时参会的决定是正确的，确实达到了亮相、交友、取经的目的。第二年我社承办的全国会议非常成功，我社时装队还为会议进行了时装表演，给参会的领导及同仁们留下了极为深刻的印象；同年经大学版协批准成立了"全国高校图书社代办站"，开业后的第一年就盈利20多万元，获得了很好的经济效益。

时装表演队——我社创立初期的一张名片

1991年，为迎接中国共产党建党70周年及青岛建市100周年，我社组织了时装表演队，参加了校内举办的文艺表演比赛，获得一等奖；同年，学校推荐我社时装队代表学校参加了由青岛市总工会组织的青岛时装表演赛，获得一等奖，领回了一个硕大的景泰蓝奖瓶，为我校我社争得了荣誉。

我记得，当时的邀请赛在青岛永安大戏院举行。参赛的有近30个单位，均是本市的大型企业及机关事业单位。参赛单位除我社外，其余都是财大气粗、人才济济的主儿，相对于我刚刚成立不到两年的出版社来说，我们无法与人比肩。

当时的时装队共有12名队员，其身高及年龄差别极大，年龄最大的40岁，最小的21岁；最高的1.7米多，最矮的不到1.6米，这样大的差异是时装表演最为忌讳的。但是，由于社里人少，别无选择。面对队员的参差不齐及经费的紧张，同志们没有退缩，没有知难而退，而是大家群策群力，迎难而上。没有服装，就外借，或各人自备，在服装上没花一分钱。但成员的身高及年龄是无法改变的。怎么办？经过分析，我们认为这是一次节庆式的纪念活动，而不是仅靠颜值的单纯商业表演，应该通过时装表演的这一形式，表达建党、建市周年庆祝活动的内涵。基于这一考虑，我们在编排的表演形式上进行了大胆的创新，从着装，场次设计、编队、穿插、造型，乃至音乐、歌曲的选择配置上，花费了很多精力。经过多次反复地修改、长时间的排练，终于使得整个表演不仅具有观赏性，更具有"可读性"。

至今，我还保留着时装队参赛时印制的《海大时装表演队情况简介》。透过这小小的卡片式的"简介"，或许可以联想到当时表演的精彩，以及我社时装队的独到之处。这份小小的"情况简介"，在比赛大会开始前就分发到舞台前评委席上及部分观众的手中。当我社时装队登台开始演出时，我发现有评委及不少观众不时地看手中的"简介"。表演分四场，每场结束时全场都报以热烈的掌声。在最后的第四场《走向明天》结束时，全队依次在舞台前一字排开谢幕，随着观众热烈的掌声，《英特纳雄耐尔一定能实现》的红色横幅亮相舞台中央，观众的掌声更加热烈了。

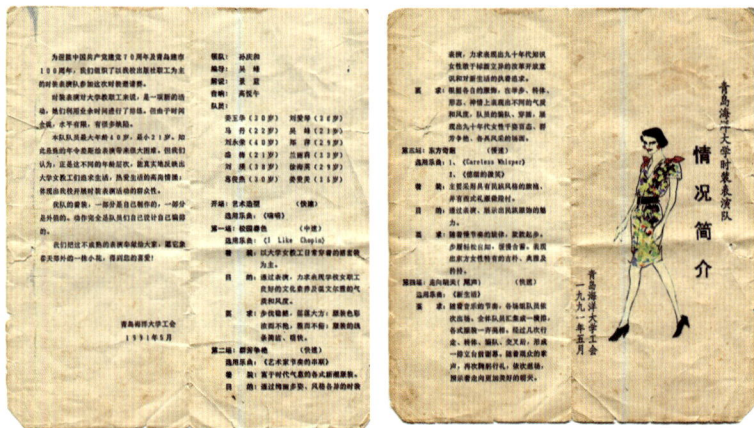

1991年，时装表演队情况简介

应该讲，作为刚成立不久的新社、小社，在没有经费支撑且人员不多的情况下，能组织成立如此不俗的时装队，实属不易。

现在总结归纳，无非靠两条。一是心齐：大家心往一处想，劲往一处使的团队精神；二是认真，为达最佳效果，不厌其烦地反复艰苦训练的吃苦耐劳精神。另外，特别需要提及的是，时装队的编导吴峰同志。从时装队的"简介"中可以看到，她当时年仅21岁，是时装队里年龄最小的一个，但，她对时装表演有着极好的天赋。她能根据时装队演出的目的、要求，来设计不同的场次不同的着装及动作，并且在排练过程不断地示范，耐心地带领大家一起排练。可以说，时装队的成功，吴峰功不可没。

时装队在排练过程中，是伴随着汗水和泪水走过来的。我当时作为领队，每次排练时都要在现场，主要起组织协调和"监工"的作用。至今，我还清晰地记得，有一位队员行走的姿态和动作不好——时装模特行走时应当挺胸走猫步，但她行走时却蹑手蹑脚，腰也没直起来，被我当场叫停。我严厉地批评她："你怎么弯着腰，轻手轻脚地像到别人家里偷东西一样！注意纠正！"这位队员默不作声眼里含着泪，在吴峰的细心指导下，继续认真地反复练习。事后，我很后悔不该当着那么多人的面，那么不留情面地批评她。

现今，海大出版社即将进入而立之年。虽说往事如过眼烟云，但我社时装队却令我难以忘却。因为，她曾是我社创立初期的一张名片，更是代表了海大社人的一种百折不挠、开拓进取的精神与力量。

（作者系青岛海洋大学出版社原副社长，研究员）

贺海大社成立 30 周年

汪望星

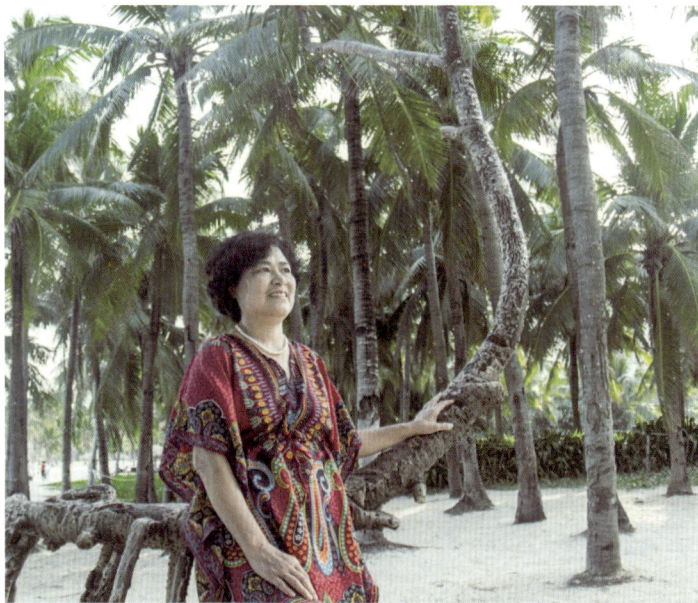

　　几位先生，几间平房，纵笔研商。藉天时地利，修学建社，编年撰史，竞写新章。筹划发行，选题酝酿，忘我潜心昼夜忙。蓦回首，竟出书千种，良好开张。

　　常将传统弘扬，继往者，英名留四方。持海洋特色，立科普项，获国家奖，无上荣光。大展宏图，拼搏向上，荟萃雄才聚一堂。今恭祝，海大出版社，再创辉煌！

（作者系青岛海洋大学出版社原出版科科长）

贺社庆

段峰

（作者系青岛海洋大学出版社原文科编辑室主任，副编审）

祝贺社庆

杨桂荣

中国海洋大学，创建于一九二四年，历经私立青岛大学、国立青岛大学、国立山东大学等时期，于一九五九年发展为山东海洋学院，邝为山东海洋学院，洋五院。一九六〇年被国家确定为全国十三所重点综合性大学之一。一九八八年更名为青岛海洋大学，二〇〇二年更名为中国海洋大学。

鱼山校区一校门 二〇〇九年二月画

（作者系青岛海洋大学出版社原美术编辑室主任，副编审）

一事精致，足以动人

——我社海洋科普这十年

李夕聪

总是在不知不觉中遇见美好。

繁花似锦时节，迎来我社建社30周年，今年也是我到出版社第25个年头，与海洋科普图书的相识相知也已近10年。

1995年春节后，谢洪芳社长在任期间，刚过而立之年的我有幸调入出版社，担任综合编辑室主任，从此开启了自己喜爱的图书编辑之旅。这一旅程可谓一路惊喜，一路磨砺，一路收获。外语专业背景的自己，自然地选择了以外语为作工作的主要努力方向。我社的外语板块特别是英语图书曾一度在业界小有影响，连续多年成为我社的优势板块，比如《新编英美概况》常销20多年至今每年仍有近5000册的销量，比如"21世纪高等医学英语规划教材"也已长销近20年，比如"魅力英文书系""外贸业务系列""星火英语系列""21世纪中医英语系列教程"，比如系统介绍我国优秀传统文化的书籍《中国传统文化通览》（英汉版）、国内首套"研究生涉海英语系列教材",等等,在每一个时段,我作为一名编辑都能找到较好的着力点,并站在较高的角度组织、策划、优化书稿,始终把策划组织能力放在首位。

从来到出版社,我就爱上了这个大家庭,也尽职尽责地在这个大家庭中做着自己分内的事情。这么多年来,非常荣幸地得到了历任社领导的关心、培养、信任和支持,得到了同事们的支持、帮助、关心和包容,赢得了众多作者朋友和读者朋友的大力支持与厚爱,内心由衷地感激和感念。历任社领导为出版社谋发展殚精竭虑,呕心沥血,他们的敬业精神令我由衷地敬佩!

2006年,王曙光社长在任时,同事们选我做副总编辑,从担当这份工作起,自己一直感觉重任在肩,于是更加努力地工作,唯恐辜负了大家的期望。2010年初,根据社里的工作安排,我作为副总编辑开始涉足海洋科普,从此与海洋结缘。原来对海洋只停留在表面认识的我,随着工作的深入,经过近10年的学习、磨炼与洗礼,对于大海有了更为深入的认识,也深深地爱上了海洋普及类图书的策划、组织与出版工作,以至于到现在似乎成了一位真正的海洋人。

作为我国唯一一所以海洋图书出版为主要特色的大学出版社,历任社领导都很重视海洋普及类图书的出版工作。比如,我社的第一本海洋科普图书《妙趣横生的海洋动物》;我社出版的《来自大海的疑问——海洋知识百问百答》(4册)、"海洋与人类丛书"(10册)和"海水健康养殖丛书"(6册)分获第七届(1997~1998年度)、第八届(1999~2000年度)、第十一届(2005~2006年度)山东省优秀图书奖;"海水健康养殖丛书"还荣获纪念新中国成立60周年"山东省优秀出版成就奖",等等。

新起点,新征程。

2010年7月,我社启动"海洋科普与海洋文化普及出版工程",创立了"小海豚"海洋科普图书出版品牌,拉开了我社自主策划、编创与出版海洋科普图书的新序幕!近10年来,我社自主编创与出版海洋普及类图书100余部,获得国家级、省部级优秀科普作品奖20余项,总发行量达200多万册,获得了广泛的社会赞誉,更加激发了我社海洋科普图书出版的情怀与使命感!

回望过去，是为了更好地迈向未来。这些年，我社海洋普及类图书前行的脚步总是那么坚定，那么精准，那么卓有成效，而且信心越来越足。

流年似水，虽然时光泛黄，有那么几个节点却依然熠熠生辉。

"畅游海洋科普丛书"，一个标杆

背依浮山，面朝大海，这里是我们的出版社。

2010年7月，我社正式开启了杨社长到出版社以来的第一套海洋科普丛书——"畅游海洋科普丛书"的出版旅程。他亲自策划、组织实施，下决心在较短的时间内做出一套全新的海洋科普经典力作，于是组成了由策划小组、编创小组、专家指导小组、营销小组、后勤保障小组组成的编创团队，由时任中国海洋大学校长的吴德星教授亲自担任总主编。

一开始我只是负责策划小组的工作，随着工作的开展，竟成了整个项目的负责人，这是我始料未及的。因为专业背景所限，开始时我有些茫然；而又因为专业背景的优势，某种程度上走了捷径，看了大量国外的优秀海洋科普纪录片，比如BBC的OCEANS，美国DISCOVERY的海洋频道等，还做了大量的笔记，对于什么是科普有了初步的感觉。从内心讲，虽然对于做海洋科普图书没有什么经验，但对于做品质图书，因有这么多年的经验，我还是比较有自信的。重要的是，除了专业知识，足够的创意和创新精神在海洋普及类图书中占有相当比重，而且既然领导信任，那就摸着石头干呗！于是，在总策划书的框架下，先是与团队成员一起研究了国内已出版的相关图书，并借鉴了国外图书的一些经验，经过编创团队10个月的共同努力，博采众长，用心打磨，终于在2011年5月22日，"畅游海洋科普丛书"在青岛新华书店书城隆重首发。本套丛书包括《初识海洋》《海洋生物》《壮美极地》《探秘海底》《魅力港城》《奇异海岛》《海战风云》《航海探险》《船舶胜览》《海洋科教》10个分册，从不同视角，多侧面、多层次、全方位地介绍了海洋各领域的基础知识。88岁高龄的中国科学院资深院士文圣常先生欣然为丛书题词："普及海洋知识，迎接蓝色世纪。"而为了写好这10个字，文先生

竟花了一下午时间，反复修改，直到自己满意。他对海洋科普的殷殷情怀令人动容。

出席开幕式的各级领导对该丛书的编辑出版给予了高度评价。时任省新闻出版局巡视员的刘廷銮副局长对"丛书"的评语是："世界眼光，与国际接轨。"而他给我们定的目标是"读海洋的书，找海大出版社"。

"畅游海洋科普丛书"的问世，在国内业界影响深远。丛书先后获得国家新闻出版广电总局"三个一百"原创出版工程奖、"向全国青少年推荐的百种优秀图书"，科技部"全国优秀科普作品奖"等国家级、省级六大奖项，为打造我社"中国海洋图书出版基地"品牌发挥了奠基性作用，不仅为我社带来了显著的经济效益，而且为我社赢得了良好的社会信誉。时任国家新闻出版广电总局副局长邬书林，中国科普作家协会副理事长、中国科普研究所所长任福君，中国科学院院士文圣常，中国工程院院士管华诗等均对本套丛书给予了很高的评价。

本项目虽已过去多年，回首当年激情燃烧的编创过程，一幕幕场景依然历历在目。单挑选文稿作者就经历了三轮，在这里要特别感谢我校校报编辑部的纪玉洪老师这么多年来给予的大力支持。经过反复尝试，我在最终找到了我社独特的海洋科普编创形式。杨社长一马当先，7位责任编辑在当时是我社编辑中最年轻的，他们充满活力、充满创意、充满干劲，他们是邓志科、王积庆、滕俊平、潘克菊、郑雪姣、杨亦飞、陈琳琳。

犹记得，一次次的编创研讨会，大家头脑风暴，群策群力，讨论大纲细节的热烈场景；

犹记得，这支年轻的编辑团队所迸发出的无穷创造力，刘宗寅老总、李学伦老社长、李建筑老总、魏建功副总编辑等从不同方面严格把关，是对年轻编辑一次次切实有效的全方位业务培训；

犹记得，各册主编认真创作、修改书稿和严格把关的专业精神。文稿作者为了吃透嚼烂那些硬邦邦的海洋知识，使其再变成可读性强的文字，床头经常放着十几本专业书籍，有时甚至抱着书籍入眠。

犹记得，为了本套丛书从内容到形式高品质出版，为了有一个高水准的整体装帧，杨立敏社长率主创人员赴北京亲自敲定由中央美院的设计团队来承接设计任务；为了后期的细节优化，为了赶时间，我们的美术编辑加班至晚上12点。

犹记得，2010年的那个春节，为了赶在六一儿童节前出版这套丛书，项目组所有成员几乎都没有休息，都在自发地加班加点。有的编辑身体不舒服，也从未请过假。有的编辑春节那三天都是每天六点左右起床，先编辑两个多小时的书稿，然后才做家务。

犹记得，团队成员在印刷厂里调色、核对蓝样，严把最后一关，期待十月怀胎、用心呵护的这个"孩子"以近乎完美的姿态呈现在读者面前；

怎能忘啊，图书出版座谈会上，队员们在谈到感想时，有的禁不住热泪盈眶，我在发言时也曾一度哽咽……而这是历经艰辛、苦尽甘来收获的喜悦之泪啊。

就这样，"畅游海洋科普丛书"犹如一个带着一点儿传奇的婴儿，降临于中华大地。他的一声嘹亮的啼哭，令出版界为之震动！从此这套丛书成了我国海洋科普图书的一个标杆，甚至，有多家出版社竞相模仿，但"总是被模仿，从未被超越"。

《我们的海洋》，一个高度

冬天的北京，寒风料峭。

2012年临近春节的一天，原国家海洋局宣传教育中心（以下称宣教中心）会议室内，来自全国的海洋专家代表以及全国海洋意识教育基地的学校代表齐聚一堂，正在热烈商讨编创一套适用于全国的"中小学海洋意识教育教材"，目的是提高公众海洋意识，弘扬我国优秀的海洋文化，助推海洋强国战略的实施。这样的研讨会宣教中心已开过几次。此次会议我社也有幸被邀请，杨社长和我前往参加。那时，我社与宣教中心还是初次接触，我当时感觉我们是作为列席被邀请的，因为国家海洋局本身就有海洋出版社。

然而，做一套将普及全国的中小学教材对我社发展太重要了！这是个重大机会。那么，我们出版社会有希望吗？

机会总是留给有准备的人。

恰巧此前，我社就关注到中小学海洋教育教材，而且刘宗寅老总带着几个年轻编辑已经做了小学版的海洋教育准教材《少年海洋探索者》（三册），这种形式的海洋科普图书在当时其理念还是很先进的。于是杨社长和我就是带着这三册书，又各自从不同侧面认真准备了PPT，在大会上做了汇报。

机会真的来了！

或许是我们已有的三册样书让宣教中心的领导们有了做好此事更大的信心和希望，或许是我们自信而认真的汇报让他们真切感受到了海大出版社的干劲与激情，经过通盘考虑，宣教中心最后决定将这个重大编创与出版项目委托给我社完成。就这样，国家海洋局"中小学海洋意识教育系列教材——《我们的海洋》"编创与出版这个光荣而艰巨的任务，落到了海大出版社肩上，我也义不容辞地成了本项目的负责人。

又是全新的工作，又是全新的挑战。

好在，我们有海洋大学强大的海洋学科优势；好在，我们有教材编写经验丰富的原山东省教科所所长，也是我社曾经的总编辑和社长刘宗寅老总。会后，社里迅速组织了由海洋科学家、教育专家、海洋特色学校一线优秀教师等组成的编创团队，在宣教中心的领导下，正式启动了这一编创和出版工程。刘老总担任教材的整体设计，杨社长和宣教中心的盖广生主任带领相关海洋科学家组织教材大纲的内容制定，挑选我社编辑队伍中的精兵强将组建了编辑团队，各册主编分别由我国卓有成就的海洋方面的专家担任，就这样，一个强大的编创团队组成了。

俗话说，万事开头难。

头是开始了，由于此项目我们是中途接手，刚开始试图在原来工作的基础上继续做下去。然而，事实证明，这样行不通，有的作者的书稿修改七八遍依然达不到要求。怎么办？长痛不如短痛。在进行了大半年时间的工作后，我们毅然决定重起炉灶，重新编创……工作是开创性的，难免会走弯路，然而过程是真真的艰辛。"畅游海洋科普丛书"经过了10个月左右的时间完成，而这个项目学生用书的完工用了近两年半的时间，再加上教师用书的开发，总共用了3年多的时间，涉及的海洋专家、教育专家、中小学教师、编辑等人员近40人。在这个过程中，许多海洋专家教授踊跃参与，严把专业关，比如金翔龙院士、麦康森院士、盖广生主任、李巍然副校长、陆儒德教授、我社李学伦老社长、李建筑总编辑、魏建功副总编，等等，都做了很多工作。参与本项目的责任编辑自小学至初中分别为：张华、滕俊平、王积庆/由元春、邓志科和孟显丽。

《我们的海洋》包括学生用书和教师用书，分小学低、中、高年级，初中版，高中版。本套教材一经问世，便在全国引起了强烈反响。全国大部分海洋意识教育基地竞相将其选作本校的校本教材。经过严格的竞标程序，本套教材于2015年被海南省教育厅选用为中小学海洋教育地方课程指定教材。2018年，根据海南省的具体情况，又专门将其优化修订为海南版，强化了海南本省的海洋特色。

《我们的海洋》作为海洋意识教育的教材在全国赢得了广泛赞誉，得到了国家海洋局领导、地方教育行政部门和广大中小学用户的一致好评。北京师范大学教育学部董艳教授2018年10月24日在全国海洋教育高峰论坛上的报告中这样评述该教材："《我们的海洋》注重教材的权威性，凸显海洋意识教育，以新课程理念推进；强大的专家队伍参与选题编辑，确保科学性、专业性；提供最新的案例

和资料，凸显时代感；课程专家从教学层面给予支持指导；内容建设，紧紧围绕海洋强国建设主题；注重海洋知识教育与海洋意识教育之间的关系；基于学情认知，合理布局海洋意识教育，从小学到高中分别为：初识海洋—亲近海洋—体验海洋—倾情海洋—探秘海洋；引导学生积极参与，自主提升海洋意识；填补了我国高中海洋教材的空白。"

《骑龙鱼的水娃》，一个传奇

天府之国，美丽相遇。

2015年12月28日，在充满情调、充满故事的蓉城成都，我和霞子老师相遇了。那是中国科普作家协会六届五次理事会会议期间，霞子老师在大会上发言，我当场就被这位女作家对于科普的独到见解所吸引。会后交流便知，霞子老师还是山东人，老乡的缘故瞬间拉近了感情距离。霞子老师是国家一级作家，她曾用近10年的时间写了一系列的关于蚂蚁的科普图书，深受广大中小学生的喜爱。最关键的是，霞子老师是一位特别有情怀的科普作家，不仅关注那些小小的生灵，更关注我们人类赖以生存的这个地球，是一位有大爱的作家。她本身的专业背景是数学，从小却酷爱《红楼梦》等经典文学名著，有着一颗很文学的心灵，文理两通，功底深

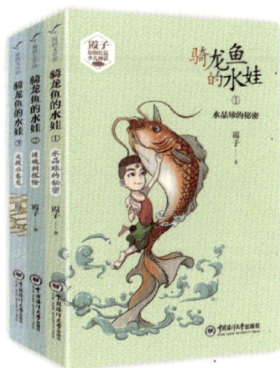

厚。当问及她有没有涉猎海洋科普创作时，她说正巧有一部关于水文化的儿童科普神话三部曲正在创作之中，将于2016年底完稿。霞子老师对于本省的出版社有一种特殊的情感，有意与我社合作，这正是我们求之不得的。这个三部曲名叫《骑龙鱼的水娃》。2017年初交稿后，我有幸成为第一位读者。刚开始阅读，我就被其故事和立意所吸引。我社社委会论证通过后，交由责任编辑吴欣欣，经过她精心编辑装帧设计后，《骑龙鱼的水娃》于2017年9月在青岛首发。

首发式上，一位小学二年级的同学在读了本书一部分章节后，激动地对霞子老师说："霞子老师的书真好看，比《哈利·波特》还好看。"这给了霞子老师和我们出版社以极大的信心。于是，社里迅速组成了由编辑和发行人员组成的营销团队，在社委会的大力支持和霞子老师的极力配合下，用了不到4个月的时间，5000套书竟销售一空。这在我社营销史上是个奇迹。霞子老师不间断地进行了30多场进校园讲座，深受师生喜爱。讲座有一个响亮的名字——科学让童话更美丽。如此，这部融文学性、知识性、科学性、思想性于一体，并有着深深的中国传统文化印记的少儿科普神话就这样走进了孩子们的心中。齐鲁师范学院文学院胡峰教授在其书评《科普：插上神话的翅膀》中，是这样评价霞子老师这部作品的："科普作家霞子擅长以童话作为传播知识、启迪智慧的主要载体……她推出的《骑龙鱼的水娃》则在内容、文体形式上呈现出新的突破。作品通过自创神话，以曲折动人的故事，融汇传统知识与哲理，融于科学道理与规律，综合传递出水资源保护的现代理念，为科学普及插上翱翔的翅膀，成功实现可读性与知识

教育、思想启蒙的双赢。"

《骑龙鱼的水娃》首印5000套不到4个月售罄，增强了我社出版海洋文学类图书的信心。此尝试说明：只要用心，只要肯干，只要主动，再难的事也可以通过努力实现，正所谓：不要为失败找理由，要为成功想办法。办法总会有的！出版社鲜有简单易做的事，也鲜有难得无法做成的事。霞子老师的《北极，有个月亮岛》《来自宇宙的水精灵》，张涛老师的《海上天方夜谭》《海上酷行记》，"中国海洋故事丛书""悦读海洋365""星辰海海洋幻想文学系列"等一批文学类图书相继出版。如今，海洋文学板块正在有计划有节奏地稳步积极推进中，必将成为我社二次创业的新的经济增长点。海洋儿童文学宛如一只美丽欢快的海鸥，正展翅翱翔于大海之上……

责任与担当，一种使命

情怀是一种伟大力量，她指向一种理想，能够生成一种强大的内驱力。

继"畅游海洋科普丛书"之后，我社又陆续策划出版了"人文海洋普及丛书""图说海洋科普丛书""魅力中国海系列丛书""神奇的海贝科普丛书""海洋启智丛书""中国海洋符号丛书""舌尖上的海洋科普丛书""中华海洋学人系列

欢迎点击标题下方的蓝色文字或长按上方二维码扫描后关注我们！
微信名称：海洋欢乐谷
微信ID：haiyanghuanlegu

丛书""中华海洋文化名城丛书"等海洋科普与海洋文化普及类图书；"中国海洋非物质文化遗产丛书""珊瑚礁里的秘密科普丛书""我国常见海洋生物图典"正在编创中，每年都为青少年朋友奉上一系列海洋科普大餐，普及海洋知识，传播海洋文化，让他们领略大海的魅力、博大与神奇，为他们从小播下探索海洋的种子，为我国海洋事业的发展储备人才打下基础。一套套海洋科普丛书的问世，是出版社以及全体编创人员严谨的科学精神、强烈的社会责任感的具体体现，其中蕴含了海大人对国家海洋事业的深厚情感，也是中国海洋大学服务山东半岛蓝色经济区建设和国家海洋战略的实际行动和使命担当。

为了更好地服务社会，我社又于2014年开发了"海洋欢乐谷"海洋科普数字媒体公益平台。经过5年的成长，平台现已涵盖网站、微信公众号、微博、手机APP、知乎等多个板块，形成了海洋科普新媒体矩阵。目前，"海洋欢乐谷"由出版社与中国科普作家协会海洋科普专业委员会联合运营，致力于打造海洋科普精品，普及海洋科学知识，传播海洋文化，宣传海洋意识教育等。平台发布的海洋科普文章以原创为主，体裁涉及小品文、童话、诗歌等，以生动有趣的方式进行海洋科普。此外，"海洋欢乐谷"充分发挥新媒体优势，除了传统的图文消息之外，更增添了漫画、视频、音频等丰富的多媒体形式。运营团队现共7人，均为拥有多年海洋科普经验的编辑，更有海洋方向的博士生，他们将新媒体的灵活性与传统媒体的权威性相结合，使所发布内容兼具趣味性与科学性。如今，"海洋欢乐谷"的影响力越来越广，切实助推海洋科普事业，已经成为出版社的一道亮丽的风景线。

中国科普作家协会海洋科普专业委员会也于2015年4月落户海大，秘书处就设在出版社。本专业委员会以响应国家建设海洋强国战略为己任，致力于打造全国海洋科普研究高地、策划高地、创作高地、出版高地和人才培养基地，集培训、策划、研发、创作、出版于一体，力图整合全国优质海洋科普资源，努力打造具有国家水平的海洋科普作品，包括海洋科普读物、海洋科普文学作品、海洋教育教材、研学指南等，以多种形式普及海洋知识，推动我国海洋科普事业发展，助力中华民族海洋强国梦的实现。专业委员会在《科普时报》（科技部主管、科技日报社主办）设置"海洋大观"栏目，提供优质海洋科普原创稿件，由"海洋欢乐谷"团队负责征稿及审稿事宜，文章在海洋欢乐谷微信公众号亦有发布。专业委员会与出版社还组建了科普演讲团，经常到学校、到场馆为学生、为社会公众开设科普讲座，广受欢迎。

出版社还不定期向老少边穷地区的孩子们赠送海洋科普类图书，并对相关教师进行海洋知识方面的培训。本年初进行了由中国海洋发展基金会和我校共同组织，由我社承办的海洋知识培训班，来自井冈山中学和贵州桃园一中等学校的老师们在接受培训后总结发言时深情表达了他们的喜悦之情和感激之情：海洋强国梦不仅是沿海地区百姓的梦，也是整个中华民族的梦，内陆的孩子们同样热爱大海、向往大海！

感悟，一种精神

做海洋科普是需要有一种精神的，而这种精神源自一种海洋意识的觉知。

　　我国是海陆兼备大国，不仅拥有广袤的陆地，更拥有辽阔的海疆。其瑰丽的景象与丰富的物产，令世人瞩目；21世纪是海洋的世纪，海洋成为人类命运的共同体，成为世界各国关注的焦点。自古以来，中华民族的血脉里就流淌着大海的气质，陆地和海洋共同滋养着这片热土。我国是世界上唯一一个5000年文明没有断裂的国度，近代之前在许多方面都领先于世界，这其中自然包括中华海洋文明，比如在西汉就出现了海上丝绸之路，宋朝的造船和航海技术卓然于世界，更不用说郑和下西洋的壮举早于西方大航海时代近百年。然而我国近代却落后了，而且屡遭列强欺凌，屡受屈辱，而这些屈辱则主要来自海洋。我国近代在海上屡屡遭遇"滑铁卢"，就是因为近代海洋意识的淡漠造成的，这是个惨痛的教训！我们必须汲取，必须正视，中华民族的海洋意识必须加强！幸运的是，任何时代中华民族都不乏高瞻远瞩的仁人志士。以原国家海洋宣传教育中心为代表的海洋人，充分认识到了这一点，他们高屋建瓴，组织策划的我国第一套"中小学海洋意识教育系列教材"——《我们的海洋》，彰显了中国海洋人的责任担当和远见卓识，在这个过程中，许多海洋专家学者踊跃参与，献计献策，他们是我们这个和平时代敢于直面问题的勇士！

　　2016年6月30日，在全国科技创新大会上，习近平总书记在他发表的重要讲话中指出，科学普及除了普及基本的科学知识与基本科学概念外，其主要内容还包括使用技术的推广，科学方法、科学思想与科学精神的传播。海大出版社充分认识到了这一点，在传播海洋知识的基础上，不失时机地开辟了海洋科学文艺的板块，一定程度上这一板块承载着对科学方法、科学思想和科学精神传播的责任和担当。以霞子老师为代表的科普作家正在这一方面做着不懈的努力，我们向他们致敬！

　　回望海大出版社10年海洋科普征程，我作为这项事业的参与者和亲历者，见证了海大出版人创业的激情、过程的艰辛和收获的喜悦。专业、专注、创新、坚定、坚韧，每一套书都是一个动人的励志故事，其背后都得益于一种强大的精神力量的支撑。我社海洋科普事业之所以能取得今天骄人的成绩，总结原因主要有以下方面。

原因一，目标明确，信念坚定，领导有方。

我社历任社领导对海洋科普都很重视，做出了很多成绩，杨立敏社长来社工作之后，我社的海洋科普事业又取得了新的更大的突破。他到任后，抓的头等大事就是策划了"畅游海洋科普丛书"，并迅速组成了团队组织实施。

原因二，选准起点，精细过程，慎终如始。

明确的目标和好的选题策划是做好图书的基础，是方向性的大问题。接下来的落实，具体的技术环节，则是能否实现目标的关键，如同一场战役，既要有好的战略又要有好的战术，二者缺一不可。致广大，尽精微。在想到和得到之间一定要做到。在把握好起点的同时，项目组成员不放过任何一个细节，以新时代的工匠精神，精心编创，用心打磨，直至精品呈现。

原因三，项目运作，取长补短，团队取胜。

俗话说：人心齐，泰山移。没有完美的个人，却有完美的团队。既要充分挖掘每个人的潜力和智慧，又要充分发挥团队作战的配合与互补，使之形成一股高效、强大的合力。包括我自己在内，参与此项目的几乎所有编辑都没有做海洋科普图书的经验，但年轻人积极、主动，有的是创意和冲劲，老编辑内敛、沉稳，有的是做精品图书的意识和经验。团队成员取长补短，精诚合作，和而不同，充分展现了我社集中优势兵力打硬仗的能力。

原因四，攻坚克难，全力以赴，奋力推进。

世界上从来没有随随便便的成功，那些成功人士看似光鲜的背后一定是辛勤的付出，对于初次做这项工作的我们深有体会。我们深知，越努力越幸运，努力不一定成功，但努力一定会更有希望！我们只管努力着，遇到任何问题都不退缩，总是想办法克服解决。幸运的是，多次在工作进展遇到瓶颈的时候，总是遇到"贵人"，比如在我们缺少画手的时候，张潇羽出现了……大概是大家的努力和拼劲感动了上苍，也正应了那句"天助自助者"。

原因五，因热爱而专注，因专注而简单，因简单而卓越。

热爱是最好的老师。没有热爱作为基础，任何事情鲜能做好，因为有了爱才会"热"，才会有真诚和激情，才会有动力，才会生灵感、出智慧，才会专注并愿意付出辛苦。我作为本项工作的参与者之一，对此深有体会。乔布斯说："专注与简单一直是我的秘诀之一。"实际上这不仅是他自己的秘诀，也是苹果公司的秘诀，他通过简单与专注把苹果公司带到一个高度；同样的情况还有我国的华为公司，因为专注和简单他们真正做到了"以行践言"（Make it possible）。简单可能比复杂更难做到，因为你必须努力理清思路，从而使其变得简单，最终它的价值才能达到新的高度，我社大做海洋文章就是抓住了这一点。

收获，一种希望

《流浪地球》中有一句经典台词：希望是一种比钻石还珍贵的东西。

在做海洋科普图书的过程中，我们收获了成长，收获了经验，收获了自信，收获了希望，这对于海大出版社及每位同事都意义重大，表现在以下几个方面。

收获一，强化了特色。特色是什么，特色即是优势，即是不可替代性，即是独一无二，无论对于个人还是一个单位都极其重要。国学学者刘明素先生在他的讲座中说，在起点和终点之间，什么路最短？正确的线路最短。那我社正确的路是什么？自然是海洋特色。做海洋类图书，是我们的立社之本、生存之道，也是发展之基，有着可以大做文章的广阔空间。海洋科普图书的成功运作就说明了这一颠扑不破的道理。每当看到我社的海洋类图书扛回一个个含金量极高的国家级、省部级图书大奖时，一种自豪感便会油然而生！

收获二，锻炼了队伍。俗话说：用人所长没有不可用之人，用人所短没有可用之人。在工作的推进中，鉴于我社的实际情况，社里决定，深挖编辑的潜力，大胆启用年轻人。实践证明，我们这条路是走对了！特别令人欣慰的是，通过这项工作，不仅吸引了外社的编辑加盟我们社，有的学生作者因为参与了科普丛书的文稿编撰而喜欢上了编辑工作，并成为我社极富创造力的编辑；通过这项工作，一批年轻编辑脱颖而出，他们的自信心增强了，视野开阔了，有的成长为编辑室主任，有的成为项目负责人，成长为我社编辑队伍的中坚力量，特别为他们骄傲和自豪！在海大出版社第二次创业的进程中，他们勇挑重担，正以饱满的热情和十足的干劲担负起更大的责任和使命,带领编辑队伍豪迈前行!

收获三,铸造了品牌。有作为才会有地位。在坚持不懈为广大读者奉献精品的同时,出版社也赢得了社会的广泛赞誉,不仅增强了自信,也铸造了品牌,为出版社的发展赢得了更多的发展机遇。如今,不少学校或单位前来邀请我社帮其研发校本教材或海洋科普读物,比如市南区国家教育部项目"基础教育海洋特色课程汇"、青岛银海集团的校本教材和研学课程的开发,等等;就在春节前后,我社又启动了"山东省中小学海洋文化读本"的编创工作……我社多年来辛勤播下的海洋科普图书的种子逐渐在开花、结果。

收获四,提高了境界。海大出版社几乎所有的编辑和所有部门都参与过海洋科普图书的工作。如同当年毛主席倡导的全民皆兵,不成功都不可能。社领导亲自谋划并统筹,年轻的编辑冲在前面,老编辑严把质量关,发行人员积极营销推广,管理人员提供有力的后勤保障。在这个团队协作的过程中,大家在与海洋科普图书结缘的同时,也更深入地了解了海洋,认识到海洋对于我们国家对于我们这个地球的重要性。大家的视野开阔了,不再是为了做书而做书,不再为了营销书而营销书,更拥有了一种出版人的理想和教育者的情怀。

海大出版社海洋科普图书成功的项目式运作,让大家感受到:有一种平台,没有投入,就不会知道温馨如家;有一种交流,没有融入,就不会知道头脑风暴;有一种对话,没有深入,就不会知道豁然开朗;有一种学习,没有参与,就不会知道精彩纷呈;有一种理想,没有执着,就不会知道任重道远。与此同时,大家深切体会到:不是因为拥有了才会付出,而是因为付出了才会拥有;不是因为成长了才会承担,而是因为承担了才会成长。

好风需借力,海洋科普的春天已经来临,我们赶上了一个伟大的时代!

30岁,一个多么美妙的年龄,正值青壮年,雄姿英发,有了积累,有了经验,还有的是冲天的干劲!

30年风雨彩虹,我们一起走过;30年海阔书游,我们共同成长;30年砥砺前行,特色发展更加坚定!

众志绘蓝图,重任催奋进!一事精致,足以动人。我们将编辑出版更多优秀的海洋科普图书，惠及读者，以提升全民海洋意识，助推我国海洋强国梦的实现！

心怀敬畏，心怀感恩，心怀谦卑，心怀希望！既仰望星空，又脚踏实地，心中有一片蔚蓝——那一片浩瀚而深邃的蔚蓝海洋，承载着海大出版人更大的梦想！

回望30年来时路，开启更加美好新征程。30年是一个新起始，这一庄严庆典必将驱策海大出版人以更加昂扬的斗志迈向更加美好的未来！

（作者系中国海洋大学出版社副总编辑，编审）

花絮之一：

2011年，"畅游海洋科普丛书"在哈尔滨书市亮相

花絮之二："畅游海洋科普丛书"谈心得

难得的精彩（《初识海洋》责任编辑邓志科 ）

首先，我为能参与"畅游海洋科普丛书"这一项目，在做书的过程中磨炼成长，感到十分荣幸。

在该书的形成过程中，各位专家对书中很多内容做了深入细致的修改，以近乎苛刻的要求，精心雕琢。特别是本书主编李凤岐老师在审稿过程中，凭着他对海洋科学的理解，以严谨又不失生动的笔触写下的文字，为本书增色不少。

本书的两位作者，赋予了枯燥的科学知识以生动的内容。感谢她们对我的莫大信任，使我能对书的内容做出很多修改。在整个修改过程中，我都抱着惶恐的心情，生怕我的修改会冲淡文字的精彩。

《初识海洋》的制作，凝聚了相关人员的很多心血，因为社委会坚强有序的组织领导、各方面的大力支持，才成就了这份难得的精彩！

鲜活的生命（《壮美极地》责任编辑杨亦飞）

《壮美极地》自酝酿到出版，就像个鲜活的生命，如婴孩般孕育于我的体内，同呼吸，共脉动。在一次次的编校过程中，反复对文字进行推敲、润色；反复核对全部知识点；反复查找、替换、补充精美的图片；反复与设计公司沟通，每次都随稿子附上排版建议和手绘示意图，以期版式更趋完美。

感谢社领导全局把关和不断鼓励、支持，感谢主编的悉心指导，感谢文字、图片统筹的辛劳，感谢所有对《壮美极地》提供过帮助的同事……虽然大家的分工不同，但执着而坚定的心是相同的，做书的过程中，始终互相勉励，相互合作，相互支持。

很幸运，参与了这项有意义的工作，在海大出版社这边沃土之上，找到了适合自己生长的空间，并为我人生的画屏涂下了一抹最绚烂的色彩。

宝贵的财富（《船舶胜览》《探秘海底》责任编辑王积庆 ）

累。这里讲的这个累字，主要是想说：这套书的确是我们全身心投入汇成的一套心血结晶。第一次这么长时间、投入这么大精力做一个项目；第一次连续加班、熬夜、通宵。

学习。从编创到印刷，整个过程是以前没操作过的，从一开始就是两眼抹黑，一步步摸索。在这个过程中接触到的东西都是学习的对象；走过的弯路、总结的教训都是宝贵的经验。

成长。主要指的是在整个过程中，从茫然到淡定、从焦躁到耐心的心态上的转变，对于一个刚接触策划图书的编辑来说，这是一个完整的、全新的成长过程。

趣事。进行到最后阶段，对时间非常敏感。开会讨论的时候说还有5天时间，《探秘海底》那本书二稿还没完，脑子里一片空白。非常怕别人说日期，一听到5月多少号就直起鸡皮疙瘩。最后下厂时，焦虑到晚上做梦都是稿子印出来全部串了一行，午夜梦回，一身冷汗。

可以说，这套书的创编过程，对于我们年轻编辑来说，是一笔无比宝贵的财富，是一次充实的学习之旅，可能我们中很多人将因此而受益终生。

经验与团结（《海洋生物》《海战风云》责任编辑陈琳琳）

刚做编辑的我就有一个愿望，希望我们出版社能拥有一套自己的海洋品牌图书，没想到这个愿望这么快就实现了，而且我荣幸地成为一个参与者。

带着对这套书的憧憬和社领导的信任，我顾不上休婚假就匆匆进入了整个流程，从此开始了全身心扑在海洋科普书籍上的10个月。眼睛因长期面对电脑而出现肿痛、大大小小的假期一律加班工作；作者勤奋认真，主编负责谨慎，社领导用尽心思、精心计划，老总夜以继日审阅稿件，专家的把关、复审的忙碌、找图的辛苦——都深深印在我心里。但劳累和困难怎敌得过大家创造和期待的心情，我们正是因此而坚持！

相信通过这套书我们收获的不仅会是声誉和财富，更是经验和团结！

深深感谢（《航海探险》责任编辑潘克菊 ）

　　我的心得体会只有感谢。这套图书是大家集体智慧的结晶。我现在还清楚地记得，社长为了其中的一张人物图片反复跟作者沟通，一定要征得当事人的同意；老总为了里面的一个细节，不断跟我强调，"海里怎么会有芦苇"；李副总一遍遍核查稿子，协调排版设计，整天埋头在"畅游海洋科普丛书"中；复审的陈杰老师一大早给我打电话，"徐福比哥伦布怎么会早4个世纪？"配图的刘乃泉搜集了好几百张图片给我选择，排版的刘老师一遍遍换图片，力求设计的最佳效果。一本书，凝聚了大家太多的汗水和关注，在此我深深感谢为这本书付出过的每一位老师。

受益终生（《海洋科教》责任编辑滕俊平）

　　近一年的时间，既过得太慢，又过得太快。太慢，是因为我如同一位怀胎10月的母亲，焦急地期盼着孩儿能够健康顺利出生；但时间又过得飞快，每一次翻开稿子，总觉得不放心，总是看了又看，希望能够做得完美无缺，不留任何遗憾。

出版社的同事们，提供了很多的支持和帮助。经过专家一次次的审读，社领导的层层把关，我们的孩子终于在殷殷期盼中降生了。超乎想象的健康和美丽，让我们深深地、深深地长舒一口气，那种发自内心的喜悦是没有参与其中的人所无法体会的。

当看到《海洋科教》封底上自己的名字时，有种莫名的激动。因为这套书，我感受到了团队合作的快乐，体会到了社领导坚定、坚韧而又雷厉风行的做事风格，尝到了头脑风暴的甜头，经历了真正的市场书诞生的痛苦而又快乐的过程，学到了一种新的做书思路。这些都是难能可贵的收获，会使我受益终生。

做编辑的，永远停不下来（《魅力港城》《奇异海岛》责任编辑郑雪姣）

我从去年暑假加入畅游海洋科普丛书编创小组，
并担任《奇异海岛》和《魅力港城》两本书的编辑，
从此我踏上了"不归路"。

自从做了科普书，三更睡、五更起，有木有？！
周末别人逛街，编辑在家看稿，有木有？！
春节别人吃着火锅唱着歌，编辑还在看稿看稿，有木有？！
五一别人爬山摘樱桃，编辑还蹲在印刷厂，有木有？！
做编辑的，想停也停不下来啊，停不下来！！！

半夜起床不是偷菜，趁着网速快，赶紧下图，有木有？！
每天大家见面第一句话就是：你搞得咋样儿啦？有木有？！
看到图片就条件反射：你这图多少万像素呀？有木有？！
身边的朋友都得罪光，各种讽刺与挖苦：哎呀，就你最忙！有木有？！

黑眼圈、气色差，看上去像大妈，有木有？！

对着电脑腰酸背疼腿抽筋，有木有？！

过了青春期，还满脸青春痘有木有？！

化妆品没空买，咖啡屋也没空去！

做编辑的伤不起啊，伤不起！！！

"其他"不是"其它"，"公里"改为"千米"，"台湾"改"中国台湾地区"，有木有？！

数字用法要统一，一字空，半字空；一字线，半字线要分清，有木有？！

时间、地点、人名……每个知识点、每个数据全部都要核实，有木有？！

扉页、版权页、写在前面、结语、致谢、封底、封面一个都不能少，有木有？！

数码样、传统样、蓝纸样一遍又一遍地核对，有木有？！

做编辑的伤不起啊，伤不起！！！

这不是一套丛书，

这是四套、五套甚至更多套的丛书！

因为在它之前，有多少张图片、多少个版面被枪毙、被否决！

因为在它之前，有专家稿、复审稿、排版一稿、二稿、三稿、终审稿等各种稿的修改！

幸好，我不是一个人在战斗，

我折腾完作者折腾专家，折腾完同事折腾领导，折腾完图片编辑折腾美编，

折腾完排版折腾印刷厂，折腾完复审终审折腾发行，折腾完财务折腾行政！

无论你是在去外地看老婆孩子的路上，

还是已经改稿改得想要呕吐、想要跳楼，

只要情况需要，

我都想方设法地折腾你！

而你，总是配合得那么好！

所以，我希望

下次还有机会再好好地折腾你！！！

除了折腾，在反复地打磨中编校水平明显提高了，有木有？！

各大搜索引擎，特别是图片引擎用得更加熟练了，有木有？！

对图片、对版式有自己的想法了，敢跟设计人员叫板了，有木有？！

跟印刷厂第一次亲密接触，熟悉了整个印制流程，有木有？！

不管这些是"有"还是"没有"，

做编辑的，永远在路上，

想停也停不下来啊，停不下来！！！

现在书出来了，

心酸、辛苦都是浮云！

这套丛书，

它虽然不是完美，

但在我们的心中，却是最美！

发行部的同事们，就看你们的了！

一定要大卖、热卖，万人空巷地卖、往断货里卖！

因为，所有人的心血，你们伤不起！

加油啊！你们不是在独立战斗，

你们懂的……

以文"赶海"（《壮美极地》作者孔晓音）

作为海大文科生，海洋地理情结似乎并不亚于理科校友。刚好要写的是拥有企鹅和北极熊的酷寒两极，主编又是到过南北两极的赵进平教授，一种欣喜油然而生。于是立下决心，要呈现出最为壮美瑰丽的极地世界。在主编的指导下，一次次修改，一次次校订，不仅雕琢了文字，更磨炼了自己的韧性。这一本文字结晶，是另一种意义上的赶海。畅游海洋，造访极地，获得的是体现在过程中的严谨精神和勤勉态度，这本书对于我的意义正在于此。

破茧成蝶（《魅力港城》《奇异海岛》作者吴欣欣）

多年身为海大人，心中对海洋自然有着特殊情怀。承蒙海大出版社领导的厚爱，我有幸参与了"畅游海洋科普丛书"中《魅力港城》和《奇异海岛》两本书部分文稿的编撰工作。历经许久紧张的撰写以及反反复复的修改琢磨之后，丛书终于破茧成蝶，振翅待飞了！欣喜之余，不禁回望，感慨顿生。这套丛书会让你眼前豁然开朗——走近海洋，它牵系着生命，承载着文明。只消张开双眼，舒展四肢，放飞好奇的心绪，畅游于海洋之中，便可随着知识激荡漂流，岂不乐哉？

实属荣幸（《初识海洋》作者王晓）

作为《初识海洋》文稿编撰者之一，见证了"畅游海洋科普丛书"的诞生。一次又一次的头脑风暴，让这个珍贵的作品在构思上越来越成熟。按照主编李凤岐老师的指导，守住科学性和趣味性这两大基本原则，贯穿于编写过程。20多本海洋专业资料书是科学性的保证，保持童心又在文字中注入亲和力是每次动笔写时在心里默念的。各位专家和出版社的心血铸成了这套精品丛书。而我能在其中留下一笔痕迹，渐渐成长，实属荣幸。

坚持海洋特色，出版学术精品

魏建功

热烈祝贺中国海洋大学出版社建社30周年！

我是1978年考入山东海洋学院海洋生物学系海洋生物学专业学习的，1982年毕业留校任教，任助教、讲师、副教授，曾担任海洋生命学院环境生态教研室副主任、主任，海洋环境实验室主任、海洋生态系副主任。1996年6月调到出版社从事图书编辑工作，至今已经23年，先后担任自然科学编辑室主任、编辑部主任、社长助理和副总编辑。在海大工作37年，应该说工作时间的近2/3是在出版社度过的。回顾20多年的图书编辑工作，有欣慰，也有感慨。

结缘出版社

我是1996年6月出版社停业整顿期间到出版社工作的。说起来，到出版社工作并非我的本意，而是领导动员和劝说的结果。坦率讲，从一个教师身份变为一个图书编辑，我的内心很挣扎，当时的希望是仍然兼着一门课程的教学任务，遗憾的是由于编辑工作任务的繁重没能实现，完全脱离教学工作至今让我难以释怀。另外，在办理调整工作时还有一个小插曲，我到出版社工作既没有学校的调令也没有学校任命，所以到人事部门办手续还是处长电话询问分管校长后办理的。具体办理人员告诉我，到出版社后，我的副处级待遇也就不享受了。当时没有多想，我是干业务的，不看重职务，后来看经济上还是有点亏。这都是命运的安排。

记得到出版社后，办公室发给我的用品是一把尺子、一把剪刀、一瓶胶水及铅笔和橡皮，这就是当时做编辑的全部家当，因为那时还是用铅字排版。我担任责任编辑的第一部书稿是《海岸工程环境》，作者是我校地质系常瑞芳老师，是社长李建筑安排的，书稿文字手写稿和硫酸纸绘好的图、表是分离的。我看到书稿时头都大了，因为书稿中图、表、公式都有，这样的书稿对一个刚刚涉足编辑工作，连公式符号的正斜体都分不清的新人其难度可想而知。当时的陈万青老总和谢洪芳社长劝我找社长换一种纯文字的书稿，但自己没好意思开口给社长添麻烦，只能硬着头皮做下去。还记得，当时书稿不像现在，是电脑转好版的纸稿，图、表及公式都基本排好了，而是编辑除了内容及文字把关外，还要把每个原图及原表应该缩放的比例、在文稿中的位置、原图缩小后在书中占多少行及多少字要一一标注，公式中的符号正斜体及上下标也要一一标注，只有这样，印刷厂才能排版。这时才知道，发的尺子是用来量图表的大小，以便计算图表的缩放比例，剪刀是用来裁剪图表的，胶水是用来粘贴图表的。记得在编辑加工过程中，无数次地请教陈老总和谢社长，给他们添了不少的麻烦。因此，我的编辑业务能力是在他们的精心指导及自己的艰苦努力中积累起来的。应该说，我是通过编辑《海岸工程环境》，基本掌握和熟悉责任编辑工作的。

定位海洋特色

通过一段时间编辑工作的实践和相关理论的学习，记得在一次分管校长来社里主持的座谈会上，我发言时谈了两个建议。一是建议出版社人员编辑化，编辑人员学者化。出版社人员编辑化有利于编辑、营销及管理人员的轮岗流动，避免本位主义；当时大学出版社的编辑面对的书稿主要是学术专著和教材，编辑学者化是指编辑要熟悉学科发展情况，有利于与作者沟通和完善书稿内容，避免不懂专业而说外行话。二是建议要紧紧依靠学校的海洋学科及涉海单位校友多的优势，打造全国海洋学术著作和教材的出版基地，当海大出版社的海洋学术著作出版比肩科学社，海洋教材出版比肩高教社，高水平的涉海学科作者主动找上门时，才能真正彰显出海大出版社的海洋特色。后来出版社先是把海洋图书列为重点板块，逐步调整为全国海洋水产类图书出版中心的目标。

作为毕业于涉海学科及有14年涉海学科教学和科研经历的编辑，我把图书出版选题建设也定位于海洋特色。后来，由于出版社实行量化管理，社里对海洋特色选题也没有很完善的激励政策，我在保证完成任务的前提下，始终坚持海洋特色图书选题的建设。回想一下，每年策划组稿海洋特色选题，多则有十几种，少则有几种，20多年积累下来，经我本人策划组稿及责编出版的图书也有一二百种。应当说，自己为出版社海洋出版特色的建设、充实和发展做出了积极贡献。

坚持就有回报

20多年来，海洋特色一直是我坚持的选题建设方向。我策划组稿并担任责任编辑的海洋图书社会效益显著：有的成为作者获得国家科技大奖的组成部分，如《原生动物学专论》（宋微波编著）；有的为学科建设发挥了积极作用，如"海洋生命科学实验教材"（7种）、"水产科学实验教材"（6种），分别是国家海洋生命科学实验中心、国家水产科学实验中心申报批准的重要条件；有的为我国的水产养殖业发展起到了积极推动作用，如"最新海水养殖技术丛书"（8种）、"海水健康养殖技术丛书"（6种）；有的为海洋学科的教学提供重要支撑，如教材《海洋无脊椎动物学》（杨德渐等主编）、《海洋脊椎动物学》（武云飞主编）、《海藻学》（钱树本主编）、《原生生物学》（宋微波等译）、《海洋恢复生态学》（李永祺、唐学玺主编）、《海洋生物学》（张士璀主编）、《水产动物生理学》（温海深主编）、《海洋生物活性物质》（李八方主编）等；有的获得国家及省部级优秀图书奖，如《中国海洋鱼类》获得2016年度"中华优秀出版物奖图书奖"，该奖项是出版界三大国家级奖项之一，每两年从全国出版的100多万种图书中评出100种，是海大出版社建社以来首次获得国家级大奖，为学校和出版社争了光。作为这套书的策划组稿人、责任编辑及国家出版基金项目负责人于一身的我，也感到非常荣幸，该书还获得国家海洋局、中国海洋学会、中国海洋湖沼学会、中国太平洋学会2016年度海洋优秀科技图书以及山东省"改革开放40周年40本优秀鲁版图书"；《海藻学》《海洋恢复生态学》分获国家海洋局、中国海洋学会、中国海洋湖沼学会、中国太平洋学会2015年度、2017年度海洋优秀科技图书；"海水健康养殖技术丛书"获得2005~2006年度山东省优秀图书奖；等等。

《中国海洋鱼类》的出版历程

大家现在看到的《中国海洋鱼类》，首先得益于我的海洋生物学专业背景和14年的涉海教学科研工作经历。这使我对海洋生命科学的方方面面了解比较全面，又加上到出版社工作后对国内图书出版市场的调研成果。应该是在新世纪初，我一直有两种书想策划出版，一种是出版一套《中国海洋生物图鉴》，供从事海洋生命科学及海洋生态调查人员使用，因为在教学科研工作中，"图鉴"比"志"和"图谱"更实用；另一种是出版一套《中国常见海洋生物图典》，供市民或青少年认识海洋生物阅读，该书曾在社里论证选题时提出过，并请发行人员调研市场，后被搁置。当我调研《中国海洋生物图鉴》出版的可能性时，有几位学者告诉我，国家海洋局三所的黄宗国先生已经得到海洋局专项资金支持，组织全国的相关专家撰写，因此就把这事放下了。到了2004年，在我策划出版"海水健康养殖技术丛书"的《海水鱼类健康养殖技术》时，在与该书的作者水产学院高级工程师张美昭（张美昭是陈大刚老师的女婿）进行编校交流时，得知陈老师要编著《中国海洋鱼类及其分类检索》，这引起了我的关注。当时考虑到一是书稿正在构思中，二是这么优秀的作者所编著的著作未必属意在海大社出版，所以没有妄动。虽说如此，但一直与张老师保持联系并关注着书稿的进展。到了2010年，当我从张老师那里知道陈老师的书稿快要完成时，就请张老师问问陈老师有没有确定出版社，能否在咱海大出版社出版，并且我承诺，如果同意在海大社出版，我争取由出版社全额资助出版。当得到陈老师同意在海大社出版后，我便给杨社长做了汇报并得到了鼎力支持。在后期与陈老师的交流中，我发现书稿主要以分类检索为主，只有几十万字。这又让我记起出版《中国海洋生物图鉴》的梦想，加之黄宗国先生主编的书已经出版，不是有关学者告诉我的《中国海洋生物图鉴》，而是《中国海洋生物种类与分布》（增订本）和《中国海洋生物图集》。经与陈老师进一步交流，了解到陈老师手头有每种鱼的原色图片时，就提出了增加每一种鱼的原色图片及形态特征简要介绍的建议。陈老师采纳了我的建议，这才有了现在的三卷本、版权字数近2000万的《中国海洋鱼类》。这也算是圆了我出版《中国海洋生物图鉴》的梦。

第二，得益于遇到了优秀的作者。陈大刚老师当时近80高龄，编著《中国海洋鱼类》既是儿时的梦想、年轻时的愿望，也是上了年纪人的寄托，更是为学科建设的使命，没有浮躁和功利。学生命科学的人都知道，要编3000多种鱼类的分类检索表，其工作量和难度巨大，通常都是团队合力才能完成，而《中国海洋鱼类》由一个近80岁的老者和其合作者两人完成，非常令人敬佩。所以，在编辑交流的修正过程中，我们编辑团队承担了大量应该作者核实的事情。

第三，得益于杨立敏社长的鼎力支持。杨社长从申报国家出版基金到经费的筹集、编审团队组建都亲力亲为，保证了图书的顺利出版。

第四，得益于专业编审团队的支持。首次见到书稿，我也非常犯愁，这厚厚的清样就是看一遍估计也要3个月。当时社里就我有海洋生命科学专业的学科背景，经社长同意，又让两个有理科背景的编辑协助我，在我的指导下分工审核书稿，由于他们对海洋生命科学的术语都不懂，第一遍清样出来后并不理想，甚至出现把对的修改成错的情况，所以我的压力很大。在进一步与陈老师沟通后得知，采纳我的建议后新增加的每种鱼的文字描述，陈老师没能来得及统稿就交给了出版社，内容又汇集了多个渠道的资料，这导致很多地方前后不一致。陈老师希望拿回去统稿后再给我。可要是等陈老师统稿后再进入编辑加工阶段，肯定不能按时出版。就在艰难推进和准备请外编（有生物学专业背景）协助的时候，出版社招进了两位海洋生物学博士，其中一位还是博士后，解了燃眉之急。有了她们的参与，编审团队历时一年多时间，对书稿进行了七八遍的文字修正、术语的规范，付出了巨大心血，这才确保了图书顺利出版。

回望《中国海洋鱼类》的出版历程，不得不说，机遇都是留给有梦想的人，专业的事需要专业的人才能做出精品，一般讲编辑懂专业才能帮助作品升华。

对我来讲，我是幸运的，遇到了优秀的作者和优秀的作品，也遇到了优秀出版人的鼎力支持。

《中国海洋鱼类》获得国家的中华优秀出版物奖，在出版界的难易程度及含金量可以比肩于国家科技界的三大奖项，这是海大出版社成立30年的丰硕成果，也弥补了我从教师转变为图书编辑后心中的遗憾，也是对在出版社工作20多年、明年就要退休的一个老编辑的工作的认可，为此我感到庆幸和欣慰。感谢作者的信任，感谢领导及同仁的支持。

另外，很高兴地告诉大家，由海大出版社出版、笔者担任总主编的《中国常见海洋生物原色图典》（6卷），已经完成编校工作，近期将与读者见面。

祝海大出版社越办越好，精品图书层出不穷，国家大奖喜讯连连！

（作者系中国海洋大学出版社副总编辑，编审）

我与出版社的"前世今生"

刘文菁

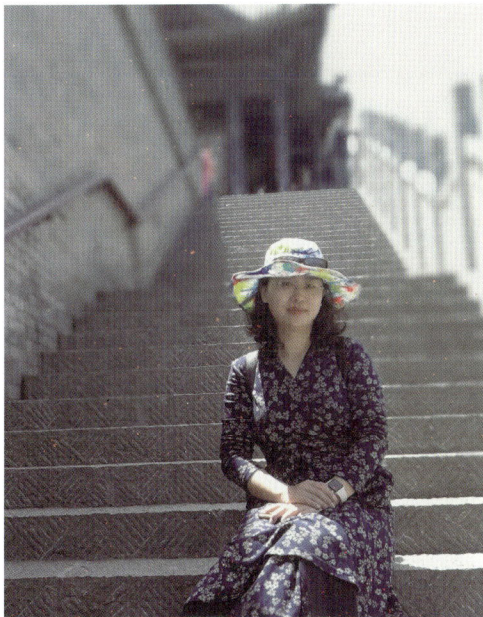

  2019年6月2日，我将与出版社在职56位同事一起迎来出版社的30岁生日，心中感慨良多。尽管到出版社工作不到3年，但是我与出版社的渊源可不止这3年。

  2008年12月，教育部、新闻出版总署将中国海洋大学出版社列入第二批高校出版社体制改革工作范围。当时我在学校党委宣传部工作，也是出版社体制改革工作小组成员，参加了几次出版社体制改革工作会议。我记得当时是在崂山校区行远楼二楼会议室，相关部门一起解读教育部、新闻出版总署的文件精神，讨论制定出版社体制改革具体办法。这应该是我参与出版社工作的起始。

  2015年4月，我和宣传部同事参加教育部在重庆召开的工作会议，期间接到了杨立敏社长的电话，说出版社想申报国家文化项目，而我的学生正好在北京部委任职，可以帮助了解项目申报的相关情况。所以我毫不犹豫地从重庆飞往北京，联系我的学生和杨社长见面，就项目申报的相关要求和指导建议进行了具体沟通。我心里也为自己能对出版社的事业发展有所帮助而感到欣慰。

我在宣传部工作期间还参加了几次出版社重点图书新书发布活动，负责校内外媒体的宣传报道和记者的组织协调工作。这是我的分内工作，也是了解出版社工作的一个侧面。

2016年7月，根据学校安排，我到出版社工作，开启了我与出版社的"今世书缘"。我喜欢书，从以前的读书人、写书人到现在的做书人、卖书人，我从没想过可以和书这么近。

初到出版社，我从博士生变成了一名"小学生"：出版领域的专业知识从头学起。很多术语充斥在眼前、耳边，可是我只认其形不知其意；许多工作扑面而来，没有前章可循，只能摸着石头过河。那段时间我压力特别大，可是工作责任心和不服输的性格又不允许我退缩。所以，一方面不断鼓励自己，尽管已过不惑之年，但是要勇于接受挑战，边学边干；另一方面鼓励同事，先耐心地把我教会，然后我会努力追赶大家，和大家一起并肩作战。终于在大家的热心帮助下，我在出版大熔炉里快速地锻造成长着。

通过和大家的交流沟通，我很快确立了自己的工作方向，一方面以需求为导向，从自己熟悉的工作入手，抓文化建设和党建工作。

于是我和美编室同事一起更新了出版社的宣传阵地，建立了出版社宣传栏、荣誉墙；和发行的年轻同事一起重建出版社微信公众号，自主推送文章百余篇；和年轻编辑一起组织设计具有出版社特色的文化创意产品；组织录制2018年北京图书订货会图书推荐视频资料；组织向海南永定岛、青岛格兰德小学、青岛二中等单位捐赠图书公益活动。通过多种形式，提升了出版社的影响力和美誉度。作为支部副书记，积极回应党员们的意见建议，和大家一起梳理支部建设相关材料，建立健全党员日常教育管理、积极分子培养、专题学习等制度，促进支部建设的规范化；组织党员通过自学、集中学习、专题党课、实践活动等多种形式，学习党的十九大报告、习近平新时代中国特色社会主义思想，正确把握国内外形势的新变化新特点；深入推进"两学一做"学习教育制度化、常态化，抓好党员日常教育管理；加强对入党积极分子的培养，推荐两名同志参加党的基本知识学习班，吸收一名同志加入党组织，为党组织增添了新的力量；推荐两位编辑室主任加入学校民主基层组织。

另一方面坚持问题导向，结合自身专业和分管工作，推动出版发行工作发展。2016年到2018年，正值国家加强出版领域管理的时期，也是出版社内部运行机制改革的过渡期，我的任务就是充分调动大家的工作积极性，完善相关制度，保证工作的顺利开展。通过调研，建立了编辑室与发行部联系机制，每个编辑室对应一名发行人员，建立选题策划、图书编辑、出版发行等环节编辑和发行的无缝对接，改变传统模式下编辑与发行相互割裂、各自为政的局面，初步实现了编辑和出版的有机融合。探索自主策划市场图书的有效营销方式，成功组织《骑龙鱼的水娃》重点图书出版项目在青岛市图书馆的首发式，随后组织编辑发行团队与作者紧密配合，先后在青岛、宁波、海口的20余所中小学开展推广和宣讲活动，3个月内销售图书15000册，取得了良好的社会效益和经济效益。和发行同事一起跑市场、拓思路、固渠道，打造"蓝色阅读与推广计划"营销品牌，有序推动海洋类图书的阅读推广和市场销售，图书发货量和销售码洋逐年增长。助推"海洋图书出版基地"建设，组织重大出版项目"大海国学术文库"出版工作，《中国海洋文化史长编（典藏版）》（国家十一五重点图书规划有序实施项目）于2017年1月正式出版；组织申报山东省社会科学普及与应用优秀作品评选，2017年"海洋启智丛书"获一等奖，《科学·人文·未来》论坛实录获二等奖，2018年"中国海洋符号"系列丛书、"舌尖上的海洋"科普丛书获优秀作品奖；农家书屋重点出版物推荐目录上榜书目从2017年的4本、2018年的7本，到2019年的15本。

在出版社工作期间，因为书缘、海大缘、海洋缘，我结识了很多新朋友，学习到了很多新知识，也开启了一方成长的新天地。

一曲高山流水，诠释了相遇最美，半阕唐风宋词，婉约了流年光阴。心书相融，万物生晖，一道美丽的风景，瞬间在心里定格成永恒。

（作者系中国海洋大学出版社副书记、副社长、副总编辑，副教授）

感谢有你

徐永成

　　时光荏苒，来社里工作已近18年。至今犹记18年前的7月里，我怀着美好的憧憬、满腔的热忱，来到社里，结束了学生时代，开启了人生的新篇章。那时，咱们社还在大学路，海大鱼山校区二校门附近。

　　虽然没有想象中的高楼大厦，也没有窗明几净的大办公室，但是社里的人都很热情，社里到处洋溢着家的气息，尤其是院子里的老槐树，让我时常想起小时候上树掏鸟、下水捞鱼的惬意生活。

　　入职不久，就经历了社里的"抗洪救灾"——当时社里行政办公的平房地势比较低，雨水过大时，就会流入办公室。现在想来，和同事"抗洪"的情景也成了我记忆中的珍宝，值得永久珍藏。

前辈告诉我，编辑是良心活，是一项为他人做嫁衣的工作，成为一名成熟的编辑，至少需要3年的时间。听后，我开始在工作中慢慢体会。在领导和同事们的帮助下，我开始了解字数的算法、印张的算法、开本的区别，从图书校对开始，慢慢地深入图书出版的全部流程。我开始学着如何确定字体、字号，如何确定标题占行，如何确定版心，如何修改书稿，如何使用修改符号。我开始朝着一名责任编辑的道路，缓步前行。

随着编辑工作的深入，我知道了什么是重大选题备案，什么是"双重一大"，什么是重点图书出版规划。我懂得了"研究无禁区、出版有纪律"的真正含义。

2002年，我参加了新闻出版总署组织的新编辑培训班。通过培训班的学习，我深刻了解到作为一名编辑，除了要有专而博的知识，还要具备高度的政治敏锐性，这也是一名合格编辑首先要具备的素质。前事不忘，后事之师。坚持正确的出版导向是出版社的根本所在。

起初，我对成为一名成熟的责任编辑至少需要3年时间是怀疑的。后来通过自己的成熟经历，才明白确实不假：经验的积累、作者的认可，都需要时间；作者资源的开发和维护，更需要时间。

编辑的工作是枯燥的，枯燥中又有乐趣在。每天枯坐在办公桌前看书稿，一天下来，头昏眼花，枯燥无比，但是我慢慢地喜欢上了这份给书"挑刺儿"的工作。每当在书稿中发现问题，并且得到作者的认可时，一种成就感油然而生。这种成就感就是我的乐趣所在。我欣喜地看到：通过自己创造性的工作，使书稿的内容得以提升，让优秀的书稿锦上添花，更让一些达不到出版要求的书稿起死回生。编校书稿时，我常怀惶恐之心，总怕遗漏错处，发现错处时，又常怀忐忑之心，唯恐将对改错，为此总是多方查证，图书下厂时往往是这种情绪集中爆发之时，核红、核对胶片，审读书稿，只有当书稿完全脱手，开完印制单，进入印刷程序后，悬着的心才会彻底放下，如释重负。每当新书出版，拿到手里，我做的第一件事就是，打开图书，闻一闻那沁人心脾的墨香，此时一种满足感溢满全身，付出终有回报！

2007年，我的工作由编辑业务转为行政管理。繁杂的事务性工作之余，我依然坚持责编或复审书稿，并且开始关注其他部门的工作。角色的转变使我对社里的工作逐渐有了全面的了解，我开始理解编辑和发行相辅相成的关系，出版社是车，编辑、发行是车的双轮，而其他部门就是车的润滑剂，各个部门缺一不可。只有各部门全力配合，车才能全速前进，出版社才能健康发展。

出版社是一个充满人情味的集体，在这个大家庭里生活、工作，我感到幸运，幸福。在这里，真诚地感谢每一位给予我帮助的领导和同事！谢谢你们！

人们常说"三十而立"，"而立之年，学有成就"，今年是出版社的而立之年，我为出版社今日的蒸蒸日上而骄傲，也衷心祈望出版社在杨社长的带领下，砥砺前行，取得更加辉煌的成绩！

（作者系中国海洋大学出版社办公室（总编室）主任）

同庆三十华诞，共谱出版新篇

韩玉堂

　　社庆30周年是件大事，社领导聚全社之力，拟隆重推出纪念文集《心中有蔚蓝》，号召大家分头准备，撰写相关文稿。笔者自1992年内调海大出版社工作至今，倏乎已26年余，真是光阴荏苒，弹指一挥间，期间经历6任社长及诸位社领导和同事。作为出版社一名年龄较大、工作时间较长的职工，我不但要好好完成领导布置的文稿作业，更感到这是一个难得话语机会、一份责任和一点义务，因而义不容辞。

　　我撰写本文分两个部分。一则，往事如烟，浮想联翩，近来夜不能寐，过往印象深刻之片段一幕幕纷至沓来，遂稍加梳理凝练，不揣浅陋，不事雕琢，率然成篇，俱以古风体呈现，凡六篇，一千又八字，庶几挂一漏万，贻笑大方。二则，作为从业20余年的专职编辑，感悟回思较多的还是长期从事图书编辑工作的些许心得体会，因而可能篇幅稍长，不妨作为侧重的部分。

忆昔

其一：谢洪芳任社长时期

（1989年5月至1996年5月）

挂牌开张不寻常，活动板房办公房。

平易近人面容善，部长赴任首社长。

从无到有多初创，迎来送往成惯常。

千头万绪大小事，跑前跑后费思量。

初创团队七八人，组稿编稿卸书忙。

个个充当多面手，争做谦让互助帮。

事无巨细亲历为，何曾感觉高大上。

员工利益关痛痒，嘘寒问暖热心肠。

同甘共苦等闲视，身先士卒是榜样。

勠力同心一股绳，日日忙碌群情昂。

人忙心畅时光短，冬去春来不觉长。

最是岁末总结日，畅所欲言说无妨。

每思团聚阖家欢，何期重逢话家常。

天命之年好怀旧，不事回忆也难忘。

（注：谢社长由党委组织部部长赴任出版社首任社长。）

其二：李建筑任社长时期

（1996年7月至1999年2月）

办公改善进平房，继任社长政策强。

教师出身慎言行，长握笔杆擅文章。

还记系内阁楼中，刻版孜孜无倦容。

难忘校园来回路，加班迟晚行匆匆。

三审三校严要求，编校质量视生命。

民族宗教政治关，千叮万嘱记心间。

拙校成语组群典，曾被省局质抽检。

优秀等级差错率，每举此例相励勉。

倡行省俭缩开支，节流间接增效益。

自以看稿尚仔细，相较老总欠功底。

总编任久职责重，把关提携不遗力。

（注：①李社长由党委政策研究室主任调任出版社社长，1999年2月改任总编辑。②笔者曾参与编辑校对出版《汉语成语组群词典》，省局质检抽查差错率为万分之零点二五，确定为优秀等级。）

其三：刘宗寅任社长时期

（1999年2月至2000年9月）

调任总编自泉城，从此社内喊刘总。

继任社长口难改，见面仍然呼原称。

身材魁梧体魄健，大步流星声如钟。

曾效省体篮球队，左冲右突咸中锋。

雷厉风行效率高，废寝忘食无时钟。

机制改进成效显，设法调动积极性。

编辑成立项目组，整合优化职责明。

亲率编辑赴省城，科技社内取真经。

注重编辑再学习，学位提升业务通。

书城良言犹在耳，遍览群书动真容。

如今依旧审阅忙，余热发挥夕阳红。

（注：刘社长由山东教育研究所所长调任海大出版社总编，后任社长。）

其四：李学伦任社长时期

（2000年9月至2003年3月）

地院常务副院长，教授任上执教长。

地质学界老前辈，桃李芬芳遍地香。

世纪之交甫上任，没日没夜前后忙。

开源节流严律己，精打细算费思量。

审时度势抓机遇，拓展选题向海洋。

蓝色国土课题深，此类板块不可量。

涉海院校联络紧，科研院所出差常。

殚精竭虑印象深，秉公无私德高尚。

平易和蔼可亲近，虚怀若谷不张扬。

扶持晚辈授技艺，不厌其烦传带帮。

年逾七旬勤奉献，公交地铁穿梭忙。

（注：李社长由海洋地球科学学院常务副院长调任出版社直属党支部书记、副总编，
后任社长。）

其五：王曙光任社长时期

（2003年3月至2010年1月）

药物所长业务强，升任社长分外忙。

勇于开拓创新路，雷厉风行君擅长。

教材先行固根基，海洋教育双增长。

业绩提升效益高，职工利益是首想。

再次改善进楼房，浮山校区正门旁。

编辑灵活上下班，更多精力工作上。

节约时间体力省，效率提高效益长。

组稿策划不放松，展销营销助推强。

编校质量抓不懈，奖惩分明人心向。

身体透支何曾怨，事业为先怎称量。

调任书记岗位变，社情始终挂心上。

（注：王社长由中国海洋大学海洋药物研究所副所长调任出版社副社长，后任社长。）

其六：杨立敏任社长时期

（2010年1月至今）

继往开来思路清，策划海洋图书精。

确立目标特色社，海洋世纪大海情。

涉海图书成抓手，背靠海大学科雄。

立足打造海大版，科普专著双引领。

目标明确政策定，项目频组纷践行。

励精图治奔走忙，多少金点加班中。

九载积累不寻常，海洋图书数百种。

优秀图书全国奖，政府出版奖中强。

多年沉淀名渐盛，媒体读者点赞声。

八月北京研学会，笔者被围颇动容。

纷纷加联留姓名，赞誉科普成共鸣。

海洋教材进海南，小学初中和高中。

蓝色国土藏奥妙，海洋知识受追捧。

突出特色争强社，美好明天是前程。

（注：①杨社长由中国海洋大学控股有限公司总经理调任出版社社长；②例举笔者应邀参加2018年8月23日北京海洋研学分论坛发言后的场景，说明我社海洋科普类图书在业界的影响力；③海大出版社策划出版的中小学海洋意识教育教材《我们的海洋》已在海南省全面推广使用。）

反思做好图书编辑工作需要具备的品质

结合自己20多年编辑工作，笔者归纳图书编辑的职业品质主要包括豁达的寂寞感、高尚的道德感、强烈的责任感、深厚的文化感、清醒的使命感五方面。

一曰：豁达的寂寞感。我觉得，对于一名编辑，对于"替人作嫁"的图书编辑工作而言，寂寞是金。首先，"耐得住寂寞"是编辑工作内含的、基本的要求。编辑接稿后，都希望有一个安静的环境、稳定清静的心态去审稿，并且希望不间断地将稿子看完。只有如此，才能全神贯注地投入具有再创性特征的编辑审稿活动中，才能冷静思考和处理原创作者稿中提出的观点和存在的问题，与作者进行思想交流，修正稿件纰漏、差错，编辑出版高水平、高质量的图书。假如是在环境嘈杂、心情浮躁的情况下去审稿，或者是在时断时续状态下去审稿，势必会直接或间接影响自己对书稿的准确把握和客观评价。其次，编辑要想与时俱进，就必须抓紧点滴时间学习。只有不断学习，才能提高自身素质，更好地适应编辑工作需要，才能有所成就。爱因斯坦说过："最终造成人与人之间差异的，取决于人的闲暇时间是如何度过的。"而学习过程中也需要耐得住寂寞。

编辑的所谓寂寞，是成熟稳健之心理素质的外在化表现，是不温不火、有条不紊地审阅书稿时的沉着与冷静，是挥却了喧嚣嘈杂后的宁静与安详，是滤除了浮躁虚幻后的深邃与练达。编辑的寂寞有着独有的职业诠释，编辑的寂寞需要修炼，编辑的寂寞是一种品质，编辑的寂寞绝不是孤独，编辑寂寞得值！

二曰：高尚的道德感。恩格斯说过，每个行业都各有各的道德，这是指职业特质而言。师德曰"学高为师，德高为范"；医德曰"救死扶伤，治病救人"；商德曰"货真价实，诚实可信"。可见职业道德是与社会分工联系在一起的，是与职业的社会作用、社会功能、社会责任联系在一起的，是从业人员在职业活动中应当遵守的道德。

编辑职业道德是指从事编辑工作的人们在出版物编辑出版过程中应遵循的道德。它是编辑应具备的工作准则和行为规范。职业道德的核心是爱岗敬业。编辑的敬业精神表现为对书稿编校质量的负责。朱熹说过："敬业者，专心致志以事其业也。"近代大编辑家、商务印书馆创办人之一的张元济就是专心致志的典范。历史上流传下来的《二十四史》谬误不少，他主持编纂了百衲本《二十四史》，为求得图书质量，寻觅善本，他走遍国内所有的藏书楼，抄录、摄影、比较、甄别，真是呕心沥血。这部《二十四史》共3301卷，820册。编完后，张元济先生一页页校对3遍，付印时又一页页签上自己的名字，以示负责。他从事编辑出版工作长达60年，对任何事情都认认真真，一丝不苟。邹韬奋先生也说过："我不愿一字一句我所不懂或不称心就随便付印。""看校样时聚精会神，就和写作时一样，因为我的目的不让它有一个错字。"这就是编辑的敬业精神的体现。我们周围有不少平凡的编辑具有这种不平凡的精神。有一位少儿知识读物的编辑在审读稿件时对描述骆驼走路的样子拿不准——骆驼四条腿是如何迈步的？为此，他专门跑到动物园去观察，他说绝不能让孩子得到错误的知识。

编辑职业道德是影响出版物编校质量的重要因素，所以编辑在处理稿件时要对其思想内容、语言文字等方面高度负责。如果粗制滥造，错误百出，错别字连篇，误人子弟，就违背了编辑职业的本质功能，是不道德的。另外，职业道德是行业道德，是与行业竞争联系在一起的，只有高质量的图书在市场上才有竞争力。编辑要编出高质量的图书，就必须有敬业之心。

三曰：强烈的责任感。早在1997年施行的中华人民共和国新闻出版署令第8号《图书质量保障体系》第9条就明确规定"坚持责任编辑制度"的具体措施，指出责任编辑"除负责初审工作外，还要负责稿件的编辑加工整理和付印样的通读工作，使稿件的内容更完善，体例更严谨，材料更准确，语言文字更通达，逻辑更严密，消除一般技术性差错，防止出现原则性错误"。显然，该法令条例对编辑的工作职责进行了明确说明。笔者认为，编辑职责主要表现在两个方面：一是政治敏锐性；二是职业敏锐性。

先说政治敏锐性。在我国，编辑所从事的职业是社会主义制度下党的新闻出版事业。这就要求编辑出版的图书必须具有科学性、传承性，弘扬时代主旋律，宣传积极向上、符合人民群众根本利益的健康文化。因此，编辑的职业责任感首先表现在必须具有高度的政治敏锐性，从大局着眼，避免犯原则性错误。一般而言，作者、尤其是人文社科领域的作者的书稿，是其思想的物化形态。作者的政治色彩必然或隐或显地在著作中有所流露。这就要求我们编辑坚定不移地坚持党的路线、方针和政策。审稿时，不仅要辨析其理论是否具有科学性，还要辨明其政治倾向性，严把政治关，向读者提供优质的精神食粮。

再看职业敏锐性。如果说政治敏锐性强调"从大处着眼"，那么职业敏锐性则强调"从小处入手"。审稿中遇到的技术性差错既有诸如逻辑结构不完善、内容材料欠妥等大的方面问题，但更多的是诸如标点符号不规范、错别字等方面的细小问题，可谓五花八门。笔者认为：对于书稿中的差错，没有大小之分，要高度重视，认真修改，力争消除，不能存有侥幸心理。有一句话"下雨天留客天留我不留"10个字，标点符号位置不同，意思便迥然不同了：一种标法断句为"下雨天留客，天留我不留"；另一种标法为"下雨天，留客天，留我不留？"可见，一个小小的标点因位置不同竟能把意思彻底改变，能说小差错可以忽略吗？

谈到职业敏锐性，这里顺便提及在审稿中存在的一些认识误区。误区一：名人书稿，不会有问题，因而解除心里戒备，不严格认真地进行审读，只草草浏览一遍了事。当年商务印书馆周振甫先生对于钱锺书《管锥编》的审读，使原作避免了可能发生的一些纰漏，即是一例明证。误区二：书稿中的文章已经在报刊上发表过，来稿又非常清楚、整洁，因此产生麻痹思想。误区三：依赖和相信作者已核对过引文，编辑不再校对，这也是危险的。误区四：书稿已请专家外审，科学性、技术性不会有问题，因此不进行认真审稿。以上认识误区无须再加论证，显然都是片面和有害的，审稿中必须加以克服。

四曰：深厚的文化感。编辑通过再创性劳动，把大量心血倾注在审阅作者的作品中，以弥补作者作品之不足，使作品观点更鲜明准确，论证更全面充分，论据更典型有力，结构更严谨周密，脉络更清楚明晰，衔接更紧密自然，语言更流畅贴切。可见，要真正做个好编辑并不容易，必须不断学习，广泛积累，具备深厚扎实的文化功底。编辑要知难而进，自觉地刻苦钻研业务，努力填补知识空白点，向读者学、向作者学、向书本学、向同行学、向实践学、班上学、班下学……学无止境。编辑人员应当始终把加强自身的学习和提高放在重要位置上。

只有通过不懈的学习，不断提高自己的政治思想水平、专业理论水平、编辑业务能力、写作能力和文字水平，才能及时了解和把握自己编辑领域研究的动态、趋势和前沿，策划组织有新意、有创见和有突破性的高水平选题；才能正确地判断和评价稿件，对稿件提出正确的修改意见，进行准确的文字加工；才能与作者进行沟通和讨论，帮助作者提高稿件的质量；才能把握好宣传导向，贯彻好编辑方针。此外，编辑最好结合专业特长搞一些创作，这也是培养深厚文化感的一个重要方面。我认为，经常写些东西，会懂得和掌握写作规律，这对审稿并与作者交流会大有裨益。否则，可能在某些方面误解作者，甚至会把鲁迅的"在我家的后园，可以看见墙外有两株树，一株是枣树，还有一株也是枣树"的特有语言氛围，简化修改成"我家的后园，可以看见墙外有两株枣树"。巴金曾经说过：他当作家的时候，误解过编辑；当编辑的时候，又误解过作家。既当了编辑又当了作家，对二者的关系才有了比较全面的认识。

书山颂华夏 砚海藏百家（韩玉堂书隶篆二体书联）

　　五曰：清醒的使命感。一提起编辑工作，人们常说的一句话就是：编辑是在替别人做嫁衣裳。我认为这句话只说对了一半。一方面，编辑工作本身要求每位编辑人员都要把自己的全部精力投入组稿、审稿和校稿中，而且要日复一日、年复一年地重复这个过程。作为一名合格的文字编辑，就是要为提高稿件的水平和

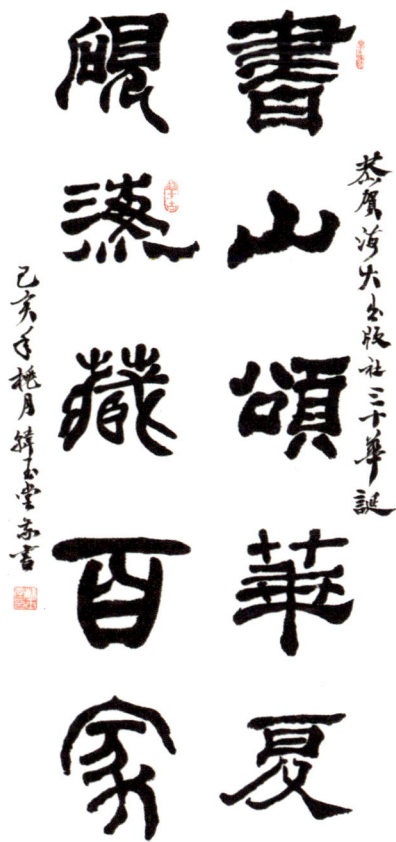

质量而伏案工作，把自己的全部才华和智慧都毫无保留地、毫不吝啬地奉献出来。如果只从对作者本身角度来讲，这的确是在替他人做嫁衣裳。但另一方面，编辑人员实际上所面对的不只是作者，而是整个社会。自己的奉献，不仅给了作者，也给了社会乃至全人类。因为，作者写作品，也是为了社会。作者的成名成家，是在为社会做贡献过程中实现的。因此，编辑完成每部稿件，不单是为了作者，更是为了社会。从这种意义上讲，编辑人员在传承文化、推动人类文明的发展和社会进步方面担当重要角色，背负崇高使命。我们越向社会推出更多更好的精神食粮，人们的文化素质就会提高得越来越快，社会的精神文明就会越来越加强，人民群众就会生活得越来越健康、幸福，社会就会越来越进步，国家就会越来越繁荣富强。只有从这一视角去看待和认识编辑工作，才能热爱编辑工作，才能把自己的编辑工作同人生价值及对社会的贡献联系起来，才能无怨无悔地树立起孜孜不倦的敬业精神，心甘情愿地把自己的全部智慧和才华奉献出来，编辑出版高质量、高水平的双效图书。事实上，编辑工作的使命感恰好体现在它对人类文明的传承和发展所发挥的不可或缺的社会作用上，因而清醒的使命感必须也应当成为编辑的重要品质之一。

　　上述历任社长时期本人情感回忆及多年积累的一点编校心得，权当抛砖引玉，就教历任社领导和诸位同事。文中疏漏或不妥之处，祈请大家批评教正。

　　　　　　　　　　　　　（作者系中国海洋大学出版社第一编辑室主任，编审）

风正好扬帆，更上一层楼

纪丽真

启程

1996年7月的青岛，是一个明亮、美丽的季节。走出学校大门、刚刚研究生毕业的我，来到中国海洋大学出版社，任职编辑，这是我的第一份工作。记得那时的出版社，位于学校鱼山校区四校门旁，是两排并不讲究、依地势而建的略显简陋的平房，但这并没有影响到我迎接新生活的美好心情；记得在那个小院子里，同事们热情、欢迎的笑脸，让我感到温暖。

我很快就被安排了工作。为了更好地让我熟悉工作、进入角色，我与出版社的老领导、前社长谢洪芳老师在一个办公室。虽曾执掌出版社多年，但谢社长为人谦和，有亲和力，业务上更是尽力帮助年轻人。在他的指导下，我很快熟悉了编辑工作，能够独当一面地开展工作。因为毕业于师范院校，故省内此类院校的一些业务，如山东师大、曲阜师大等老师的书稿出版工作，交由我负责。出差联系业务，开始也是由老同志带领，在这个过程中我用心地多看多听多学，慢慢地，自己就能独立出差与作者沟通了。

当时的出版社，规模尚小，20多人，大家对我这个新人，给予了足够的关照。记得刚工作的两三年，每年冬天在北京召开的全国图书订货会，单位都安排我们年轻编辑去实地学习，当时没有动车，我们与发行科的同事们一起坐着拉运图书的大货车进京，虽然天寒地冻、路途遥远、不停颠簸，但是大家都很照顾我，至今想来仍然难忘。

除编辑室，出版社还有办公室、出版科、发行科、财务科等部门，各部门是一个有机整体，大家协同合作，才能推动出版事业向前发展。当时各部门经验丰富的同事们，发挥了很好的传帮带作用，使我们年轻人能尽快了解出版工作的运转流程，以便顺利地开展工作。

在大家的共同努力下，出版社在不断前进。2006年，在学校的支持下，出版社整体搬迁到了浮山校区产业楼，新环境激发了大家的工作热情，出版社的事业也迎来了新的发展。

成长

我的成长之路，离不开自己的努力和坚持，更离不开历任领导的支持、同事的帮助。

2003年，顺利地评过了副编审职称。2006年，拿到了山东大学文学博士学位。2011年，成为编审；同年，成为学校中国史专业的硕士生导师。2012年，被评为山东省首届优秀中青年编辑。

"倡导工匠精神，做学者型编辑"，是中国编辑学会的倡导。从入职起，我一直想努力成为一名学者型编辑。因此，工作之余，始终没有放松对专业的学习和研究，节假日也多被用来看书学习。2003年，在时任社长王曙光的支持和同事们的帮助下，我考取山东大学博士，并于2006年经过艰辛的努力获得博士学位。2009年，在学校文科处的基金支持下，我出版专著《明清山东盐业研究》，并获青岛市社会科学优秀成果一等奖。这给了我很大的鼓励。2018年获得一项国家社科基金项目。在此，既要感谢曲金良教授、修斌教授等师友的指导，还要感谢文科处各位老师的大力支持。坚持不懈的专业学习，一方面，开拓了视野，提高了工作能力，增强了职业敏感；另一方面，能从专业角度，提出并指正书稿中的问题，一定程度上可以提升图书质量，得到了作者的认可和好评。

至今，我责编或负责的图书，获得过全国教育图书奖、教育部优秀科研成果奖、山东省优秀图书奖、山东省社科优秀成果奖等各类奖项40多项，这与我坚持成为学者型编辑的努力是分不开的。

提升

近几年，随着国家海洋战略的提出，在杨立敏社长的带领下，出版社加强了海洋类图书的策划、组织，出版了一系列优秀图书，如"畅游海洋""中国海洋鱼类""中国海洋符号"等。不仅获得了国家出版基金的多次立项，还获得了国家优秀出版物奖、新闻出版总署的优秀科普读物奖等，取得了社会效益和经济效益的双丰收，作为其中一员，我感到由衷的骄傲和自豪。

这其中，在社领导的安排下，我担任了"人文海洋普及丛书"（吴德星总主编，6册，2012年出版）、"中国海洋符号丛书"（盖广生总主编，7册，2017年出版）、"中国海洋文化史长编（典藏版）"（曲金良总主编，3册，2017年出版）、"中华海洋学人系列丛书"（于志刚总主编，已出版2部，不断推出中）的项目负责人，与各团队成员一起，高质量地完成了任务。这些丛书出版后，屡获大奖。以"中国海洋符号丛书"为例，迄今为止，已先后获得2017年度国家出版基金项目资助、2018（首届）山东省科普创作大赛一等奖、山东省第五届社会科学普及与应用优秀作品奖，以及自然资源部"2019年自然资源优秀科普图书"等。

以上项目，都是出版社自主策划的。杨立敏社长亲自主抓，团队成员群策群力，成为项目完成的重要保证。作为项目负责人，我收获颇多：首先，锻炼、提升了工作能力。项目完成过程中，既要协调作者、编辑、出版中的问题，组织大家不断推进工作，更需要不断学习，才能在内容上提出建设性建议。值得强调的是，大家每次都能克服时间紧、任务重、要求高等各项困难，保质保量地完成任务。其次，思想上得到洗礼和教育。2018年在出版《传奇教授——侯国本》（中华海洋学人系列丛书之一）的过程中以及"侯国本百年诞辰纪念活动"上，侯老关心国家经济建设和海洋事业发展的爱国热情与责任感，坚持真理、大公无私的担当精神，令人敬佩、感动，很受教育。

目前，正在担任"中华海洋学人系列丛书""中国海洋保护区档案"的项目负责人，在今后的工作中，我将一如既往地发挥专业特长，努力完成任务。需要指出的是，出版社这种项目同时正在进行的还有"珊瑚礁的秘密"等多种，由此可见海大社弘扬优秀海洋文化、提升全民海洋意识的担当精神。海洋类图书的出版已经成为我社近几年最大的特色和亮点。

致谢

时光飞逝，岁月如梭。我在出版社已经工作了近24年。多年以来，我一直能发挥自己的专业所长，组织选题；一直能以认真负责的精神，处理每一部书稿；一直能把社会效益放在首位，力争出版高质量的图书，为读者提供丰富的精神食粮。

二十年磨一剑。我从一名助理编辑，成长为副编审、编审；从一名初入职场的新人，成长为经验丰富的终审人员；从一名年轻编辑，成长为山东省优秀中青年编辑。

回首20多年在出版社的岁月，有风雨，也有彩虹；有汗水，也有喜悦；有平淡，也有精彩；有挫折，也有成长！

合抱之木，起于葱茏。出版社至今规模尚不很大，所有职工50人左右，但她一直是一个其乐融融、齐心协力、不断奋斗、勇于创新的大集体，这离不开每个人的爱岗敬业。

2018年我女儿考入海大的海洋科学专业，如此一来，我们一家人都成为"海大人"，在海大，或工作，或学习。海洋大学的蓬勃发展、蒸蒸日上，对于我们，与有荣焉。

一路走来，有太多感动需要铭记，有太多人需要感谢：

感谢学校领导长期以来的支持；

感谢老师们的帮助，感谢作者的信任；

感谢出版社历任社长的培养和指导，谢洪芳、李建筑、李学伦、刘宗寅、王曙光、杨立敏；

感谢各位同事的相帮相助！

当代社会，虽然受到数字化出版、多媒体出版、阅读习惯的冲击，图书出版的发展空间受到影响。但是，相信在建设文化强国、加强全民阅读的国家战略下，在"特色立社，文化引领"的发展理念下，在大家兢兢业业的努力下，在各方的支持下，出版社一定会有更大的发展和更辉煌的明天。

长风破浪会有时，直挂云帆济沧海！

值此建社30周年之际，展望未来，衷心祝愿：风正好扬帆，更上一层楼！

（作者系中国海洋大学出版社第二编辑室主任，编审）

向着光

张华

　　2003年秋天的一个夜晚，刚刚成为一名编辑的我，独自一人在小楼上加班赶稿子。电话响起，竟是作者李老师和他爱人王老师知道我没顾上吃饭，专门送来了晚餐。道了谢，取了餐，我在办公桌上边吃边看稿，心底的温暖一圈圈荡开，那份信任和感动至今还清楚地记得……

　　2012年春天，周末的午后显得格外漫长。经过几天的疲劳作战，我长舒一口气，转身在《海洋文学》的清样上签了字，匆匆逃离。连续三天，在印刷厂那个狭小简陋的办公室里，我和几位同事盯机改版连轴转，紧张地进行着"人文海洋系列丛书"的印前审核工作，从图片到文字，不敢放过每一个细节。渴了，顾不上喝水；累了，也舍不得离开，只想赶紧排队盯着调完那些调了不知多少遍的文件，尽早完成任务后赶紧撤退。印厂车间弥漫着的那种浓重的油墨气味和机器轰隆轰隆连续转动的响声，妥妥地封印了我对于印刷术所有美好的想象和记忆。

2015年10月，又是一个秋天，海南岛上椰风迷人，阳光正好。我和同事轮班坐在酒店大堂桌前，一页页地在名单上查找登记前来参加海南省海洋意识教育教材培训的诸位代表。"您好！请问您是哪个学校？""请拿好您的会议材料！"三米八齿保持微笑的五星级标准会务服务已让我笑肌僵硬，前一天的会务材料整理和图书打包也让我腰酸腿痛。晚上11点多收工时，大家看着彼此的"兔子眼"相视一笑，心里却生出了未曾有过的踏实和自豪——瞧，我们的业务版图已经扩大到了祖国的海南岛！

今年，海大出版社就要30周岁了，而我也迎来了自己在这里工作的第17个年头。17个春夏秋冬，我和出版社一同经历，共同成长，有过低潮，也有过彷徨。曾经有段时间，因长期与固定模式的书稿打交道、思维比较局限，我一度找不到前行的方向而渐渐有了职业倦怠感，觉得做什么都提不起劲儿来。2010年，休完产假归来，我发现出版社在短短半年左右的时间里，慢慢有了一些变化——工作节奏快了，每个人都忙了起来；书稿越来越多，出版项目一个接一个，图书的结构和重心也发生了变化。还没来得及到原地等候，我便踏上了开往春天的地铁。变化是不知不觉的，一段时间过后，我察觉到了自己心态的转变，变得更愿意去接受、去改变，更有自信去面对未知和挑战。之前的迷茫与困惑被查资料、选题、项目讨论、找设计等诸多事项所替代，忙碌也让平淡的日子有了颜色——这一切，仿佛一道光，透过迷雾，照进我的心里。

改变已然开始，我告诉自己尽力跟上节奏，不要掉队。于是，有了后来一系列连续多年占据社里销售榜前列的教材，有了海洋意识教育相关图书的加班加点，也有了各种学习磨炼和新的成长。几年前的某个夜晚，无意中看到一个专业公众号上赫然列了几个大字，"没有深夜痛哭过的编辑，不足以谈出版"。我立刻心虚，原来只知道没有在深夜痛哭过的人不足以谈人生，现在又具体到了自己的行业，扎心啊！曲折自然是家常便饭，编辑也都是凡人，遇问题焦躁困顿时，恨不能长出三头六臂，但对书稿各种恨铁不成钢的互相吐槽过后，自然还是要回到原位，渡劫飞升，继续修炼。幸运的是，经过艰难探索，出版社终于明确了自己的根本定位和发展方向，华丽地蜕变，拿到了多种全国性大奖和国家出版基金项目，扎扎实实地交出了成绩单，而我在和出版社一路同行的路途中，也付出了努力，收获了成长。

我是爱书之人，闲时逛逛书店挑书看书并偶尔收为己有，实为平凡生活中的小确幸，那种淡淡的幸福感让普通的日子有了温度。做编辑后，除了看书挑书时更为挑剔之外，每每看到好书，我心里总会不自觉地想到自己的工作，想到有一天也能出一本自己喜欢、自己满意也让社会和市场认可的书，这大概是每个编辑的职业情结吧！可在被烦琐日常包围的时刻，我却常常忘记静下心来想想一个编辑的"远方"。和杨社长的一次谈话深深地触动了我，谈话的具体内容、时间、原因等等都记不清了，但只有四个字清晰地刻在了我的心里，那就是——追求卓越。我忽然理解了，理解了他带领社里发展的拼劲儿，理解了在安逸和奋斗面前他所做的选择。这四个字是他的"远方"，是他心里的光，人真的是要有一点精神的！从那之后的很多次，当我想要懒惰、想要逃避的时候，这四个字时时会冒出来提醒我、督促我，让我继续前行。

都说陪伴是最长情的告白，6000多个日子中，海大出版社在发展，我也在成长。她看到过我曾经的迷茫与失落，我也理解她一路以来的寻找与探索。我像成千上万个普普通通的编辑一样，在每个与书稿相伴的庸碌平常的日子里，疲惫用力却认真努力地工作着、生活着。记不清多少次了，很多作者把自己的研究著作发过来，充满信任地全权交付给我；也记不清多少次了，我拿到干净整洁、印刷精美的新书，收到作者发自肺腑的真诚感谢，那些在深夜台灯下一页页翻看书稿的辛苦，那些过程中的花样周折和耗费的心力，会在那短暂的一瞬中变得平淡而遥远！

海大出版社30周岁了，我很高兴能有机会和回忆重逢。我仔细回想着这17年来自己在出版社经历的重要时刻，却发现光影匆匆，在我的生活中刻下痕迹最深的，却还是那些让我又爱又恨的书稿，它在我的生活中如影随形，让我不断调整步伐，与之和谐相处。还有那些互相陪伴的伙伴，我在他们身上能看到自己年轻时的影子，也能看到未来的我，更能不时地照见自己的不足，让我保持警醒。感谢他们一直以来的包容和帮助，因为有时不经意间的一句话、一个举动可能都会照亮他人，成为温暖的力量。

30年昂首阔步，17年风雨同舟。祝福我们的出版社，祝福她未来拥有更多的高光时刻，祝福她乘风破浪，追着光，永远向前。

海大出版社，下个路口见！

（作者系中国海洋大学出版社第四编辑室主任，副编审）

出版风云 30 年

高悦午

那些年，那些事

1989年，出版社成立。当时，出版社只有四间房，就开始了轰轰烈烈的出版事业。随着出版事业的发展，陆续成立了编辑室、排班室、发行科、出版书店。人员队伍逐步扩大，从成立的几人增加到了十几人，出版社的发展规模越来越大。

创业艰辛，领导带头吃苦耐劳、无私奉献。人员少，工作任务重，编审加班加点。没有条件，创造条件。想当年，发行将大量教材分包运输到全国各地，尤其是山东各大院校，每次都保质保量地完成任务。那时，出差一天60元补助包括所有的费用（交通费除外），跑营销出差一般都是半个月以上，一年四季不间断。

没有人抱怨，也许是那个年代人人都有一种竭尽全力做好本职工作的精神，把出版社当成自己的家，为家而努力着。

在几任社长的带领下，一直以来，我们努力着，不断求发展，出版领域不断创新，从年出版几十本到每年出版成千上万本，获奖图书几十种，挂满了墙面。这些荣誉不知融入了多少人的辛勤汗水。作为出版社的一分子，心里美滋滋的。

在通讯不畅的年代，我们做发行工作需要外勤推销，每次出差都是大包小包，装着沉甸甸的样书，风雨无阻、漂洋过海、东奔西走，推销图书产品。当时出差每天补助是60元，买不到卧铺就坐硬板座，坐几十个小时。就在这种情况下，我却一直热爱着这份工作。如今出门，高铁飞机，装满样书的大箱子也丢掉了，回头看出版社风风雨雨30年，庆幸我们同在一起，感念一起奋斗过的日子。

做发行工作，没有耐力，没有吃苦耐劳的精神是很难坚持到现在的。后悔过吗？没有！虽说过去的条件不如今天，可那个年代的人就有那么一种对工作的爱，寒冬腊月、酷暑煎熬，都不叫苦，甚至带病依然默默工作着。回想当时出版社出版大量的大中专教材，每年的夏季和冬季都是教材发行时间，没有仓库存放，就放在现在印刷厂的大院里，每天都要几十包、上百包地打包运输。在这种条件下，要及时发送货物，还要及时核对做清单，开学跑学校书款，一段时间再跑外地推销收款。就这样，年复一年、年复一年，我走了28年。

幸福的日子

出版社的发展到至今，每一届领导班子都付出了心血，每一届领导都精心规划着出版社的蓝图。从几间草屋到如今的大楼，出版社从速度规模发展到如今的精品出版。出版改革随着市场的变化而变。

1999年，出版社成立了教辅部；2001年，出版社成立了发行二部。教辅部整整走了10年，10年的经营可以说从无到有，在出版教辅的道路上积累了很多的经验。虽说没有大的发展，但这也是出版社整体战略的考虑。发行二部经营了二年半，当时二部经营条件不成熟，在这种情况下我们自由组合、自负盈亏，发行范围为山东省内，年任务量回款160万。当时社长提出后，社委会成员很担心是否能够完成。在边干边找认同的情况下，我们找到了潜在的市场需求，每个人积极努力地跑学校，跑市场，建立更多的市场窗口，第一年就完成160万的任务，每一个员工拿到了第一桶金子；第二年的任务170万，每年按10%增长，在全体人员的努力下，很顺利地完成任务，拿到了第二桶金子；第三年180万，我们半年就完成了全年回款80%的任务。虽然后来由于战略调整，发行二部不再存在，但是在此我想感谢工作人员在二年半的时间里吃苦耐劳、兢兢业业做出的奉献，也说明了一点：努力付出就会有回报，不见风雨怎见彩虹？做二部这个项目所走的路，一点也不后悔，心里很踏实。如今发行工作环境变了，人也变了，发行工作的方式方法也变了，但那份奋斗的心依然在。

苦带着咸

从事发行28年，28年经历了许多，看到了出版社一步一步走过的路、取得的荣誉，总是不由得感叹，里面包含着一届届领导和员工付出的努力和心血。

对于我而言，领导给我起了个雅号叫"社会学博士"。什么是社会学博士？那就是28年与社会接触的经验和工作阅历，在一定意义上，这是对我28年努力奋斗的肯定。出版社创业的苦，在发展中的苦，政策导向变化的苦。每个员工在自己的岗位上默默付出，有苦有甜就是人生最大乐趣。

教辅部成立时，唯一的资源就是合作出版，出版社与当时教辅做得最好的滨州专科学校教育资源研究中心严志理合作出版高中教辅图书，这也是出版社第一次出版教辅，既没有销售经验也没有出版经验，时任社长的李学伦带领全体编辑到滨州驻扎编审稿件。当时正是滨州最闷热的三伏天，在这种条件下，一周的时间，全部的三审三校编审完成出版。8月份边印刷边销售，到9月份发行销售200万码洋。在销售过程中，由于对教辅销售经验不足，在收取货款时出现问题，为及时处理货款的问题。时任副社长的王曙光，在寒冬腊月租车去滨州处理问题，在行驶中还差点出现交通事故，好歹有惊无险安全抵达，及时沟通，解决了销售回款问题。

在那种艰苦的条件下，我们从来没有怨言，没有叫一声苦。开学前期，我长期驻扎在滨州，一待就是一个月。教辅销售做得好时，一个学期的时间，销售回款能达到实洋100多万。后来，我们与济南的世纪金榜合作出版，合作主要以胶东半岛为销售区域，每年的销售营业额在200多万元，后续与烟台新纪元公司、梁山金太阳公司的合作发展，同时也为自主开发教辅产品打下良好的基础，先后出版了《初中总复习》《高中专升本例题100卷》等。每年给社里增加选题60多个，提高了社里的收益，也让我在工作中得到了乐趣。发行工作就是这样，付出热情才能做好工作。28年来，虽说工作变化较大，欣慰的是，付出无比快乐。

我的28年，有苦有乐，有酸有甜。庆幸的是，我依然精神饱满。一个时代有一个时代的变化，出版社的下一个30年，希望发行的年轻人用新方式、新方法把发行工作做到一个新高度，也衷心希望出版社越来越好！

（作者系中国海洋大学出版社发行部业务经理）

追忆似水年华

王英

    1990年10月，我高中毕业，生活中不必时时恐惧随时到来的各种考试了。我每天闲荡，享受着属于我的青春。家人却非常着急，不知我以后的路怎么走，能有一份什么样的工作。能玩的日子也太短，很快我进入海洋大学印刷厂。印刷厂在海大鱼山校区的四校门外面，一座三层的小楼，院子里天天机器轰鸣，工人们忙忙碌碌，穿着脏兮兮的衣服把书搬进搬出。

    计算机，对于我来说，还是相当陌生的东西。那时的我，不知计算机是干什么用的。好吧，先从简单的打字开始学习。我以临时工的身份开始认真学习打字，学习五笔，学习北大方正。

    微机室是印刷厂最干净的地方，窗明几净，进出都要换鞋。5位漂亮的姐妹已经干得非常熟练，每天轻松愉快地敲打着键盘，文字在计算机上跳舞一样蹦跶着。年轻的我，动起手来，一点不比她们差。两个月后，我打字的速度就可达到

1分钟150字左右。我喜欢这份工作，喜欢一行行的字在我手下轻轻跳跃，喜欢看到屏幕一页一页上翻。唯一有点缺憾的是，厂长非常凶。听说他是当兵出身，每个工人都像他的兵一样，稍不听话就得挨他的骂。姑娘们在一起总有说不完的话，聊不完的天。我们手下忙着敲打，嘴上也不闲着，小声地欢快地说着，笑着，耳朵却还要竖着。因为，厂长随时随地悄悄来检查工作，如果我们在说话，他就会大喝一声，然后开始叽里咕噜骂上一通，吓得我们个个缩着脑袋，生怕让他点名臭骂。咳，怎么还跟小学生一样，天天被人盯梢。

工作间隙，看到院子中间的二楼平台上，有几间蓝白相间的简易板房，进进出出的人好像个个文质彬彬，非常有礼貌，不像印刷厂的工人一样，粗枝大叶的。当时我还在想，如果能到那工作就好了。机遇不约而来。出版社，一听就是高大上。

应该在1990年年末，出版社也成立了自己的微机排版室，我在印刷厂也正好学成功就，过去正好可以接书稿了。当时的社长是谢洪芳，一位和蔼可亲的领导。副社长是孙庆和，一位看似大大咧咧，却也是聪明能干的人。两位领导对待我们这一帮小姑娘，可不像印刷厂那位厂长，张口就骂。只要我们提出困难，总是尽快想办法解决，给予微机室几个女孩最大的信任。我庆幸当时的选择。当时分管微机室的汪望星老师，她是湖北武汉人，来青岛工作那么多年，乡音未改。

她给我们安排书稿，计算工作量。我记得第一本接手的活儿就非常棘手，是一本词典。对于我来说，打字是没有问题的，但在排版格式上经常碰到不少问题。社领导就聘请软件公司的专业人员来给我们培训，许多技术上的问题也迎刃而解。当时，我们有2个月的试用期，试用期满我顺利通过考核，成为出版社的一员。当时出版社的办公条件非常差，板房夏天晒透，冬天冻透，可是我看到大家都尽职尽责做好自己的工作。那时的微机室在三楼的一间屋子，工作环境比在板房中的要好得多，冬天工作时不会冻得拿不出手。这中间，微机室的女孩，进进出出，换人比较频繁，只有我一直在坚持。后来还跟淄博恒业印刷厂合作过一段时间，对于我来说，工作一直是愉快的。

转眼间，几年过去，1995年出版社搬到了学校二校门附近的办公场所，较之前的工作环境，这儿已经好很多。大家在社领导的带领下，信心满满，努力工作，为自己的幸福生活奋斗着。福利、奖金比学校的一些老师们好。1996年，出版社因一本书受到牵连，开始停业整顿，这对出版社的效益影响非常大。

后来，学校新委派的杨立敏社长来了。在他的领导下，出版社成立了新的领导班子，大家集思广益，制定新的目标，确立了"特色立社，文化引领，学术为本，教材先行"的企业发展理念，依托中国海洋大学完整、强大的海洋学科综合实力，先后出版了500余种高水平的海洋与水产科学领域的教材专著，具有鲜明的海洋特色，先后获得国家级、省级优秀图书奖、政府出版奖等200余项；获得省部级优秀教材奖、学校优秀教材奖100余项。出版社发生了翻天覆地的变化，在学校占有了自己的一席之地，这些荣誉对于充满生机与活力的社领导班子和社成员来说，是来之不易的。

在即将到来的30年社庆之际，我祝愿我们的出版社发展得更加辉煌。我们也努力把工作做得更加扎实、更有成效，出版社定会得到更大的发展。

（作者系中国海洋大学出版社办公室（总编室）业务主管）

出版社的三次搬迁

战维丽

2019年海大出版社迎来建社30周年。我是1992年进入出版社工作的，27年时光，和出版社一起成长，见证着出版社从一个孩童成长为一位壮年，见证了30年间出版社的三次搬迁。从最初的活动板房到现在的产业大楼，每一次搬迁都是一次蜕变。30年弹指一挥间，有风雨兼程的艰辛，有砥砺前行的脚步，更有取得成绩的欢呼雀跃。

1992年樱花初放之时，我来到出版社位于红岛路47号的读者服务部。那时候的读者服务部有一个很雅致的名字——琼林书苑。书苑位于红岛路海洋大学四校门斜对面，这里是海大学生和海军部队官兵出入的必经之路，每天到书店光顾的读者络绎不绝。书店的名著和专业图书销量不错，在这里我度过了8个月与书为伍的快乐时光。

1997年4月，参观电视塔活动

冷暖自知活动板房。1993年初，我到出版社财务部工作。财务部的办公室位于红岛路海洋大学印刷厂院内二楼的一排活动板房里。当时财务部是手工记账，算账还是用算盘。板房里有一间社长室，一间财务室，一间编辑室，一间出版科的办公室，还有一间会客室。办公条件非常简陋，冬季寒冷夏季炎热，然而那时没有人抱怨，在谢洪芳社长的带领下，大家齐心协力，克服困难，共谋发展。

"独家小院"大学路9号。随着出版社的发展，社里新添了编辑力量，小板房已经容纳不下新进员工。1995年初，出版社搬到了大学路9号。这里的办公条件比小板房好多了，终于能在像样的房子里办公了。有了会议室，编辑室也有了分工，最开心的是有一个大院子。从1995到2006，11年的时光，有许多情景记忆犹新，令人难忘，比如，每次印刷厂送书过来，刘爱琴老师一声招呼，大家便放下手里的工作，一起去卸书；当时，在欢声笑语中大家排成一排接力式卸书，成为海大校园里一道亮丽的风景线。记得有一次，暴雨之后，水位迅速上升，会议室进了水，大家一起"排水抗洪"，那种紧张着急的忙碌、大家齐心协力排水的情景依然映在眼前。在这里，我学会了做广播操的标准动作；社里还组织一起学电脑操作，从开始接触电脑这个新事物，到现在熟练地用电脑办公，从内心感激出版社这个大家庭的培养。2003年，在王曙光社长的主持下，财务部告别了手工记账，实行了会计电算化……还有往事历历在目，美好的点点滴滴在岁月的长河里化成了一股暖流，长久地流淌在心里。

明窗净几产业大楼。2006年，出版社迎来了第三次搬迁，搬到了海大浮山校区产业大楼，从潮湿的平房搬到了海景大楼里。坐落在浮山校区的这座蓝色玻璃的产业大楼，背靠浮山，面朝大海，环境优美，在这里，出版社一步步发展壮大。特别是2010年杨立敏社长到出版社以后，狠抓海洋特色，相继出版了很多令国内同行和读者称道的海洋类科普图书以及一些海洋教材和专著，社会效益和经济效益一年一个台阶，蒸蒸日上。还在海南和淄博相继成立了分社，出版社的队伍日益发展壮大。社里更换了新电脑，升级了新软件，年销售收入早已突破3000万。

海大出版社的三次搬迁，是出版社发展过程中的三次飞跃。从白手起家到一步步发展壮大，作为亲历者和见证人，我为能成为海大出版社的一分子、成为这个大家庭中一员而感到幸运。在此特别感谢多年来支持和帮助过我的领导和同事们，感恩生命中的遇见！我将一如既往地在自己的工作岗位上努力工作，为这个温暖的大家庭尽自己的一份力。祝福海大出版社不断走向更加美好的明天！

（作者系中国海洋大学出版社财务部会计）

相逢是种缘

——我与出版社的 16 年

邵成军

　　虽然一上学就开始了与书的缘分，但限于当时的条件，小学接触到的书主要是语文和数学教材，自己课外看的书基本上没有。到了初中，我才算真正开始读自己喜欢的课外书，尤其是喜欢看散文和历史。那时候没有太多的钱去买很多课外书来读，于是手头那几本《少年文艺》《大千世界》以及历史教辅书我看了又看，有时甚至忘了吃饭。

　　初中放了暑假，我都要去地里帮父母干农活。我常常是一边慢悠悠地干着活，一边开始了自己的神游：我想自己以后要在杂志社工作，而且是文艺类杂志社，那样便可以天天看自己喜欢的书了。那时候不知道这个社会上还有出版社这种机构，但是想象着自己在杂志社工作，是否可以说今天在出版社工作，二十六七年前就有了铺垫？

高考时填志愿，我第一志愿报的是南开大学，不知自己怎么想的，专业里面竟然填了"编辑学"。也许是一个人骨子里喜欢什么，做选择的时候都会不由自主地往上靠。"不幸"的是，我也报了提前志愿，虽然当年也达到了南开的录取分数线，却被海大英语专业"提前"录取了。这似乎离"编辑"远了。直到研究生毕业前，年轻气盛的我一心想去外地找工作，做编辑的念头也被其他"远大"志向给冲淡了好多。但毕业时我还是回到了自己幼时梦想的起点，来学校出版社做了一名编辑。我十三四岁时在庄稼地里干农活时梦想自己大了做编辑，到25岁时真正成为编辑，最初的梦想就像一个有巨大力量却又无形的磁场，最终将我这颗小小的螺丝钉给吸了过来。

刚参加工作时出版社还在鱼山校区。操场的西边，一个安静的小院子，几排传统风格的红瓦房，还有一栋小楼上的三个房间，就是出版社的全部家当了。员工也不多，总人数30左右，编辑约占1/3。那时候出版社的员工中事业编制占多数，但是，谁也没想靠编制吃饭，大家都知道，出版社是企业，企业就要靠自己的本事生存。虽然条件简陋，人员也不多，但是大家都很敬业，都为出版社有一个美好的未来努力工作。至今都不能忘记那个年代，社领导都很关心普通的员工，为新员工排忧解难；不能忘记那个年代，出版社各个员工就像兄弟姐妹，像一家人。

后来出版社迁到了浮山校区产业楼，也就是现在的办公场所，出版社硬件有了很大的改善，为今天的腾飞奠定了物质基础。特别是2010年之后，出版社进入了新的发展阶段。社委会根据新的出版大环境，调整了出版方向，带领全社在海洋科普方向努力，做出了百余种凸显海大特色、市场效益显著的畅销书；在传统学术专著方向，坚持大部头、高水平的原则，做出了获得中华优秀出版物奖图书奖的《中国海洋鱼类》等在全国有重大影响的图书；现在，出版社又以海洋文学为抓手，开始了二次创业。出版社的员工也由早期的30人左右发展到了今天的60人左右，由原来的两个编辑室发展到今天的六个编辑室与两个分社。如果说我们早期是相亲相爱一家人，我们今天就是一个繁荣兴旺的大家族。

出版社的发展是全体员工努力工作的结晶，主要领导在其中发挥的作用尤为关键。俗话说，火车跑得快，全靠车头带，这话一点都不错。在2010年以来的奋斗征程中，忘不了杨立敏社长刚来出版社就深入工作，废寝忘食，带领大家用了3个月的时间讨论政策，确定了出版社发展的大方向；忘不了杨社长事无巨细亲自抓，既做到了举重若轻，又做到了举轻若重，既坚持了规章制度的严肃性，又充分体现了人性的温暖；忘不了李夕聪副总编辑对工作忘情又"痴情"的投入，在全社大会上激情又动情的发言，对工作、对出版社的爱发自内心，溢于言表；忘不了魏建功副总编辑不论周末还是节假日，每天都到办公室工作，敬业的精神让年轻人肃然起敬；忘不了刚调到出版社不久的刘文菁副社长身兼数职，每天早早到办公室开始工作，顾不上上学的孩子，"南征北战"，毫无怨言；忘不了李学伦老社长、李建筑老总不顾年高体弱，兢兢业业地为出版社的发展挥洒完青春再挥洒汗水；忘不了的还有退休的刘宗寅老社长以及朱柏副社长等老同志为出版社的付出。

在2010年至今的奋斗征程中，同样让我感动的还有广大的员工：总编室的同事舍小家为大家，不顾孩子年幼需要长期出差，财务部的同事为了工作加班到深夜，发行的同事长期奔波在外，书库、教材服务中心的同事搬货、发书手掌都磨出了泡，技术编辑室的同事一遍又一遍不厌其烦地修改版式和设计方案，只为了读者、作者更满意。我最了解的还有我们的编辑兄弟姐妹们。就像杨社长多次在会上强调的那样，编辑工作是出版社的中心工作。大多数选题的提出，全部选题的落实，其他部门需要的数据和资料，都离不开编辑的辛勤工作。这些工作，总结起来只需要一句话，做起来都耗费了编辑无数的心血、精力和汗水。编辑是一个需要数量更需要质量的工作。无论书稿刚接手时有多么不完善，无论合同上的出版时间有多紧迫，只要是社领导提出了要求，只要是合同盖了章，编辑总能排除一切困难，想尽一切办法把书出版，为的就是作者、读者对海大出版社的信赖，为的就是一步一个脚印地实现海大出版社的长远发展目标，为的就是心中那份对编辑职业的虔诚、对海大出版社的爱。编辑不坐班，可是大家都主动地在晚上、在周末、在节假日加班，把家中变成了"第二办公室"；编辑有年假，可是很少有人舍得完整地休年假。编辑所做的一切，不需要督促，都是那份发自内心的对出版工作的热爱和责任，都是对海大出版社的爱，都是因为我们把海大出版社当成了自己的家，把编辑工作当成了自己家的事。

　　岁月如歌，时光飞逝，转眼我到出版社工作已经16年了。在这16年中，我有过彷徨，但心中更多的是对编辑这个职业的热爱，对海大出版社这个大家庭难以割舍的情感。我爱海大出版社，不仅仅因为这是我年少时梦想的归宿，更因为我相信在杨社长为首的社委会的领导下，海大出版社一定会有一个更加辉煌的未来。

（作者系中国海洋大学出版社第三编辑室主任，编辑）

立足教材，向海而歌

——我的从业感悟

孟显丽

　　每当读朱自清的散文《匆匆》时，我总是忍不住也精确地计算着从工作以来到底多少日子从我的手中溜走，没错，5600个日子。5600天！听起来好庞大的数字，就这样从我的生命中无声无息地流走了，没有声音也没有影子，我也不禁头涔涔而泪潸潸了。

　　在我来出版社的5600个日子里，我从一名当众讲话都得紧张半天的学生到现在哪怕事先没有准备也能侃上一堆废话的老编辑，从一个没心事、整天傻乐呵的学生成为一个心思缜密、事无巨细的妈妈，从青春到中年，从乌发到白发，从苗条到臃肿……种种变化，真是让人感慨万千。

　　静下来，我轻轻地问自己，这5600个日子里，我到底收获了什么。尽管现在的自己整天与肥胖、衰老、狼狈为伍，但是，有一个结论在我心底却很清晰：我收获了成长。

　　记得刚来出版社时，我心中十分忐忑，担心完不成任务。因为几乎所有的人都在告诉我，编辑需要完成任务、需要拉选题、压力巨大等。刚入职的我忧心忡忡，担心万一一个选题也报不上咋办。周围的人，也是对我从事的职业不太看好。在一次同学聚会中，有些人听说出版社是企业化管理，需要拉选题来完成任务，眼里流露出对我的惋惜和同情，似乎我遭遇了很大的不幸。很多同学对编辑的工作不了解，直接就说，你们不就是改个错别字吗？初入职场的我也觉得自己似乎低人一等，感觉很不舒服。院里的老师似乎也是以异样的眼光看待出版社、看待编辑。于是，我陷入迷茫中。

　　幸运的是，领导和同事及时给予了很大的帮助。他们从组稿、洽谈、编校等方面，指导和帮助我，和我分享经验，甚至还亲自带我拜访作者，挖掘选题。慢慢地，我对工作开始有了信心。

　　约翰森·里根曾说过：生命中的挑战并不是要让你陷于停顿，而是要帮助你发现自我。通过近一年的培训和学习，我也逐渐具备了一定的组稿能力，也能与作者自如交流。但是，很多人对出版社编辑的偏见，依然让我很困惑。如何有尊严地工作着，成了我经常思考的问题。

　　2006年，我萌发了做教材的想法。接下来的两年里，在领导和同事的大力支持和帮助下，我成功组织策划并出版了高等学校化学实验教材，10余所院校参编并使用，取得一定的社会效益和经济效益。我似乎找到了点工作中的尊严，但总觉得还缺些什么。

　　直到有一天听领导说"有作为才会有地位"这句话后，我豁然开朗。对啊，有作为才会有地位。没有作为哪来的地位呢？从那一刻起，我不再迷茫了，踏踏实实得干好工作就行，尊严是靠自己的行动赢得的。于是，我又策划了高职院校化学类教材的编写会，领导不但帮忙找了场地，还主动和作者们交谈，了解情况。编写会前，反复提醒注意的问题。正是这些及时的提醒，避免了一些矛盾。

领导和其他同事的帮助，让我很感动。在会议过程中，尽管各参编院校意见不一致，由于预先已经料想到这些问题，编写会议还是达到如期目的。我如释重负，松了口气。通过这两次教材编写会，那种来自集体的强大力量，让我很踏实，也让我有勇气面对一些意想不到的困难。

2013至2015年，我有幸参加社里"魅力中国海"和"我们的海洋"的项目，无论从选题策划、制订大纲到版式设计等方面，我个人的业务能力都得到了很大的锻炼和提高。不仅如此，我也参与了部分内容的编创。几易其稿，真是呕心沥血，充满艰辛，也才深深体会到作者的不易。但当看到印出的精美图书时，所有的疲惫都一扫而空，感觉所有的努力都值了，所有的心血都没有白费，真是特别高兴。出版后，科普书的获奖也是对出版社和编辑工作的肯定，让人很欣慰。特别是《我们的海洋》作为海南省中小学生的指定教材，这个鼓舞人心的消息，让我真切感受到了编辑的价值。编辑也可以参与教材的编创，而且受到认可。"有尊严地工作着"的目标似乎越来越近了。

渐渐的，我对做海洋教材产生了兴趣。在领导的大力扶持和帮助下，开始和市南区教体局合作出版区本教材。这个项目是国内首套"海洋+"学科的教材，既是教育部课题的成果，也是教学成果的重大创新，双方领导都很重视。这真是个巨大的挑战。时间紧、任务重，还想做好，确实不易。在这个过程中，得到了领导和专家的全程指导以及同事的倾力相助。几乎每个学科都开了好几次会，有时会议甚至到晚上八九点。在这个过程中，大家统一思想，群策群力，第一批出版物终于顺利接近尾声。特别感谢学科专家在做教材期间的悉心指导和帮助，他对教育有非常透彻的见解、对做教材有非常丰富的经验、对文字有着超强的驾驭能力，这些让我佩服不已。领导和同事不分节假日、不分昼夜，加班加点赶进度的劲头，让我深受鼓舞也非常感动。通过这个海洋教材项目的实施，让我对教育、对出版、对编辑有了新的认识。

我开始重新审视自己的职业——编辑。不得不说，编辑这份职业，无论从兴趣关联度、职业美誉度还是个人的成长等，都是不错的职业选择。编辑是幸运的，因为编辑有机会与不同领域优秀的人打交道，有机会先读到一些优秀的作品，这对自己是一种很大的提升。很多时候，我都感觉自己做的不是书，而是交到了无数的良师益友。

现在的我，不仅仅在"有尊严地工作着"，而是在内心里，有了一种深深的职业认同感、自豪感。

今年迎来了海大出版社建社30周年。30年的艰苦创业，30年的砥砺前行，海大出版人始终不忘初心勇往直前，为推动教育出版事业的发展、为促进海洋强国战略的实施而努力奋斗着。展望未来，海大出版社任重道远，海大出版人充满希望！

（作者系中国海洋大学出版社编辑）

出版二三事

邓志科

　　每天早上，来到办公室，泡一杯清茶，打开电脑，登录QQ，看看有没有新的消息，邮箱里有没有待处理的邮件。然后，埋首在一堆书稿中，中途也许会有作者电话，也许会有会议临时中断编校过程，但日复一日，这就是编辑的日常。有的时候，会有些恍惚，似乎时光流逝没有改变什么。只有偶然间目光所及的一件事物，或是一个陪伴多年的笔筒，或是一套《国家鲆鲽类产业技术体系年度报告》，让我蓦然之间惊醒，原来到出版社也已12年了。

　　《国家鲆鲽类产业技术体系年度报告》（以下简称年度报告）这套书，从2010年开始，每年出版一本，总结国家鲆鲽类产业技术体系上一年度的工作。深蓝色为底色的布纹纸封面，白色加黄绿色的封面字体颜色。内文前两页铜版纸彩页是体系一年的工作亮点和组织结构图。正文轻型纸黑白印刷。内容包括产业技术研发进展、主产区调研报告、论文选编、轻简化实用技术、获奖或鉴定成果汇编、专利技术简介。

从第一本开始至今，已历经9年，除了每年内容不同，开本大小、封面、内文、用纸、体例、字体字号、行间距、书眉目录始终如一，倒也让我们在封面和版式上省了些心思。

回想起2010年《国家鲆鲽类产业技术体系年度报告（2009）》出版期间，在封面和体例需要确定时，黄海所的关长涛主任和李娇对封面有些想法，非要见终审。然后，我就带他们到了产业大楼的出版社老总办公室见了李建筑总编辑。大家都提出了各自的意见，最后达成基本一致。我又带他们到了207的美编室，守着陈龙把封面定下来。没想到，这个封面连续用了9年，每年就改了个年份，每年他们还挺满意。当时，封面还要打样，拿着胶片核对文字，我还挺忧心地说："怎么我电脑打开封面看跟打出的样颜色不一样，一印跑偏了怎么办？"他说："都有点，蓝色失真得还多，但以他软件里的封面颜色为准，打样的颜色和印刷的差不多了。"

年度报告少则300多页，多则500页，里面体例复杂，图表很多，有些图片是彩色转成黑白的，还要改成可分辨的网格状或点状以示区分，图片上的文字和字母需要重录，一些表格太大，需跨页或者横排。加上第一年出版，作者方面不了解出版流程，两个月就要见到书，里面文章是不同人所写，质量参差不齐，改动的地方很多。每次，我找高振英修改的时候，她就叫苦不迭。但我也没办法，我又不会改，只能整天催。但好在她方正软件用得熟，居然没有影响进度，很快就改出来了。后来，我碰到她的时候，说："这不挺简单嘛，几下就改好了。"她说："我下班都在加班好不好。"虽然后来，小高结婚生子，因为各种原因，排版换了好几家，找过海大印务，找过友一，方正软件用的人少了，不好找，熟练的方正排版人员也少了，最后还是在友一排得多，忙起来的时候好几个人一起赶。但在我被作者催得急的时候，还是会想起小高排时的效率和省心。原来，当时她每一遍都仔细校对了一遍，最后还给核对了一遍胶片。当时，我把胶片放到书稿上对的时候，发现了几个错，时间紧，来不及重新出，一筹莫展的时候，她还教我从旧胶片里剪出几个字，把错的字抠下来再贴上正确的字，然后用透明胶带胶上，居然不影响印刷，完美地解决了错误。当然，现在都不用出胶片了，也用不着核对了，这场景到今天也就成了不会再有的老故事。

年度报告年年出，三审流程里的人基本固定，终审人员有李建筑、魏建功和韩玉堂，但因为时间紧，早年水产或海洋生物的编辑少，在复审环节的人员变动比较多，专业难把握、时间紧张的年份还找过水产学院的刘岩复审。有一年英文文章多，英文目录改动大，作者也拿不准，还找杨亦飞当复审，专门挑了好多英文方面的问题，对英文目录做了大幅修改，往后每年按这个套英文目录。随着近几年出版社人才引进力度的加强，海洋生物方面的编辑力量得到极大补充，复审环节也不用再找外面的专家了，我都提前预约孙玉苗博士，在她社里重点图书编辑的空隙塞进去。然后她提了一堆问题，把我惊得，感觉虽然费了心思，工作做得还是不够。从去年开始，姜佳君博士开始帮忙责编这本书，也提了好多的问题。这几年，因为专业领域博士们的帮忙，作者经常打电话说，你们改得真仔细，提的问题也很专业。

2018年，还有个小插曲。上半年的时候，跟作者有过一次沟通，他说国家鲆鲽类产业技术体系已从2017年开始扩容为整个海水鱼类，更名为国家海水鱼产业技术体系。但同时农业部领导也说希望把这本书放到中国农业出版社出版。我心想，既然有领导要求了，我也不勉强。过了一段时间，我从别的渠道听说关主任还是力推在我们社出版，第一个原因是用书时间和图书质量有保障，合作得也顺利；同时也说海大社在海洋水产方面的编辑力量是别的出版社所没法比的。

除了书稿本身，书的印刷是很重要的一环。9年间除了有一年是在日照日报印务中心印刷的外，每年都在日照报业印刷有限公司印刷，无论是在印教材最忙的9月份还是查环保的关键时期，通过总编室王英与印刷厂卜淑珍的协调，不管是下厂半个月要还是一周要，只要说好时间，指定地点，多少册书，一定会提前一天运到指定地点。对这一点，现在的首席科学家关长涛一直觉得挺放心。今天，我站在书柜前，看着按年份排在一起的9本书，拿出来翻一下，明显感觉无论是封面还是内文，真是越做越好。我都不记得是从哪年开始印装质量得到大幅提高的，因为下厂时只要走流程，说按往年样书印刷就可以了。印刷厂可能是因为机器的更新或重视度加强自觉提高了印装质量。

年度报告年年出年年有不同，相关的人和事，在不变中有变化，在常态中有新意，在工作中有进步，从一本书可看到出版社这些年的发展和进步，当然不能反映全局，但也可以看到一个侧面。本来我觉得写一篇文章真是好难，突然看到书柜里的这套书，我觉得应该对这些年来支持帮助过我的人说一声感谢，虽然因为书的原因更多帮助关心过我的人来不及一一感谢，但就以这本书为引子，能感谢多少就感谢多少吧。我也希望看到出版社更多的进步，创造美好的未来，也希望出版社赢得更多信任我们的作者。

（作者系中国海洋大学出版社第五编辑室主任，编辑）

纸短情长，心至行随

郭利

　　自踏入海大社，尔来五年有余。时间不长，但和大家一起经历了很多，每一天都在感受着海大社成长的不易，体会着每一个前进步伐中的感动与幸福，以及海大社在面对各种压力和挑战时呈现出来的那种韧劲儿。回首过去，几多感慨。尽管，太多琐碎已无从打捞。但我觉得，还是有必要梳理下思路。

初见

　　对于文字，我一直有种莫名的热爱，所以毕业的时候，顺理成章地进入一个"自带光环"的平台从事编辑工作。然而，现实总是容易将理想讥讽得千疮百孔，年少不羁的心终是经不住日复一日的庸常、琐碎。5年前，我就是在这种迷茫的时候转身遇到了海大社。这里没有大气的办公楼，有的是精致小巧的温馨，一种久违的亲切萦绕心头。

海大社之于我有两重含义。其一是经过质疑后对"编辑"职业的再次笃定，所谓"一条道走到黑"，索性认准一件事，干下去，任时间披金沥沙；其二是专业的回归以及细分方向的锁定，当时的我总是试图在潜藏宝藏的大海里漾起属于自己的涟漪。依稀记得来之前，和社领导、若干同事的几段推心置腹的谈话，还有那个充满思辨的寒冷冬夜……至今回首依然历历在目，如带露朝花。生命如蜿蜒而上的山路，每一个弯路都可能暗含前路不为人知的美丽与惊喜，在每一次转折中我们都能切身体验着这种惊喜与成长。

既然来了，则不念来路，不畏征途。

淬炼

在海大社的最大感受是——One is all。One is all，个人即是团队，个人协调一切。案头编辑不仅要关注一本书的内容品质，还要关注整体设计，行距、字距、书眉、插图等，甚至从约稿、签订合同、文字撰写、关注印刷到后期推广、报账等大大小小工作都需要独立完成，这对于当时习惯了精细化分工的我，着实有些不适应。海大社对编辑的定位在某种程度上可以说是"全能手"，这种定位利弊兼备，可以选择的是取其长补之短。当硬着头皮扛过一个又一个项目时，不知不觉中感觉自己本事见长，遇到任何事情都想挑战自己一把了，而且最为关键的是，逐渐树立起"大编辑"概念。编辑从来都不只是一个加工者，精细化锤炼书稿，只是编辑的功能之一。特别是随着新技术的演进，编辑工作势必被赋予更多新的外延，我们需要积极主动地去拥抱这些新技术和新方式。

缘于此，来海大社的第一任命就是建立"海洋欢乐谷"全媒体平台。现在回想，真的是很幸运，自己并非千里马，却得到社里的大胆启用。整个全媒体的创建充满着"未知""质疑""尝试"。网站定位、模块分工、风格设定、后台系统等都需要在现有人力物力及技术限制条件下，反反复复打磨、沟通……整个运营团队从招募文案，到内容分工，再到绩效分配，经过一点点地试错、完善，终于初见雏形，并取得了日积月累的口碑，很是欣慰。可惜后来由于个人原因，辗转他手，最初设定的好多矩阵群还未来得及实现。现在回顾，当时确实在一定程度上受视野和能力所限，原本可以做得更积极，效果更好些。但无论如何，感恩这份机会。它让我时刻警醒，不要故步自封，要不时抬头向四周望望。

如今有幸带起小团队，很荣幸也很惭愧。荣幸的是身肩出版社"二次创业"的重托；惭愧的是团队小伙伴各有专长，个顶个能干，自己所能带领大家的唯有努力。单纯完成利润指标不难，难的是如何漂亮地完成。而且当前着实面临方方面面的困难，例如终审的压力、编辑个人精力的分配矛盾等。但是慢慢来比较快吧，在这历练之中，更需要一份沉着的心境，需要一份默默耕耘的踏实，唯有始终努力，尽吾志而无悔矣。

"贝"缘

言归正传，编辑的安身立命之本还是作品。说起编辑作品，最值得一提的当属与贝壳选题的不解之缘。

第一部贝壳作品是"神奇的海贝"系列中的《海贝与人类》。最早想到做贝壳选题的是杨立敏社长。有一天，杨社长在图书馆翻到一本贝壳图鉴，当即被漂亮的贝壳图片吸引，于是想到如果把这个选题转成孩子的科普书，一定会很受欢迎。就是这样一个火花找到我时，一触即发。尽管之前没有接触过，但凭借几年积累的选题经验，我去查阅了很多贝壳资料，从市场调研，到科普角度；从贝壳分类专家到场馆资源，一一做了功课。于是"神奇的海贝"系列策划案出炉了，后来经过反复调整、论证，最后达成现在出版的模样。继文案策划后，我还担任了《海贝与人类》的责编，说是责编，最后基本就是半个作者了，从衣食住行到民俗信仰，立足历史文化角度，为海贝与人类的关系做了一个系统诠释。后来这套书，也获了奖算是得到了肯定，甚至还有小读者跑来说，在几套海洋类书中最喜欢这套贝壳科普作品，因为它非常细分化，很难得。夫复何求？！

第二部贝壳作品是《神奇的贝壳》启蒙大卡。这部作品基于青岛贝壳博物馆实物拍摄，然后辅之以简单说明，向小读者呈现贝壳之美。这部作品值得借鉴的经验是，图片专业且版权有保证；装帧审美定位较高。美中不足是，定位模糊化，作者在做的过程中"贪了心"，既想给孩子看，又想给成人看，结果导致两个年龄受众都不太合适。这件事得到的经验是，要对自己积累的对出版方向的判断、眼光有信心，并且在作者面前坚持无比重要。

第三部贝壳作品是"小贝壳，大世界"系列。截至发稿前，这部作品还迟迟没有面市。但是前段时间三部书稿分别获奖的消息给了我信心。从选题角度的反复打磨，到一幅幅插图的精美手绘，到文字稿的推敲，再到整个文字编创、插图手绘、排版设计团队的沟通协调，已经付出一年多的努力，目前尚处于排版审稿的冲刺期。可以说，这是目前为止耗费最多心力的一部作品。现在回想，2017年的这个月份还奔波在去贝博的路上，那段时间几乎每隔几个星期都要往黄岛跑，要么去讨论贝壳主题科普出版的格局，要么去碰撞选题思路，要么去梳理具体每一本的线索……贝博耿老、小馆长以及运营总监李宗鉴先生非常忙，却依然拿出大段的奢侈时间和我讨论细节、讨论思路，每念及于此，铭感五内。那些漓江路上变幻闪烁的红绿灯光，那条海底隧道特有的隐隐耳鸣，那一盘盘耿老亲自下厨的可口饭菜，那一杯杯醇香的咖啡，那一张张画满李总思维导图的纸张……都变成一笔取之不尽的财富，储备在我的职业生涯里。

小贝壳，大世界，也是我的大视界。一事精致，足以动人，能把贝壳选题做精做透就已经很好了，这与我一直追求的"小而美"理念不谋而合。所谓跟对人，做对事，感恩贝壳带来的缘分，我相信这只是一个美丽的开始。

百味

在海大社的每一天，几乎都在饱尝酸甜苦辣。好在苦中带着期待，辣中皆有乐趣，酸中满怀追忆，甜中饱含激情。有时吐槽，只因"爱之深，责之切"。

人说，陪伴是最长情的告白，亲情如此，师生情、同事情，亦如此。这里有阳光，有欢笑，还有潺潺流淌的友情的溪水。很庆幸身边有亦师亦友的师长，有相互帮扶的同事，还有一群频率同、品性近的小伙伴，有可以随时约山约水的好驴友，有无事不晓的百事通……每个人身上都有很多值得我借鉴和学习的地方。最感激莫过于组建编辑室踌躇不定时，部分师友的支持、鼓励以及不吝赐教；最难以忘怀的是舟山之行的启发之旅；最遗憾莫过于平时过于沉浸于案头工作没有和更多的同事进一步碰撞。哪怕是走廊里一个微笑的点头，程序上一次高效的支持，项目中一次默契的合作……都如阳光照进生命里，明媚、温暖。

编辑，一直是一个幕后角色，编辑的价值不是谁人都懂。然而，总有那么一些作者、师友让人的工作饱含激情、满怀追忆。在我合作的书稿中，有不少"一次合作，终生朋友"的作者，这种成就感超越工作本身，价值百万。这里面有才华横溢、追求"致吾知于无央"的追风少年；有思维不设限，永远充满激情的螳小螂；有虚怀若谷、慈眉善目的宫老先生；有火花四溅的小鱼老师；有受人之托、忠人之事的张姐；有兼具国际视野，在主职副业间游刃有余的王总；有一点就透、沟通零障碍的默契之交小徐；有讲究"佛为心，道为骨，儒为表"的柳老师……这些人都在工作、生活的方方面面带给我诸多启发，那些金子般的品质熠熠生辉，照亮我前行的路。

祝福

再回首，往事并不如烟，而是此情可待。纸短情长，字字情，眷眷心。

《大学》里说："知止而后有定，定而后能静，静而后能安，安而后能虑，虑而后能得。"所以，对于工作，山间止语，唯心可循，清风佳音，心至行随。

"正是你花在玫瑰花上的时间，让你的玫瑰变得如此重要。"（《小王子》）所以，我的这朵玫瑰花当献给即将迎来30华诞的海大出版社。三十载风华，三千里书香，在历届社领导班子的辛勤打造、精心呵护下，海大社已经长大，恰如英姿勃发的菁菁少年，谱写着春华秋实的生命之歌。在此送上最真诚的祝福，祝愿海大社越来越好，更上层楼。

（作者系中国海洋大学出版社第六编辑室主任，编辑）

一路走来，一路感激

孙玮

　　夜色已深，窗外吹进的凉凉秋风在这个宜人的夜晚不经意间将我的思绪掠起，在2014年同样是这个清凉的秋天，我走进了中国海洋大学出版社，成为其中的一员。从陌生到熟悉，总是一个漫长的过程，我也有深深的体会。新环境、新领域的陌生感，在这里的每一天都给刚刚步入社会的我，带来深深的思考。

　　在出版社发行部，我开始了自己职业的旅程，在领导和同事们对我的照顾和帮助之下，对于本职工作也从陌生到熟悉，日子一天天过去，一路走来，一路感动，一路感激。转眼间4年过去，我收获了许多，也成长了许多，对于出版行业有了一定的认识，对于出版社有了深厚的感情，在这段日子里无论身心我都有了长足的进步，也得到了领导和同事的认可，同时也被赋予了更多的责任——担任起了发行部主任的职责。在工作中摸索与实践，我需要学习的地方还有许多。当然在工作中有理性认识也有感性认识，在我来到出版社的这段日子里，有许多事情对我产生了深深的触动，也许在别人眼中不是什么大事，但是对我来说会时时拿出来细细回忆。

"咣当……"绿皮火车的车轮声不时地传入我的脑海，慢慢涣散的意识由于汽笛声、车轮声、孩子的哭闹声一次又一次被迫唤醒，车厢前侧灌进的刺骨寒风让我不得不将脖子更深地缩了一下，即使是凌晨三点，车窗外漆黑一片，我也无法安然入眠。形形色色的乘客，都在找寻最合适的姿势以让自己更好地隔绝寒风、屏蔽喧闹。这是北京到承德的绿皮夜车，凌晨发车早上5点到站，即使在儿时体验过绿皮火车，这一段夜车旅程也确实是一段让我时时回想的难忘经历。

在刚来到出版发行部的时候，对于发行工作我很难产生直观的认识。而让我真正明白发行的工作含义要源于这次出差的夜车经历。那是2015年的冬季，来到出版社也已经有一年的时间，慢慢开始接触发行工作。由于河北的发行工作一直有着瓶颈，所以朱社决定带着我还有正好要去北京出差的李洪强老师一起去河北承德，找到当地的新华书店的老总，找到河北工作的突破口。当天是一早乘坐高铁到的北京，下了火车趁着朦胧的夕阳马不停蹄地赶路，约见了当地的民营书商，一阵应酬寒暄。等我们赶到北京火车站的时候已经接近午夜。而为了能在第二天一早就能见到临时可能有事的书店老总，我们也就必须在今晚赶到承德，而这就预示了前面难忘的旅程。痛苦的时光总会放大、快乐的时光总会缩短，彻夜的煎熬在我来说被无限放大，而在朱社和李老师眼中却又感觉习以为常。工作不是玩乐不是享受，要有目的要有办法，同时也要能够吃苦耐劳。当天我们顺利抵达，见到了承德市店的老总，完美地达成了我们的预计目标。

就是由于这样的一些事情，我对发行工作的朦胧印象慢慢地变得充实生动，也运用到了平常的工作生活当中。出版社是我们的家，我们是出版社的主人，也都为出版社付出了自己的青春。说到青春的奉献，又让我陷入了深深的回忆。一个普通的日子，一个普通的早晨，具体的时间和场景已经无法回忆，仅仅记得在整理资料、打扫卫生的时候，我们无意之间翻出来一张泛黄的老照片，而全部的记忆镜头也完全聚焦在了照片的上面。高悦午主任、李洪强主任、刘学忠主任、解哥、魏姐，他们一个个都是如此的年轻，如此的朝气蓬勃，扑面而来的青春气息让我仿佛陷入了时间的漩涡，回到了他们当时那个意气风发的拍照时刻。曾经的他们也像如今的我们一样，为了出版社奉献了所有的美好年华。

对我们而言，出版社既是家庭又是生存的基础，而我们又都是出版社的主人，也都在自己的岗位上挥洒着自己的辛勤汗水。值此出版社成立30周年之际，希望我们同心同德，努力奋斗，书写出版社辉煌灿烂的新篇章。

（作者系中国海洋大学出版社发行部主任）

明天会更好

滕俊平

　　"人生天地之间，若白驹之过隙，忽然而已。"弹指一挥间，出版社迎来了30周岁的生日。这30年，出版社规模由十几人发展为近60人；码洋由几百万元增长到3000多万元；从默默无闻渐渐发展为海洋特色突出，为业界所知晓。

　　回首望我自己，来出版社已11年了，由"恰同学少年，风华正茂"初出茅庐的社会新人转眼成为"多情应笑我，早生华发"的"奔四"一族。网上流行一句俗语"岁月是把杀猪刀，刀刀催人老"。11年对于一个企业来说，也许只是它漫长征途中的一瞬，但对我来说，却是人生中最重要的时光。这11年中，我踏出校园，第一次走上社会，懵懵懂懂中接触到出版这个行业，跌跌撞撞地一边学习一边成长；这11年中，结婚、生子，为人妻，为人母，体会人生中的酸甜苦辣咸。

　　记得第一次接触出版，是读研究生时在学校的期刊编辑部当助管。我的工作内容是帮执行主编初步筛选文稿，把体例符合要求的选出来，把体例不符合要求的退稿，并按照文稿主题初步分类。学院里的博士生经常会拿着刚刚成型的稿件请教执行主编，在主编的建议下反复修改直至发表。那时觉得出版这件事情真是一件很有意思而且又贴近专业的事情。来出版社后才真正了解了出版，真正懂得了出版人的不易。

我是学教育的，来出版社时，社里的高等教育板块已经初具规模。我来出版社后主要精力就是继续发展壮大高等教育板块，维护好老作者，开发出新作者。在社领导的支持和帮助下，功夫不负有心人，"高等教学博士文库"已由第一辑发展至目前的第六辑，作者队伍进一步扩大，目前仍在陆续添加。之后，在领导和作者们的鼓励和协助下，又陆续建立并出版了"大学发展文库""现代大学制度与治理改革研究丛书""中国大学现代化之道丛书"等一批学术质量较高的著作，进一步彰显了我社高等教育板块的实力。

要说在出版社这几年，印象最深刻、感触最深的还是参加我社建社以来第一次策划出版市场化运营海洋科普书"畅游海洋"科普系列丛书的经历。近年来，出版社依托中国海洋大学的学科资源优势，坚持"特色立社，文化引领"的企业发展理念，在普及海洋知识，增强青少年海洋意识领域不断推陈出新，海洋出版特色愈加明显。犹记得当第一次听到领导让我当"畅游海洋科普丛书"之《海洋科教》责编的消息时，我有点迷惘；当第一次听到社长说这套书要投资200多万来做时，我有点惊愕，因为这对我们出版社来说简直就是一部史无前例的"巨制"。经过漫长的、一次次的修改、审读、排版，这套书果然不负众望，获得了包括"'三个一百'原创图书出版工程"在内的多个出版奖项，销售70多万册。尽管之前作为责编自己的名字已经很多次出现在不同的书上，但当看到《海洋科教》封底上自己的名字时还是有一种莫名的激动。对我来说，这不单单是责编一本书，而是一份沉甸甸的收获。因为这套书，我感受到了团队合作的快乐，体会到了领导者雷厉风行的做事风格，尝到了头脑风暴的甜头，经历了真正的市场书诞生的痛苦而又快乐的过程，学到了一种新的做书的思路。继首套大规模市场图书"畅游海洋科普丛书"出版之后，社里又陆续推出了"人文海洋普及丛书"（6

册）和"图说海洋科普丛书"（5册），我作为责编也有幸参与其中。2013年，出版社举全社之力，进军中小学海洋教育领域，打造出"中小学海洋意识教育教材"，绘出出版社史上浓墨重彩的一笔。

21世纪是海洋的世纪，依托中国海洋大学的学科优势，相信海大社的明天会更美好。作为编辑，为了跟上时代的步伐，我们也应该加强自身的文化修养，不断与时俱进，自觉加强专业学习，掌握图书出版动态，及时了解出版信息，为出版社的发展尽心尽力。

（作者系中国海洋大学出版社编辑）

薄薄的图书，厚厚的心血

吴欣欣

时光如梭，转眼出版社已经成立 30 周年，而我，竟已与出版社结缘足足 9 年。

2010 年，我刚刚由中国海洋大学的本科生升级为研究生，便接到校报纪玉洪老师的电话，得知中国海洋大学出版社正在策划一套海洋科普图书，需要文稿编撰人员，我便欣然应允，承担了"畅游海洋"科普丛书中《奇异海岛》和《魅力港城》两本书的撰稿任务。而后，研究生期间，我又陆续承担了"魅力中国海"丛书中《南海印象》《东海印象》等书的撰稿任务，与出版社结下了不解之缘。

后来，"畅游海洋科普丛书"（10 册）入选 2012 年新闻出版总署向全国青少年推荐的百种优秀图书，获国家新闻出版广电总局第四届"三个一百"原创图书出版工程奖、中国图书发行行业2012~2013年度优秀畅销书奖、科技部2013年全国优秀科普作品奖等；"魅力中国海系列丛书"（12册）入选2015年国家新闻出版广电总局向全国青少年推荐的百种优秀图书，被评为（科技部）2015全国优秀科普作品。作为文稿编撰人员，我深知，荣誉的背后，是整个项目团队人员，尤其是出版社工作人员辛勤的汗水。

就这样，通过海洋科普书文稿编撰，我就此与出版社结缘，体会到了科普图书创作的艰辛，也体会到了出版的社会责任感。在一次项目研讨会上，我印象很深的一句话是："或许有一天，你走在校园里，会有个学生跟你说，我就是看着你写的书，才对海洋产生的兴趣，才来的海大。"出版不是闭门造车、自娱自乐，而是要流传，要启人心智。

2013年7月，我作为山东省"优秀毕业研究生"，来到出版社工作，继续从事海洋科普图书的编创工作。只是此时，我的角色发生了变化，不再是文稿编撰人员，而是书的责任编辑，不再仅是撰写文稿，而是要负责从查阅资料、设计大纲到内容编创、图片统筹到专家审定、排版设计到三审三校（实际七八遍审校而不止）、印刷出版的整个流程。至此，我已经不再是图书出版中的一环，而是串起并优化所有环节的一条线。

自正式加入出版社大家庭以来，从入选2016年新闻出版广电总局向全国青少年推荐的百种优秀图书的"神奇的海贝"到获得2017和2018年度国家出版基金资助并获山东省第五届社会科学普及与应用优秀作品奖的"中国海洋符号丛书"和"舌尖上的海洋科普丛书"，多个海洋科普图书编创项目都留下了我的足迹。而我，也从最开始恨不得变身为八爪鱼的状态变得对海洋科普图书编创工作越来越得心应手。此种图书编创项目工作非常繁杂，以一个主题生发出一本书，需要对内容、进程、人员全盘统筹，这既需要系统性，又需要创新性，还需要在众口难调时坚定立场，以保质保量地将书推出。这个从无到有的过程，很累，但也很有魔力。每次图书出版后，作为出版方，我们看到的不是薄薄的一本书，而是无数人的心血和努力，以及"可以更好"的遗憾。

随着新媒体的发展，人们获取知识和内容的方式不再局限于图书。出版社与时俱进，在2014年推出了海洋科普新媒体公益平台"海洋欢乐谷"，从创始成员之一到成为平台的负责人，我见证了"海洋欢乐谷"的逐步成长。如今的它，由出版社与中国科普作家协会海洋科普专业委员会联合运营，团队成员已达7人，已经涵盖微信、微博、网站、知乎等多个板块，致力于打造海洋科普精品，传播海洋文化等。平台现已聚集了一批海洋科普作者，推出了一系列兼具趣味性与科学性的精品文章，比如《海洋里的"蓝精灵"》、"赶海系列""北极日记系列"，等等。文章形式不再局限于传统图文，而是充分发挥新媒体优势，增添了漫画、视频、音频等形式，让读者多方位学习海洋的知识，感受海洋的魅力。目前，"海洋欢乐谷"越来越受到广大读者的认可，已经成为出版社一张亮眼的名片。

2017年，出版社进而探索海洋文学板块，我很荣幸担任了我社重点图书《骑龙鱼的水娃》的责任编辑。该书为著名儿童文学作家霞子老师所作，以目前少见的神话题材写就，既体现了传统文学之动人，又体现了环境保护之重要，十分精彩。该书经过精心打磨出版之后，有小读者反馈说"比《哈利·波特》还好看"；也有家长反馈说自己家孩子看这套书看了不下10遍，还根据这套书写了一篇富有想象力的作文。

欣慰之余，为了让更多的小朋友读到这套有趣的书，在出版社领导的大力支持和霞子老师的密切配合下，我与发行同事一起，进行了新的营销模式的探索，交出了漂亮的成绩单：《骑龙鱼的水娃》首印5000套不到4个月售罄。这为出版社海洋文学类图书的尝试打了一剂强心针，也让我松了一口气。但与此同时，我也深感肩头的压力更重了，因为在这个过程中，我体会到了图书营销的重要性，也感受到了当今编辑角色的转变。正如一位前辈所言："现在的图书编辑，需要从幕后走到台前。"不仅要能把书做好，还要能够面对面向读者分享这本书究竟好在哪里，既要能埋头耕耘文图，也要能上台侃侃而谈。

而后，我又陆续责编了霞子老师的另外两部作品——《北极，有个月亮岛》和《来自宇宙的水精灵》。除此之外，"中国海洋故事""悦读海洋365""中国海洋神话故事读本""海洋精灵之歌"等一系列海洋文学图书的出版，既记录了出版社海洋文学图书的发展轨迹，也记录了我个人的足迹。相比科普书，文学书的主观度更高，与读者的互动性更强，如何进一步激发读者的活力，是值得思考的一大议题。

科普和文学两条路径之外，通过担任《青岛老建筑之旅》等书的责任编辑，在出版社的期许以及作者严谨态度的熏陶下，我也体会到了工匠精神的重要性。在这个信息泛滥、快节奏的时代，图书的内容和质量似乎多受诟病。作为图书出版从业者，私以为，唯有以严谨的态度、工匠的精神，对图书内容认真把控，对图书形式精心打磨，方能提升图书之口碑，不辜负作者之心血，不辜负读者之期望。

回望9年时间，不经意间，似乎恰好赶上了出版社数个重要节点。如今回望，方知担子之重，方晓出版社之发展凝聚了多少人的心血和努力。社庆30周年之际，愿出版社实现精品化、纵深化，成为海洋科普及海洋文学之高地！

（作者系中国海洋大学出版社编辑）

做了 9 年的编辑是一种怎样的体验

郑雪姣

　　9 年前我毕业来海大社当编辑，其实那时候还没有考证，算不上编辑。刚来没多久同一个办公室的邓志科老师出版了一本书，叫作者签了名，很热情地给我们几个人每人分了一本，这是第一次接触一本书的作者，估计他也是生平第一次出书，记得当时作者很高兴，我们也很兴奋，一片其乐融融。

　　再后来，自己编辑出版了人生第一本书，好像是叫《尼泊尔：与天堂的约会》。当时又兴奋又紧张，恍恍惚惚像在梦里一样，又总觉得还有错误没有纠正，会不会被人发现？会不会有读者打电话来责问？其实这本书质量还不错，印制精美，卖得也还行，后来在书市上见到还窃喜过。不过，读者关注的是作者、内容和价格，没有人会翻开看背后的责编是谁。

钱钟书说："假如你吃了个鸡蛋，觉得不错，何必要认识那下蛋的母鸡呢？"如果作者是母鸡，那么编辑又是什么呢？做编辑，原本就是一份为他人作嫁衣的工作。

后来搬了办公室，经历了几次变革，开始做教材，也做海洋科普，从创业到第二次创业，社里的几次变革都赶上了。社里的小伙伴们也变了，皱纹越来越深，视力越来越差，头发越来越少，颈椎越来越不好……嗯，确认过眼神，你就是干编辑的人。9年的时间，大家相处得像一家人，所以难免互相调侃。但是前辈们、领导们、同事们拼搏的精神，兢兢业业的工作态度没有变，反而是越战越勇，带领出版社越来越好！而且几乎每年都会进来新人，新鲜的面孔，充满了激情。

9年，外面的环境肯定也变了。拿2018年来说，削减书号供给，算不算出版行业的供给侧改革呢？经济大环境不好，消费降级，那么大家会不会多看书呢？虽然一本书和咖啡、电影相比非常便宜，但是今天可以免费获得的内容远比过去多啊，而且书价上涨，读者能承受的价位又是多少呢？

记得我入职的时候，除了当当和京东等线上渠道，报亭和书摊还是有很多的，现在这些已经很难找了吧？近几年，在政府政策和资本的支持下，以西西弗、言几又、单向空间、中信书店为代表的实体书店纷纷进驻商场、写字楼。比如青岛就进入了方所书店、猫的天空之城、西西弗等，再加上本土的书城、不是书店、如是书店、良友书店，这种书店扩张速度，是不是出版业复苏的前兆呢？实际上，即使是图书定价上升，再加上政府以及商超提供给书店大量的补助和优惠政策，大多数实体书店也仅仅维持着一种不亏损的状态。而且这些销售额里，相当一部分是非图书产品和食品在做贡献。

出版是一个长周期生产行业，从选题策划到产生现金流，差不多需要10个月时间。那么，做编辑会是一种悠闲安定的慢体验吗？No, No! 做编辑是特别没有安全感的工作，你会同时做好多本书，一校二校三校，修改核红再确认，书号条形码封面，OK下厂了，这样就结束了吗？Too young, too naive! 突然哪一天你就被抽查了，恭喜你"中奖"了！

回想9年前的编辑培训，编辑必备的素质有理论水准和实际经验、选题策划能力、宣传营销能力。与之对比，发现自己还差得很远，一言以蔽之，就是没有做出一本畅销书。看来只有继续加倍努力了，希望在以后的日子里"跟母鸡一起，下更多更好的鸡蛋"。

最后，祝福海大出版社30岁生日快乐！打一个广告吧：爱大海，爱出版，就到海大出版社的碗里来。

（作者系中国海洋大学出版社编辑）

年会小记

张跃飞

  2018年1月18日上午，姜佳君老师告诉第五编辑的其他同事，出版社要举行年会，要求每个编辑室至少出一个节目。"邓头儿"让大家想想我们第五编辑室出什么节目。我开玩笑地说："'我们都是来自五湖四海，为了一个共同的革命目标，走到一起来了。'大伙儿各表演一个家乡的地方曲艺小段。邓老师是湖南人，表演个湖南花鼓；郑老师是安徽人，唱段黄梅戏；孙老师、姜老师是山东人，可以说段山东快书，或唱段吕剧、山东柳琴戏之类的；我呢，东北人就来一段二人转吧。"本来只是说说而已，没想到却得到"邓头儿"的"首肯"。接下来，便是各自准备各自的唱段。

  "邓头儿"选择了一个湖南花鼓戏《补锅》选段，这段电影版的原唱是李谷一与彭复光。该段为男女对唱，难度较大，所以很期待"邓头儿"的表演。

郑雪姣老师选择了传统剧目黄梅戏《女驸马》选段《谁料皇榜中状元》：

为救李郎离家园，谁料皇榜中状元。

中状元，着红袍，

帽插宫花好哇，好新鲜呐。

我也曾赴过琼林宴，

我也曾打马御街前。

人人夸我潘安貌，

原来纱帽照哇，照婵娟呐。

我考状元不为把名显，

我考状元不为做高官，

为了多情的李公子，

夫妻恩爱花儿好月儿圆呐。

因为时间的关系，后来去掉了"我也曾赴过琼林宴……照婵娟呐"几句。郑老师以前年会上表演过黄梅戏，不少出版社老员工说她唱得好。对于她的表演，我们都不担心会出现纰漏。

孙玉苗老师"临时抱佛脚"，让我教她一段山东快书。说实话，让我听她说一段指出其中不足还勉强可以；让我教她说，既没有那个能力，也没有那个水平。于是，让她下载个山东快书《武松打虎》的视频，多听听，找找感觉。几天下来，孙老师说，让她说《武松打虎》感觉不合适，准备改用新词，让内容贴近出版社生活。谁曾想，这段词居然是说我的：

当哩个当，当哩个当，当哩个当哩个当哩个当。

闲言碎语不要讲，表一表跃飞好儿郎。

那伙计心宽体胖貌粗犷，婆婆妈妈热心肠。

文史理化他样样都掌握，戏曲童谣民歌他都能唱。

戏曲童谣民歌他都能唱啊，快快有请跃飞编辑隆重登场。

孙老师非常认真地准备，上下班途中，在地铁上，不是看视频找感觉，就是记台词，满脑子都是"当哩个当"。有一次回家途中居然坐错了方向，直到听到车上广播"前方到站，苗岭路车站……"的时候，可能对于"苗"字敏感，才意识到坐错方向了。我听说后，跟她开玩笑说："即便是文盲也坐不错方向，因为地铁站牌子一边是'芝泉路方向'5个字，一边是'李村公园方向'6个字。"

姜老师准备唱段吕剧。以前她既没学习，也没表演过，只能"现学现吆喝"。几经考虑最后选择了表演吕剧《姊妹易嫁》选段《想当初含羞带怒离张家》：

想当初含羞带怒离张家啊，现如今乔装改扮试素花啊。

她若是依然执拗不愿嫁，我只好一刀两断舍弃她啊——

她若是主意改变随我去，我这个新科状元就认下她。

有道是君子不念旧时恶，从今后恩恩爱爱过生涯啊——

姜老师基本上是207室来得最早的，她在地铁上看该小段的名家演出视频，到单位就是这唱上一段。要说孙老师满脑子都是"当哩个当"，姜老师满脑子都是"啊啊啊"。

我选择了一段拉场戏（二人转的一个分支）《马前泼水》选段《天下三尺鹅毛雪》：

天下三尺鹅毛雪，山野荒郊断行人。

砍柴驱寒心中暖，映雪读书更提神。

这书中明礼仪妙趣无尽，讲伦理论道德字字重千斤。

手捧诗书往前走，不知不觉走过了家门啊——

1月26日（周五），听姜老师说年会初步定于2月2日下午举行，于是"邓头儿"决定让大伙利用周末时间在家练练，然后准备1月29日(下周一)下午进行串场和第一次排练。

1月29日上午，社里让各编辑室上报自己的节目名称，"邓头儿"出乎意料地报了"世界名曲选段"，我们原本以为是"地方戏串联"之类的名字。郑老师表示疑问，"邓头儿"说："地方戏都能入选非物质文化遗产，这个名字挺贴切的。"我一想也对，"只有民族的才是世界的"。不过据说年会主持人对我们的节目原本的串场词是"下面的节目是五编室表演的《世界名曲选段》。各位将欣赏到世界其他国家的歌曲……"后来在一位知道我们节目"内幕"的编辑老师告知之下，才知道我们的节目"名不副实"。

　　下午排练之后，大家一致决定孙老师先说，然后是我，接着依次是郑老师、姜老师、"邓头儿"。为了与孙老师相衔接，我就加了句"孙玉苗讲话，理不偏，张某俺就是好儿男"，以豫剧《花木兰》选段《谁说女子不如男》的腔调唱出。接着孙老师说："不是二人转吗，怎么唱起豫剧来了？"引出小段《天下三尺鹅毛雪》。为了与郑、孙二老师衔接，将其中"不知不觉走过了家门啊——"改成了"考中状元光耀家门啊——"这样形成了考状元—中状元—中状元后访妻的顺序。"邓头儿"的《补锅》不是很理想，于是改成表演《刘海砍樵》选段，"邓头儿"饰演刘海，我反串胡秀英。"邓头儿"决定，1月30至2月1日这3天，每天下午在207排练1~2遍。

　　1月30日下午，社委会通知，年会正式定于2月2日下午在青岛海林山庄大酒店海韵厅举行，联欢活动下午4点正式开始。

　　1月31日下午的排练之前，孙老师提议，节目最后在屏幕上放上打油诗一首：

飞雪漫舞花万点，佳期与共贺新年。

玉润还需勤打磨，志同道合书华篇！

　　诗中含有我们编辑室每个人名字中的一个字。这个主意不错。后来，大家讨论后决定把它放在节目开始时让孙老师以评书定场诗的形式念出。

　　2月2日下午4点，年会联欢活动正式开始。我们的《世界名曲选段》是效果和笑果俱佳的节目之一。

（作者系中国海洋大学出版社编辑）

初 为 编 辑

董超

　　很偶然，也很幸运，自己成为一名图书编辑，正式开始了我的职业生涯。

　　很幸运，也很难得，作为一名海洋生物学专业毕业的博士，一进入出版社我就先后接了两本有关海洋生物的著作。

　　第一本书是《中国海洋鱼类》，是由中国海洋大学的陈大刚教授与合作者张美昭教授共同编写的，全书收入盲鳗纲、头甲纲、软骨鱼纲和硬骨鱼纲4纲共计47目313科3090种鱼，以原色图为主体，以J. S. Nelson系统编制分类检索为手段，每种鱼同时均配有简明形态特征、生态习性、区系分布及渔业意义、珍稀濒危情况等文字介绍，试图建立起从"名录"到"志"的平台，架起"名录"到"图鉴"间的桥梁，成为向读者全面介绍中国海洋鱼类的种类及形态特征等的较系统的生物学基础性专著、工具书和教学参考用书，有助于相关研究人员克服海洋调查研究中物种查询和鱼类鉴定的困难，为鱼类学、水产学、海洋环境科学研究人员提供了一本记述我国海洋鱼类较全面的分类参考书，对我国海洋鱼类多样性以及相关研究具有重要的学术意义。

因为书稿修改见过陈大刚教授几次，难以想象年过八十、头发花白的老人有如此敏锐的思维和矍铄的精神状态。在中国海洋大学学术交流中心举行《中国海洋鱼类》出版及学术交流会的时候，作为一名知名的鱼类分类学、资源学、养殖学专家，陈大刚教授在讲话中回顾了《中国海洋鱼类》长达近10年的艰辛编创过程。发布会上老人难掩激动，三册书的沉重岂止单单是纸张的重量，更是因为倾注了这位海大老教授对此书近10年的编著以及一辈子对海洋鱼类研究的积累，是一部心血之作。他也是每一名科研人一辈子的榜样。

《中国海洋鱼类》一书不仅列入了国家"十二五"重点图书出版规划项目，获得2015年度国家出版基金资助以及中央高校基本科研业务费专项资助，还获得了第六届中华优秀出版物奖图书奖。这些资助与奖励对科研人来说，是最好的回报与认可。

同为著名鱼类学家的伍汉霖教授是我担任责任编辑的另外一本书《拉汉世界鱼类系统名典》的作者之一。全书共收录31 707个有效学名及792个同种异名，及其中文名。此外，也标注了有哪些鱼种过去曾在大陆及台湾记录过，以及是否外来或入侵种等，使得此书也成为两岸鱼类最新及最权威的名录资料。

他曾说过这样一段话："筑基乃是学习第一大要务。对于学术的坚持锻炼与专注，值得每个人去仔细揣摩，去细心体会。"我想这本书的出版便可以作为海内外从事鱼类分类、生态、资源及多样性研究与保护、水产学、进出口商品检验等相关领域的教学、科研、产业人员的筑基之石。

开新书发布会的时候，与"鱼"相伴五十余载的伍汉霖教授也已是80几岁高寿的人了，他独自一人拉着行李箱乘坐高铁历时7个多小时从上海来到青岛。他的简朴、他对鱼类研究那份不可割舍的感情，包括他对科学研究那份认真与执着，让与他接触的每一个人都深有感慨。

记得一次在家里看书稿的时候，还上幼儿园的女儿对我说："妈妈，你的工作就是整天在纸上画圈圈呀！"其实，女儿还不懂得，在这简单的圈圈画画中，所蕴含的东西并不简单。

我想，作为一名初出茅庐的图书编辑，除了不断强化政治思想方面的意识、不断地学习编辑常用标准及规范以及保证编校图书质量，更重要的是，在与每一本图书的作者的交流与接触中，汲取他们每个人身上的一点一滴——也许是他们对科研的刻苦与执着，也许是他们对文学的感触与表达，也许是他们对工作的热情与追求，也许是他们对生活的理解与感悟……

"自君之西来，吾徒获三益。"这一点一滴都将成为我们人生中的一笔笔难能可贵的财富。

（作者系中国海洋大学出版社编辑）

从一个编辑的角度浅谈科普文章写作

孙玉苗

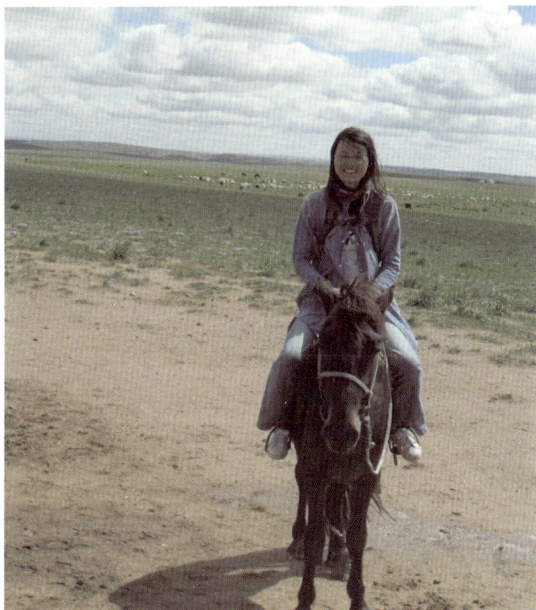

我认为好的科普文章需要同时具备科学性、可读性和知识性。

科学性

在我看来，科学性应该是一篇文章的根基。一篇文章，即便文笔优美，全篇"花团锦簇"，如果介绍的知识是错误的，那也坚决不能发表。有句话说，我们宁愿做个资质平庸的善人，也不做绝顶聪明的恶人。显然，"恶人"害人，聪明的恶人害人尤甚。

科普文章出现的科学性问题，常见的大致可分为3种情况：自己表述不当，不严谨；引用的资料本身有问题；配图不正确。

1.语言表述须严谨

科学是严谨的。我们表述科学知识时，也要有严谨的态度。

我们在用文学化的语言表述的时候，可能过于随意，忽略了科学事实；或凭空想象，发挥过度；或以偏概全，扩大了个别现象的存在范围。这些，都导致我们呈现的知识出现偏差或错误，误导读者。

接下来，我举几个我在编校过程中碰到的例子。

例1：很多鮟鱇鱼科的"杀手们"特化出了一个可以发光的凸起，来当作自己的"钓鱼竿"。

这句话描述的是鮟鱇所具有的一个长得像钓鱼竿的结构——吻触手。句中用了"凸起"一词来描写。根据《现代汉语词典》，"凸起"意思是"鼓出来"，即高于周围或鼓出来的部分，是和"凹"相对的。而鮟鱇的吻触手，形如钓鱼竿，用"凸起"显然是不合适的。

例2：鲉形目的毒鲉和蓑鲉也是潜伏的行家。毒鲉全身色彩斑斓，像是一块长满藻类的礁石；而蓑鲉身上像斑马一样的条纹在珊瑚礁背景下也颇具迷惑性。在捕食手段上，不同于鮟鱇，这两兄弟选择了另一条更"狠毒"的路。它们使自己的体表带上了致命的毒液，一旦碰到其他鱼，就会在短时间内麻痹甚至毒死它们，然后将其变成口中之物。

看完这段话，我跟作者交流了如下问题。

（1）不是所有毒鲉都色彩斑斓。例如，毒鲉中的一种，*Synanceia horrida*，体色是土褐色的。当然，所有毒鲉都像石头。

（2）蓑鲉身上的条纹，不像斑马身上的条纹那样是黑白相间的。斑马拍不出"彩色照片"，蓑鲉却是可以的。

（3）它们的毒液并不在体表。不是体表随便哪个部位都能"麻痹"猎物。应该是鳍棘下方有毒液，猎物被鳍棘刺到才"中招"。

（4）"一旦碰到其他鱼，就会在短时间内麻痹甚至毒死它们，然后将其变成口中之物"一句中，用了"其他鱼"一说，好像其他什么鱼都会是它们的猎物似的。

（5）遇到猎物时，毒鲉和蓑鲉是先刺猎物然后吞下吗？它们的毒液应该是重要的防御手段。

作者据此修改，变为了下面的语句：

鲉形目的毒鲉和蓑鲉两家族的成员也是潜伏的行家。毒鲉体色和环境十分相似，加上参差不齐的背鳍的进一步掩饰，很像是一块长满藻类的礁石，所以也被称为石头鱼；而蓑鲉身上斑斓的条纹在珊瑚礁背景下也颇具迷惑性。这两类鱼都是珊瑚礁中的"危险分子"，它们的鳍棘基部有毒腺，装有剧烈的毒液。如果有捕食者们打它们的主意，那必然要吃一番苦头，甚至会丢掉性命。即使对于人类来说，毒鲉和蓑鲉的毒性也都是不可小觑的。尤其是毒鲉，它的毒性甚至会威胁到人的生命。

2.引用资料须慎重

很多文献因为写作年代久远，数据未必可靠。写作时，对于同一问题，作者需要多查资料，思考判断，慎重采用。

例如，一篇写"赤潮"的文章中，有这么一句话："能引起赤潮的生物有30多种。"我感觉这个数据偏少。一查，我发现不同资料表述也不一样，有的资料说有260多种，还有的说是330多种。于是，我请作者进行核实。作者于是发现了自己参考的文献陈旧、数据已经过时的问题。

3.配图须留心

科普文章的配图，不仅仅起着衬托文字、装饰文章的作用，而是直观地向读者传递知识的手段。尤其是在给生物找"照片"时，务必小心。同属、甚至亲缘关系挺远的生物之间外貌可能具有高度的相似性，作者、编辑都需擦亮眼睛，谨慎选用。如一纸质刊物想转载我们在海洋欢乐谷微信平台的文章《海洋里的"蓝精灵"，美到令人窒息！》。他们在给"蓝色鹦嘴名"配图时，选用的照片是蓝色鹦嘴鱼同属的"兄弟"，而不是蓝色鹦嘴鱼本尊。

我在这里举这些例子，旨在强调，科普文章务必注重科学性。当然每个人知识范畴不一，查询的资料广度也不同，有问题是难免的。我们不能因"害怕出错"而放弃科普创作，就像不能因为担心前路有荆棘、有陷阱而停下前行的脚步一样。创作或责编科普文章时，作者或编辑对每个自己不把握的细节，都需要广泛查阅资料，并具备甄别这些鱼目混珠的资料的能力。中国科学院海洋研究所鱼类学专家的刘静研究员，说写书不容易，她对一种鱼形态特征的介绍，总是查多方资料，比较分析，有时还需要核对标本。所以我们写作，除了平时积累，遇到自己不把握的知识，需要靠我们勤快些，多查，多请教！

可读性

科普文章，具备科学性是前提，但是可读性也很重要。要将科学知识普及给普通大众，要达到良好的效果，就要让读者看明白。这里其实包括两层含义：一是语言通俗；二是讲清楚所要表述的问题。

科普文章不一定语言多么华丽，但是至少要流畅平实，不能文中到处都是晦涩的"专业词汇"。

举两个例子。

例1：可燃冰并不是冰，而是在低温高压下由水与小客体气体分子组成的类冰状的笼形固体化合物。

当看到"小客体气体分子"时，我就茫然了。这个陌生的词汇卡住了我的目光。于是，我征求作者的意见，将"小客体"一词删除了。

写科普文章时，如果涉及晦涩的专业词汇，有如下处理方式。

（1）关于专业性词汇，如非必要涉及，可以不涉及。

（2）如果觉得相关知识需要介绍，可以转变方式，以通俗的语言阐述。

（3）如果也不便于转变方式，绕不过专业词汇，那需要对专业词汇进行解释。能够配图说明的，可以配图说明。

然而，语言通俗和可读性并不等同。通俗不等于易懂。有些文章的句子，做到了"通俗"，但是并不一定"易懂"。

例2：海星和海参的小脚丫子，称为管足。

这是投稿到海洋欢乐谷微信公众号的一篇文章中的一句。我跟作者说，如果我不是学过相关知识的话，我看了这句话，还是不清楚管足是何物；需要修改这句话，让大家都明白，最好为本句配图。通过网络平台发布的文章，配图也很关键。语言所不能及之处，摆上一张图，便能清楚明了地解决的表述不清的问题。

我们修改此处如下："海星腕上的短小的须状物称为管足。事实上，棘皮动物都是使用管足'走路'的。"同时，文章配了海星结构示意图，并在"管足"结构处加了文字说明。

知识性

除了科学性、可读性，科普文章还要有"知识性"，即内容要有干货。

海洋欢乐谷微信公众号收到一篇稿子，是写其在青岛发现溅斑多彩海牛的经历。这是青岛海洋生物物种新纪录。文中图片大都是自己拍摄的，很漂亮。但是文字内容呢，只讲述了作者和他的朋友们在青岛发现溅斑多彩海牛样本，并查找资料最终确定其身份的过程。文章字里行间浸透着作者对海的深情，对于这一发现的惊喜；给读者的感觉是，作者很有情怀，其孜孜不倦的探索精神值得学习，青岛原来有这么一个物种分布啊。虽然这些信息也具有重要的意义，但是，作为一篇科普文章，我觉得它缺少知识性的传递。于是，我请作者加上了关于此生物基本的形态、生活习性、分布等的介绍。作者在"验明"物种"真身"时本就积累了大量素材，很短的时间里，就补充上了相关内容。这些内容，让本文既具"情怀"，又能使读者对该物种有基本的了解。

科普写作的养成

其实，我谈"科普写作的养成"，资历尚浅，纯属班门弄斧。作为一名编辑，编辑稿件的过程也是我学习的过程。我接触的作者们的经历给予我很多启示，在此分享。

1.平时多看多积累

平时要多看多读。多看多读有两方面的作用，一是可以积累科学知识；二是提升我们的写作素养。

我遇到一位作者，不过十几岁。平时，有关海洋的科普书、以海洋为主题的纪录片、各公众号发布的海洋相关文章、各海洋相关网站内容，他都有激情地去看。

看的资料多了，积累的知识就多了，就有了写作的素材。而且，有比较才能发现问题，才能了解这些资料的良莠。

我们常听说"读书破万卷，下笔如有神"，也常听到"熟读唐诗三百首，不会作诗也会吟"。《红楼梦》中，林黛玉教授香菱写诗，也是这么建议的。我们做科普文章也是如此。多看多读，门道自然就清晰了。

2.选择吸引人的主题

一是应景。比如，周星驰的《美人鱼2》正在热映的时候，我们海洋欢乐谷发布了一篇《美人鱼——儒艮》的文章。这就是"蹭热点"了。国家海洋宝藏栏目热映时候，里面有一段用砗磲绘制《千里江山图》的介绍。同事立马写了一篇介绍砗磲的小品文《砗磲，不仅仅用来画＜千里江山图＞》。虽然一段时间以后，专家来解释，其实古代很多作品不是用砗磲绘制的，而是用的文蛤，但是这篇文章蹭上了热点，阅读量得以提高。

二是选择有趣的点。比如《谁才是真正的蟹中之王？》《怪趣的鲀》《我的女票是巨人》等文章，从题目和内容上，都包含读者感兴趣的内容。

三是辟谣，更正人们错误的认识。比如《好生生的电鳗，咋跑到海里去了？》《青岛近海的异鳃类系列 I（一）谁说只有植物才能光合作用嘞？我也会！》。辟谣的文章，往往能勾住读者目光，让人急于一看究竟。

做科普，"路漫漫其修远兮"，必须"上下而求索"。

（作者系中国海洋大学出版社编辑）

海洋·情缘

王谦妮

青岛，这座三面环海的小城市，从一个小小渔村，发展到如今的帆船之都、东方瑞士，海洋贯穿了它发展的每一个脚印。

出生在海边，生活在海边，海边小妞印象里最为深刻的，就是奶奶家门口的海军大院。在炎热退去清凉的夜晚，跟小伙伴们搬着小马扎三三两两地去海军大院看露天电影；在肩并肩停靠着的小船上跑跑跳跳，随着小船晃晃悠悠；沿着码头的犄角旮旯，摸着石头上的小海螺，一摸一大碗，拿回家用热水一烫，用针挑着吃，鲜甜鲜甜的……

儿时美好的回忆都与大海有着不解情缘，大海陪着我慢慢长大，直到收到上榜的通知单，我才第一次离开大海，只身去杭州继续学业。

说来也巧，大学里那么多的专业课，我独独钟爱书籍装帧设计。在书籍装帧课上，怀着对家乡的思念以及大海的眷恋，设计制作了第一套丛书《逛海边儿》，用有机玻璃、精雕机、硫酸纸、摄影与文字相结合来记录老青岛的市井风貌和风土人情！

后来图书指导老师毛老师得知我在海大出版社担任美术编辑后，笑说："谦妮，当年在课堂完成《逛海边儿》，没想到还真做了青岛的编辑了！"

2013年，初入海大出版社，接手了首个项目《我们的海洋——中小学生海洋意识教育教材》，我负责小学低年级的排版任务，刚到出版社的愣头青，犹如刚进学校的小学生一样，在领导和同

事的帮助下，以这本小学低年级的图书排版任务为起点，一点一点成长起来。

在互联网+的时代，出版行业经历着翻天覆地的蜕变，从传统纸质图书到新

媒体电子出版的转变，面对着新时代的挑战，海大出版社积极应战，成立"海洋欢乐谷"网络运营小组，精心打造全国首家青少年海洋科普主题网站，将海洋科普知识通过多个媒体平台实现资源共享，并且开放微博、微信等渠道，实现了与读者之间的多方互动。

在此期间，我也有幸加入这支"尝鲜"小队，负责微信平台的运营。一开始的路很难走。虽然平时接触的新媒体、新鲜物件比较多，但是正儿八经地做公众号还是头一回，看书、听讲座、上网课，跟同行之间交流，逐渐摸索着这个新鲜平台，看着粉丝数量和文章阅读量从0到1，到10，到100，到1000……甚至到170000！这种从无到有的成就感填满了胸膛！在工作之余，有时也会灵感突然来袭，画画漫画，通过微博和微信博读者一笑。

除了多样化的工作之外，我还特别钟爱参加学校每年举办的运动会，跟同事在运动场上一起奔跑、挥洒汗水，与其他校队相互竞技，感觉在运动场时的时候是一个特别"燃"的时刻。

2013年至2018年，我在出版社的时间仅仅占了出版社30周年五分之一的时间，这段日子里的每一份工作、每一个朋友，如同璀璨的繁星，装点了美好的年华，感谢在最好的时代遇上你。

（作者系中国海洋大学出版社美术编辑）

七年之恋——我的海大社

李燕

秋风在吹，拂落叶飘满地；流水无声，像东去的涟漪。靠坐在窗前，在享受静谧的同时，更多的是对过往的思量。

7年前，我大学毕业，那时没有工作就像一朵空降的伞花，不知道下一刻自己又将飘落何方。尽管自己已经做好了足够的准备，但面对着社会的滚滚浪潮，我总有一股怯懦和不安。然而生活总要向前，生存的压力与梦想的渴望在一次次地驱策着我不停前进。终于在不懈努力中，幸运女神降临了，我如愿以偿地加入了海大社并光荣地成为一名图书发行员，拖着皮箱来到了青岛这座让我既向往而又陌生的城市。

光阴似箭，岁月如梭。转眼间7年过去了，在这7年的时间里，海大社给了我一个肆意挥洒人生的舞台，给了我显示自己存在的平台，更是给了我美好生活的后台。海大社是我的竞技场、美容室、大学校！海大社是我提升身价的增值器，更是我安身立命的根本。

在海大社我学会了很多。在众多弥足珍贵的东西之中，最让我受用终生的就是要学会珍惜。

海大社教会了我要珍惜工作。工作就是职责，职责就是担当，担当就是价值。感谢那些让我独当一面的人，感谢那些给我施压担子的人，感谢给我平台的人。因为那是机会，那是信任，那是平台，那是发言权。

海大社教会了我要珍惜已有的。在单位已经拥有的，一定要珍惜。也许时间久了，你会感到厌烦。但那只是你的心理出了问题。要学会及时调整自己，使自己在枯燥无味的工作面前，有一种常新的感觉和姿势。你已经拥有的，一旦丧失，你就会知道他的价值。也许那个职责很小，但你不珍惜，你会后悔一辈子的。职责即使很小，也会有人尊重，也会有人羡慕的。

只有珍惜你的人才会无私地支持你，只有懂得珍惜的人才会为你所珍惜的付出一切。我爱海大社，海大社就是我的家，我的同事就是我的家人，我永远不会忘记，在那个浪漫的婚礼上，我的家人送给我的祝福与支持。我也永远不会忘记，在那些销售业绩的背后，我的家人为我所做的付出与辛劳。所以，在今后的时光里，我会用我的努力和贡献来回报海大社，回报我的家人。恋家因为有家，海大社，我依恋了7年的家，今后我会一直依恋你！

（作者系中国海洋大学出版社办公室（总编室）业务主管）

从细节处见真章

赵冲

　　来海大出版社已经有几年，不再是一个"菜鸟"，也参与了一些社里书的项目，有了成长，有了进步。现将相关心得整理如下。

以海洋科普为导向，把握市场脉络

　　来到社里不久，我就参与了"神奇的海贝"一书的创作过程中。起初，只是单纯地参与，并没有体会到社里下大力气进行海洋科普的重要性，而在之后的编辑过程中，和相关海洋专家的联系，和相关读者群体有了更深层次的交流，他们的意见对海洋科普书的出版至关重要，从找图到约稿再到层层校对，每一个环节都容不得一点马虎。在这个过程中，培养自己的协调沟通能力显得至关重要，经验不足的缺点在书的出版过程中暴露了出来，如对"出血"的认识不足，对版式的理解不够深刻，对书的整体进度都有影响，这让我认识到了，要做一本好书，就一定要熟练安排所有环节，容不得一点点马虎，更不容许浑水摸鱼。第一本顺利完成后，之后的几本书水到渠成，都比较顺利。几年的发展，海洋科普，已经深深地扎根在整个出版社中，一些家长对于帮孩子科普知识的迫切，我们看在眼里，急在心里。在市场效益优先的今天，对孩子负责显然更为重要。而我们海大出版社也在这么做着，衷心希望海大出版社在这条路上越走越好。

从细节处见真章

作为一个编辑，编辑的硬实力是关键，虽然接受了很多培训，但在实践中，好多新问题不断出现，比如对稿子相关专业不够精、不够专，对于相关理工科的稿子的格式符号认识不够细，这些都极大影响了看稿子的准确性。这让我充分认识到了自己的不足，与自己之前想的只是看看有没有文字错误相差甚远，只能靠多看多学多练来弥补。从生物到物理再到自己的专业历史。稿子看得多了，各个学科之间也有互通之处，从"做"与"作"的区别，到相关标点符号用法的严格校订，都需要在日常的审稿中不断累积经验。同时，社里的老领导和前辈也给了我很大帮助，在复审和终审过程中给我传授了很多有益的经验，加速了新人的成长。这些都让我们从细节处，从体例、逻辑等多个方向去把握整本书稿。

以人为本

作为一个编辑，和作者打交道是必不可少的，怎么用合适的方式与作者联系交流，在书稿又快又好完成的同时还能建立与作者良好的关系，是一门大学问。来到出版社一开始的几年，一门心思看稿子，没有什么压力。看完稿子就大功告成，在这种思想指导下很难进步。在之后一些稿子中，通过与作者对稿件的交流，成功地让一些作者介绍别的老师与我们洽谈书稿，这让我拓宽了渠道，认识了更多朋友。在之前参加的几本学校科普的创作过程中，通过与专家的联系，也给专家自己出书的舞台。当然，有了社里科普书的铺垫，新书的市场价值也是相当可观。机缘巧合下，一本书就花落海大出版社。今后希望这种书更多一些，路子更宽一些。

要说的话很多，就先写这些了，几年的编辑生涯可以改变一个人很多，希望让我变好的同时，出版社变得更好。

（作者系中国海洋大学出版社编辑）

编辑心得

孙宇菲

　　时间如白驹过隙，转眼间来到海大出版社已经 2 年多的时间，时间虽然不长，但细细回顾一下也有颇多感触。虽然研究生是地质专业，但出于对文字的热爱从事了出版相关工作，当了编辑。在从事编辑这一职业之前，我对编辑工作不甚了解，还觉得是一份很轻松的工作，无非是每天坐在办公室里对作者的书稿进行审核、校对。但事实证明我确实想得太简单了，就我目前的水平，还有许多东西要学习，但因为喜欢和热爱，这两年来，编辑还当得有滋有味，颇多心得。

　　编辑其实是一份很枯燥的工作，既费脑力又费体力。每天需要对着稿件端坐几个小时，一页一页、一篇一篇地审核、校对，需要注意与顾及的问题又太多，很辛苦。比如封面、扉页、版权页等的信息是否一致、正确，目录和正文是否对应，书眉是否正确，书稿有没有政治问题，作者的观点与理论是否积极向上，是否有建设性意义，等等。另外，编辑实际是作者、排版设计、印刷厂、发行的桥梁，多方的联系者。在从出版到发行图书的过程中，编辑的沟通协调能力尤为重要。

文字面前一律平等，每篇文章都是作者辛辛苦苦写出来的，凝聚了很多心血，那种渴望成为畅销书作家或者是作品被大众认可的心情我是很能理解的。所以，我要求自己尽最大努力认真编辑好每一篇文章，为作者的作品作嫁衣，给作者一个满意的答复。同时还要善于挖掘、发现好的作者和作品，及时推荐、及时组稿、约稿，给作者一个发展空间，也给图书发行，甚至是出版社提供一个好的发展方向。

当编辑的过程也是自己提升的过程，需要学习各种各样的知识，这个方面在我具体的编校过程中很有心得。但其实从业两年多来接触的相关专业的书并不多，涉猎的书稿类型多种多样。有会计类、电子商务类、文学类、英汉翻译类、电影类、教育类、纪实类、历史类，等等。既然是为他人作嫁衣，就不可能对负责的书稿内容完全不懂，这就不得不逼迫自己去了解一些相关的知识。比如在责编《同光之际海防人才政策研究》《青岛文化研究》《人文青岛》这类历史文化类的书籍时，需要查验作者的引文是否准确无误，繁体字是否要改为简体字，历史事件发生的时间有没有问题，参考文献的引用是否正确等。这些都需要有一定的历史知识基础，对于容易出问题的地方要有足够的敏感度，这对于学理科的我来说是很欠缺的。因此，平时会多提醒自己要注重历史知识的积累，多请教学历史专业的老师，理顺历史发展的时间线，知道哪个朝代大概发生了什么事情等，对于引用的文章题目和内容要对照原文多查验。另外，不只要对中国的历史脉络有个大体的认知，涉及区域的，如青岛的历史也要略知一二。《人文青岛》这本书就涉及了许多青岛的人文历史，老舍、童第周的故居，青岛日德战争，甚至是中国海洋大学的发展史，诸如此类。每天都会遇到自己之前不了解或印象模糊的问题，每天都了解了一点新知识，每天都进步一点点，每天都好像打开了新世界的大门。

作为以海洋为特色的出版社，海大出版社除了在海洋教材、学术专著等方面保持着自己的优势外，在海洋科普方面也下了大功夫，并摸索总结出一套有效、成功的模式。我来出版社一年后开始陆续参与一些社里自主策划的科普书，得到了很大的锻炼。以"珊瑚礁里的秘密"项目为例。感谢领导的信任，将撰写项目策划书这一重任交给了我。前期我做了大量的市场调研，比对国内、国外同类型图书，找准定位与创新点等，写作也是几易其稿。2018年该项目成功申报国家出版基金，作为项目组的一员我感到非常自豪，从中也体会到了"一分耕耘，一分收获"。在这个过程中，我的综合能力得到了很大提升。一方面，对图书出版有更深刻的理解，加强了出版精品书的意识和思想；另一方面，遇到问题敢于面对并迎难而上，不畏难，不推诿。我目前参与的出版社重点项目还有"中国海洋故事""中国海洋保护区档案""青岛市市南区基础教育海洋特色课程汇"等，我会更加努力、用心，多向领导和同事请教，争取出色完成任务，努力做复合型、创新型编辑。

所以，做一名编辑容易，但做一名优秀的编辑是很难的，需要持续不断的热情，需要不断地提高自己的综合素质，需要汲取各方面的知识，才能武装自己，为作者服务，出版更多精品书。希望我的编辑之路能越走越长。在海大出版社成立30周年之际，祝愿她的明天更美好！

（作者系中国海洋大学出版社编辑）

永远在前行的路上

郭周荣

　　进入出版行业刚满一年，2018年是我的编辑元年。因工作时间太短，在这个需要时间和经验去成就的行业中，作为一个还在蹒跚学步的新人，只能谈一点对编辑这份工作的个人理解。

像爱一个人一样爱一本书

　　在《编辑人的世界》这本书的封面上有这样一句话：对编辑来说，爱一本书像爱一个人，没有一种爱不必担负起相应的责任，没有一种责任无须坚忍不拔的精神。初次接触编辑这份工作，我感觉到它的与众不同之处在于，每一份职业都让人感到充实，收获成就感，但是编辑这份工作跳出了职业这一概念的局限性，本身就带有人文教育的属性。每一位有心的编辑都能在工作中得到心灵和知识上用金钱无法衡量的满足感，并且能在宝藏一般的优秀作品被大众所熟知之前，见到它最初的样子。书中是这样描述编辑手中的作品的：当你拿到一部书稿，成为它的编辑时，就肩负起一种责任，你将照顾它、呵护它，从出生至生命终结。无论你爱它与否，在漫长而琐碎的编辑过程中，只有它与你相依为命，你必须殚精竭虑，事无巨细，把它放在心头一时一刻不敢相忘；当你和它相偕走完这段孤独的旅程，你会比任何人都更能体会它的珍贵与独特，也会得到巨大的满足感和幸福感。

这一年的时间里，我编辑的图书种类繁多，并且这份工作也并非如同我想象中的那般浪漫优雅，更多的时候，它是枯燥的，大量的文字和陌生的信息如浪潮般涌来，等来的不是与作者思想的碰撞，而是字里行间的修修补补和小心翼翼。但每当新书出版后拿在手上，回想当初的工作历程，也并非完全的枯燥，通过接触不同门类的图书，我在潜移默化中，也吸收了海量的信息和知识，每一本图书的编辑工作，都如同一堂翔实生动的实践课，让我充分享受到做一名编辑的乐趣。

对文字常怀敬畏之心

美国知名出版研究者，《图书出版业》作者阿尔伯特·格雷科说："编辑是一个偶然的职业，没有人天生就具备编辑技能；只有勤勤恳恳，才有可能精益求精。做编辑既要审慎严谨，又要幽默风趣，否则无法保持恒久的清醒。这就是编辑的生活。"一年前开始工作，从整个行业到每一个出版社，都开始强调从以数量规模增长为主向以质量效益提高为主转变。这给出版从业者提供了一个共同的价值追求，一种共同的价值观，即质量才是出版行业的生命，对文字常怀一颗敬畏之心，才能做到"精益求精"这一编辑工作的和核心标准。在经历了市场化和商业化浪潮的席卷之后，如何回归"质量"这一优秀图书本质的问题，成为每一位编辑都应该思考的问题。

从第一次完整地接触编辑工作的流程开始，我就感受到了一本书要经过多少工序才能呈现在读者眼前。一次次编校，一次次审读，于细微之处见精神，我在这些工作中也看到了编辑们一丝不苟的精神。在《编辑是一门消逝的艺术》这本书中作者提到，文化繁荣的前提，除了产业政策的激励、资金的保障，更重要的是宽松的文化氛围。而这种宽松，不会是天赐的礼物，也不会是自然的产物，它源于思想的奔突，依托于语言，文本的博弈和传播者的努力。毕竟，铁皮盒里的鲜花，若是缺乏阳光照射，生命力总是脆弱的。而编辑，也许就是那个打开铁皮盒子的人。编辑作为文字和文化的传播者，面对纷繁复杂的信息社会，也许力单势薄，但是一颗敬畏之心，能够让我永远保持前行的动力。

保持旺盛的好奇心和创造力

真正从事编辑工作之后，与我想象中的工作差距最大的部分就是编辑的工作范围。作为一名编辑，文字绝不仅仅是唯一的工作，一名优秀编辑所面临的最重要的挑战，还有如何进行选题策划、确定市场定位、撰写宣传文案等一系列相关工作。《编辑人的世界》这本书中提到，出版社的优势，在于能够提供创意人所需的专业经验、资金和接触不同媒体的渠道。一名合格的编辑，要对流行趋势有着敏锐的洞察力，但不能一味地盲从时尚和流行，尤其不能对时下的畅销书亦步亦趋而出版和它差异不大的图书。优秀的编辑应该创造趋势，而不是盲目跟随。每次我拿到新的书稿，大多时候都要问自己两个问题：如果我是读者，我是否愿意掏钱买下这本书？如果这本书摆上了我的书架，我是否有一读再读的兴趣？这两个问题也应该成为衡量一本图书质量的最重要的标准。作为一名新人编辑，我对于这份工作和所编辑的图书，还能够保持旺盛的好奇心和创造力，但我也同时明白了，编辑首先也要忠于手中的作品，这样才能做到尊重作品的创作者，同时对读者负责任。

我想，打磨一部好书的过程，也就是打磨编辑自身的过程，这份工作看似是编辑一人独自前行，但在前行的路上也有无数的知识与思想同行。我曾看过一位获得了"韬奋杯"全国出版社青年编校大赛的优秀的年轻编辑这样写道：在百年出版史上，我望见张元济、邹韬奋、王云五、陈原等众多先贤，以弘扬文化、开启民智为己任，秉承勤奋严谨、一丝不苟的职业精神，推出众多高质量的传世之作，接续着一个偌大民族的文化薪火。尽管时代变迁，但他们的坚持始终为我们做出表率。作为一名年轻的编辑，我更要克服急功近利、心浮气躁的情绪，不允许贪多求快而导致图书质量的滑坡。毕竟，只有高质量的图书才是出版市场中的核心竞争力，才能显示编辑职业的价值和重要性。

（作者系中国海洋大学出版社编辑）

出版社的青春年华

姜佳君

　　夏去秋来，仿佛转眼间，我在海大出版社度过了一年多的时间。一年前，30岁的我，遇到即将30岁的海大出版社。从陌生到了解，从新奇到熟稔，我逐渐成为海大出版社大家庭的一员，海大出版社的人和事也慢慢走进我的人生。

　　出版社应该是什么样子呢？到这里工作前，我对"出版社"的印象来自近几年的电视剧。剧中编辑室里总有那么几个"前辈"，整日抱着资料书，伏案耕耘着；也有少数人自以为看破了"内幕"，对工作敷衍了事，得过且过；当然不会少了一两个刚入行的"愣头青"角色，必须经历磕磕碰碰、敲敲打打，才能融入"圈子"。踏入海大出版社的第一天，我有些忐忑：今后的工作会是这样的吗？

　　然而，现实与剧本里的故事不同：海大出版社里没有的老学究，也没有用

"你还是太年轻"来打击新人的"老油条"，我这个新手还处处受到大家的关心和照顾。海大出版社的每个人都流露着朝气，积极地面对工作，让我不禁感慨：这就是处于青年时代的出版社啊！

记得我初来乍到，杨立敏社长的一番鼓励让我放下心中的忐忑，在新工作和新环境面前树立起自信；记得诙谐幽默的魏建功副总编辑，轻松的言谈却让我意识到肩上的重要使命，对这份工作满怀敬畏；记得我们年轻的"队长"邓志科老师，不厌其烦地为我解答工作中的疑问，也为每一个"队员"负责，凝聚着我们这个年轻的团队拼搏、进步。是的，我们的团队是年轻的，几个年龄相仿的人团结在一起，工作总不会缺了活力。郑雪姣老师言谈举止透露着温柔，然而这份温柔丝毫没有影响她工作时的雷厉风行；孙玉苗老师不同于一般女子，一身韧劲儿，不会放过稿件中的任何一处错误；张跃飞老师学识广博，是我们工作和生活的好参谋，跟他聊天总会有所收获。这样的团队，怎么可能缺少活力呢？

出版社里的其他前辈们也不输，时间在他们身上只留下青春的痕迹。女老师们气质相貌俱佳，亲切的笑容常挂脸上，让我暗暗希望自己年长一些时也能有她们的几分优雅。男老师们性格爽朗却又细腻，善于发现生活中的闪光点，让我提醒自己也要去发现身边的美好。每个人都是出版社的缩影，洋溢着青春活力。

30岁，正是青春好年华。我有幸参与海大出版社的这段发展历程，与同样正值人生美好时期的大家一起奋斗。相信未来的几十年和更长的时间，还会有越来越多的同伴与我们一起延续海大出版社的青春年华。

（作者系中国海洋大学出版社编辑）

为自己写诗

邹伟真

　　人生如诗，诗如人生，人生的路上盛开着形态各异的鲜花，撷一朵，便会被这一朵的香气充盈着整条人生路。为自己写诗，谱写最美的篇章。

　　我是一名资历尚浅的编辑，走出学校的大门还没有一年的时间。在这不到一年的时间里，我懂了很多，也学到了很多无法在课堂上死记硬背的知识与道理，完成了一名学生踏入社会、独立为自己负责的人格的蜕变。

　　曾经的我也会幻想自己的象牙塔，想象着自己会成为一名科学家，各种美好的幻想与对未来的憧憬在我的内心交织成五彩的梦。毕业后，面对种种工作的诱惑，面对城市中的灯红酒绿，我带着心底对文字的最后一丝执着走进了中国海洋大学出版社。

　　刚开始做编辑真的什么都不懂，从来没有想到出版一本书竟然需要那么多的步骤，凝聚着那么多人的心血，原来将冷冰冰的文字连接起来也是那么不容易。有时候不仅仅是三审三校，甚至可以达到九审九校。烦琐的内容牵制着每一个人紧绷的神经，大家只有一个目标，那就是做出一本好质量的书。每一本书都是独特的，就像人一样，它的封面排版就相当于人的华丽衣裳，但更重要的还是内在的灵魂与内涵，文字能够达到吸引读者进入书本的意境的效果，表达出每一本书的厚重感，这样才算一本好书。

时间久了，看着被自己改得花花绿绿的书稿，总觉得不是滋味。原来即使再喜欢文字，也无法每天都愉悦地和文字打交道，总会感到枯燥，或者是疲劳，甚至有种在为他人作嫁衣裳的失落感。但是，每次想到这本书经过我的润色之后，能够增补图书市场的空白，能够使千万读者受益，责任感就不自觉地油然而生，促使着我要好好对待这份工作。也许，这就是我喜欢这份工作的原因吧。

如果现在有人问我，在工作中最重要的是什么，那我一定会回答，责任感。之前作为学生的时候，对"责任"两个字的理解并不是那么深刻，或许就是好好学习，不辜负家人的期待，对自己负责吧。工作之后才发现，原来"责任"两个字是沉重的，是落实到实际的每一个人，每一个步骤的，个人的行为可以影响整条工作链的进度。作为编辑，我学会的最简单的就是，认认真真地对待每一本书、对待每一件事。我的经验还不足，相比起编校一本好书需要的专业技能还相差甚远。当然，现在来说，最重要的还是向各位前辈学习，学会褪去年少的冲动，学会不心浮气躁，学会细致入微的缜密思维、敏锐的洞察力，掌握好专业技能，成为一名合格的编辑。

所以，需要我走的路还很长，希望我可以好好地走，好好地为自己写诗。

（作者系中国海洋大学出版社编辑）

家和事兴迎发展，花好月圆创辉煌

高振英

  在美丽的滨海城市青岛，背靠雄伟的浮山，面朝广阔的大海，与独富魅力的崂山隔海相望，有一颗闪亮的所在，那就是中国海洋大学出版社。历经寒暑变更，已迎来了她的30周岁生日。

  出版社自成立以来，为广大读者出版了一系列关于海洋与水产科学的学术专著、教学参考书、教学辅导读物和工具书，为莘莘学子及研究人员提供了极具参考价值的学研究资料，以展现海洋的神奇与富饶。另外还辅以海洋科技类、教育类、外语类、文史哲类、理工类、经济与法律类、医药与健康生活类的相关书籍的出版，给读者朋友以丰富的阅读享受。

  在这个充盈着祝福的日子里，我更想借出版社30周岁生日之机表达一下内心的真实感受。自2011年8月来到出版社，感受颇多，这里俨然已成为家，我在这个大家庭中慢慢进步、成长。

因为我所负责的是书籍的排版工作，平时接触最多的便是浩瀚的文字和编辑老师。每一本书的出版，大到书籍的整体结构安排，小到一个小小的标点符号，都要经历无数遍的认真修改，在一遍遍的修改中，我体会到了领导和编辑老师们工作的严谨性和认真负责、精益求精的工作态度，使我也不厌其烦地在每一次修改中，做到对错误零容忍，避免错误的存在。另外，我还体会到团队合作的重要性，因为每修改一遍，便面临着从头再来，把排版工作一遍遍掷于被改变之中，足见工作量之大。即便如此，在编辑老师一遍遍的催促询问下，我加班加点地赶进度，总不会让工作在我这一环节卡壳，从而保证接下来的工作能够顺利有序地开展。每个人都在认真忙碌着，即使上厕所偶尔遇到，匆忙到点头打个招呼，便匆匆地回到工作岗位继续工作。

"一张一弛，文武之道。"除了紧张的忙碌，领导还给我们组织了丰富多彩的活动，更让我们体会到充实。喜迎春天，崂山樱桃采摘；秋高气爽，慢品葡萄果香；你争我赶，运动会上驰骋；强身健体，海大校园健步等。每当生日来临，都有生日卡和工会赠送的蛋糕卡，以及节假日生活用品的发放，这让我体会到了出版社大家庭关怀的温暖。在与同事并肩奋斗的日子中，感受到的是同事间如战友般深厚的情谊。

在这样美好的日子里，祝愿我们这个大家庭"家和事兴迎发展，花好月圆创辉煌"。

（作者系中国海洋大学出版社排版主管）

一瞬

Moments

339-405

回忆着，
感动着

一步一印

1　建社初期的办公地点
2　谢洪芳社长与员工一起做广播操

1　建社初期我校鱼山校区的出版社宣传墙

2　1990年，青岛海洋大学副校长秦启仁出席建社一周年庆祝会

3　1991年，建社两周年宣传栏

4　1991年，建社两周年展览海报

5　1992年，青岛日报社赠我社锦旗

1　1992年，庆祝建社三周年宣传栏

2　1992年8月，部队赠送我社锦旗

3　建社初期的图书代办站

4　1994年，我社成立读者服务部

1 2007年的读者服务部

2 如今的海大出版社办公楼

支部活动

1　建社初期，出版社全体党员集体学习《人民日报》

2　2005年11月，出版社党支部组织党员外出学习

1　2005年11月，出版社党支部组织外出学习活动
2　2005年11月，我社党员参观文登党史馆
3　2007年4月，我社党员参观孟良崮战役纪念馆
4　2016年9月，出版社党支部举行全体党员大会

1、2、3　2017年7月，出版社党支部组织党员到海军航空兵某团参观学习

1　2017年10月，出版社党支部集中收看党的十九大开幕式
2　2018年6月，出版社党支部赴荣成开展党性教育活动
3　2018年6月，在荣成谷牧旧居前留影
4　2019年4月，出版社党支部带领全体员工参观孟良崮战役纪念馆

工作着，
美丽着

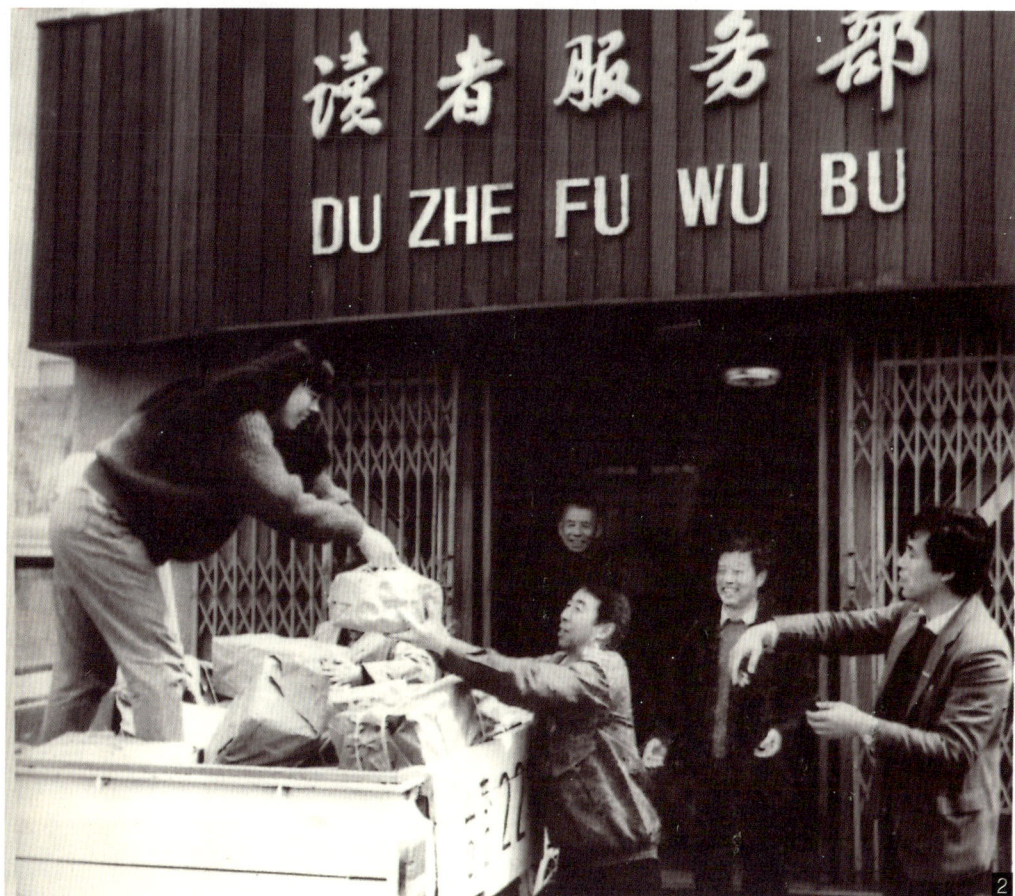

1　建社初期选题论证会
2　书来了，齐上阵

1   建社初期，员工集体收看电视直播

2   建社初期，副社长陈万青在审阅书稿

3   建社初期的书店

4   1992年，代办站召开发行工作会议

1 建社初期，有关领导视察我社排版室

2 20世纪90年代，《夏风》首发式暨签名售书活动

3 20世纪90年代，出版社领导与外国专家友好洽谈

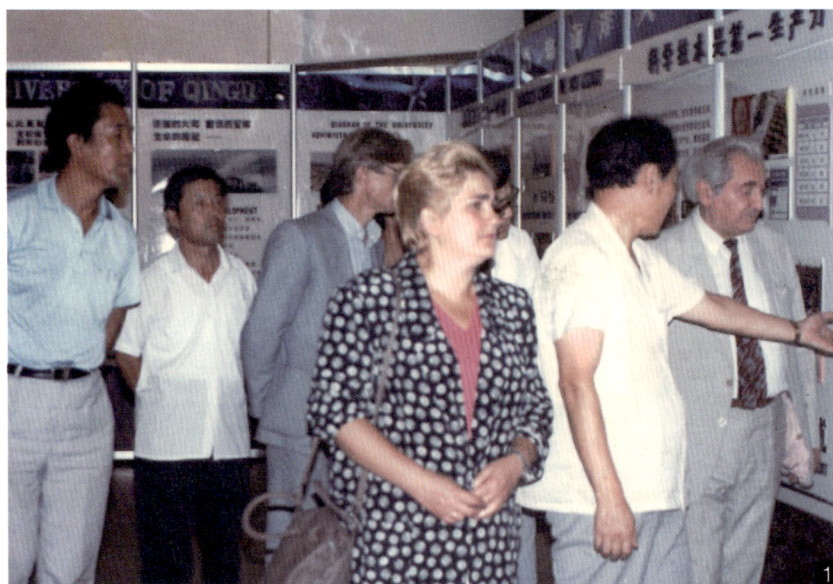

1　20世纪90年代初期，社领导陪同外国专家参观学校展览

2　20世纪90年代初期，全国先进代办站表彰大会

3　20世纪90年代，全国大学出版社第五届看样订货会

4　20世纪90年代，我社组织参加第六届合作出版洽谈会

1、2　20世纪90年代初期，出版社文化活动

3　20世纪90年代，工作掠影

4　20世纪90年代初期，谢洪芳社长带队参加图书订货会

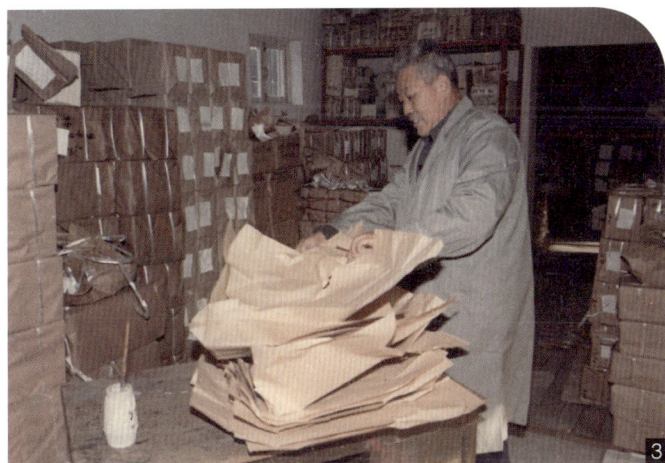

1　20世纪90年代初期，图书订货会上

2　20世纪90年代初期，兄弟出版社来社

3　书库掠影

4　2005年11月，我社召开选题论证会

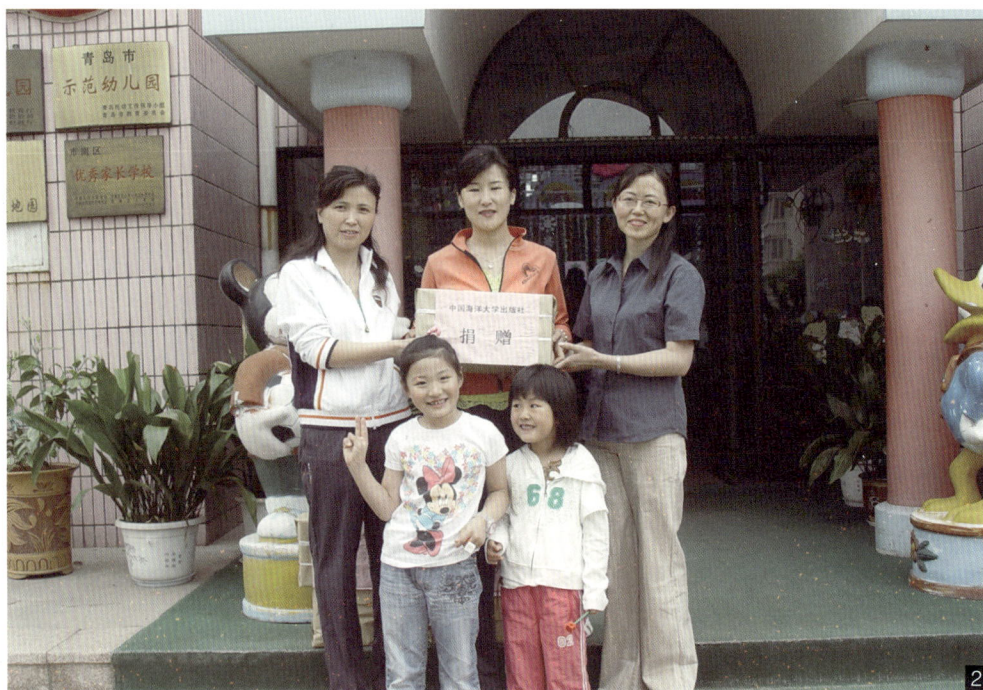

1 2007年，社长王曙光在美国书展上
2 2007年，副总编辑李夕聪代表出版社向中国海洋大学幼儿园捐赠图书
3 2008年，"高等教育研究系列丛书"宣传活动
4 2008年，艺术设计会议系列教材研讨会在我社召开
5 2009年，社长王曙光（右一）参加捐赠活动

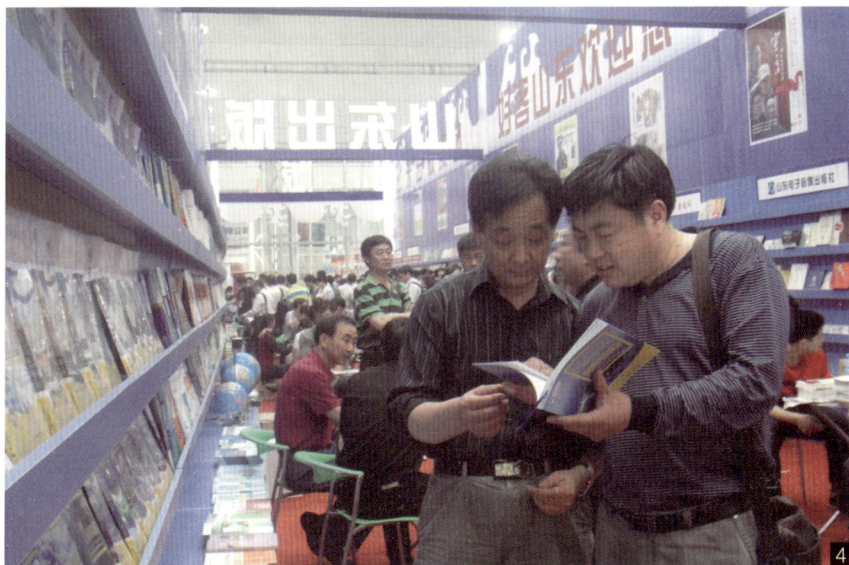

1、2 2009年10月，我社参加第22届全国大学出版社图书订货会

3 2010年，"畅游海洋科普丛书"编创讨论会

4 2011年，社长杨立敏在哈尔滨全国图书博览会上

1 2012年9月，在越南举办的中国图书展销会上，一位越南老人正在翻阅我社出版的海洋类图书

2 2013年1月，出版社组织开展编辑培训，总编辑李建筑为编辑讲授编校知识

3 2014年，我社与少海小学手拉手活动现场

4 2014年，我社与胶州市少海小学手拉手活动，副总编辑李夕聪发言

5 2014年8月，社长杨立敏与青岛贝壳博物馆负责人友好洽谈

1　2016年，社长杨立敏在台湾书展上

2　2016年8月，"第十二届海峡两岸图书交易会"上，社长杨立敏介绍"中国海洋符号丛书"的创作背景、出版意义、基本内容

3　2017年，副社长刘文菁陪同著名作家霞子出席名家进校园活动

1　2017年9月，青岛海洋科普联盟图书选题研讨会

2　2017年10月，著名作家霞子巡讲进校园——走进青岛嘉峪关小学

3　2017年10月，著名作家霞子在科学童话巡讲会上

4　2017年12月，我社在海南省海口市组织《骑龙鱼的水娃》宣传活动

1 2017年12月，在海南省海口市，副社长刘文菁与著名作家安武林、霞子等畅谈

2 2018年1月，《1995，中国北极记忆》读者分享会上，副总编辑李夕聪主持分享会

3 2018年3月，我社组织书库盘点

跃动着，
青春着

运动会

1　1998年，排球比赛

2　2008年，跳绳比赛

1、2　我社组织参加春季运动会

3　2016年，我社组织参加学校春季运动会

4　2016年，我社组织参加趣味运动会

1 2017年，拔河比赛

2 2017年，趣味运动会

文娱活动

1 建社初期，新年联欢会
2 20世纪90年代初，出版社文化活动

1、2 20世纪90年代初，书法家来社开展文化活动

3 20世纪90年代初，与海军401医院开展军民共建迎春会

4 1991年，我社参加时装表演现场

1　1996年，在海底世界前

2　1998年，春游

3　1998年9月秋，在石老人海水浴场合影留念

4　2005年，春游

1　2007年，元旦晚会
2　2008年，堆雪人
3　2009年，春游
4　2009年10月，参观福建土楼

1 2009年12月，元旦晚会
2 2010年，三八妇女节健步行
3 2010年，田横岛春游
4 2011年，出航

1　2011年，二龙山春游

2　2011年，鹤山秋游

3、4　2013年，迎新春联欢会

1　2016年1月，出版社离退休老同志迎新春茶话会
2　2016年3月，出版社女员工健步行
3　2017年，西海岸观光园春游
4　2018年，藏马山一行

1 2018年，摘樱桃掠影

2、3 2019年，迎新春联欢会

2019年4月24日，临沂一行掠影

2019年4月，出版社全家福

现任社领导

从左至右：副总编辑魏建功、副社长刘文菁、社长杨立敏、副总编辑李夕聪、办公室（总编室）主任徐永成

办公室（总编室）

主任徐永成（右二），王英（左二）、韩洪祥（左一）、李燕（右一）

财务部

主任李晴（右二），战维丽（右一）、魏葭（左一）

第一编辑室

主任韩玉堂（右二），矫恒鹏（左一）、由元
春（左二）、赵冲（右一）

第二编辑室

主任纪丽真（左二），孟显丽（右二）、孙宇菲（右一）、邹伟真（左一）

第三编辑室

主任邵成军（左二），王积庆（左一）、潘克菊（右一）、杨亦飞（右二）

第四编辑室

主任张华（右二），滕俊平（左二）、董超（右一）、王慧（左一）

第五编辑室

主任邓志科（右三），郑雪姣（左二）、张跃飞（左一）、孙玉苗（右一）、姜佳君（右二）

第六编辑室

主任郭利（左二），吴欣欣（左
一）、王晓（右二）、于潇湉
（右一）

技术编辑室

陈龙（左一）、王谦妮（左二）、郭周荣（右二）、高振英（右一）

发行部

主任孙玮（右二）

区域经理：高悦午（左二）、李洪强（左一）、赵风龙（右一）、张颖（左三）

教材服务中心

经理张永洁（中）、副经理刘
学忠（右）、主管仲震（左）

储运部

主任解晓鹏（右三），陈丽丽（左一）、李
丰（右一）、吴强（右二）

而立之年，对于一个人来说，是生命中重要的时间节点，正是意气风发的好年华，同时意味着责任与担当；对于一个出版社，从白手起家，到在业界赢得广泛赞誉，是历任社委会和全体员工发愤图强、共同努力、共谋发展的结果。如今，她也迎来了风华正茂的好光景。

时光流转，一本又一本或厚重，或精深，或严谨，或深情的书在这里成就。而为了纪念这样一个有重要意义的30周年，《心中有蔚蓝》编委会决定编辑这本记录我们故事的书，回忆那些属于出版社的智慧、情怀、足迹、硕果、一瞬，以记录出版社的历史足迹，传承出版社的光荣传统，凝聚新的发展动力，留下一份珍贵的精神纪念。

本书作为出版社成立30周年的一种纪念形式，得到大家的热烈响应。在这里，不同的故事徐徐展现在你的面前。作者中有因书结缘的学界大咖，也有退休的老领导；有工作几十年的出版人，也有刚参加工作的新人。汇集在书中的出版故事，生动、鲜活，虽然每个人都有不同的视角和经历，却共同映照出了大家对出版社真诚的热爱，凝聚成出版社特有的气质，升华为我们永恒的精神财富。这个时代瞬息万变，中国海洋大学出版社的未来寄托在我们每一个人的身上。每个人的智慧凝结成出版社的活力，不断探索，砥砺前行，不满足现状，我们才能跟上时代的步伐，才能在激烈的市场竞争中占有一席之地。未来正在向我们走来，让这些宝贵的精神力量，穿越时空，成为永恒，激励一代又一代的海大出版人前行。

下一个30年，我们来了！

《心中有蔚蓝》编委会

图书在版编目（ＣＩＰ）数据

心中有蔚蓝：中国海洋大学出版社建社三十周年纪念 /《心中有蔚蓝》编委会编. — 青岛：
中国海洋大学出版社, 2019.3
ISBN 978-7-5670-2157-0

Ⅰ. ①心… Ⅱ. ①心… Ⅲ. ①中国海洋大学—出版社—纪念文集 Ⅳ. ①G239.22-53

中国版本图书馆CIP数据核字(2019)第063181号

出版发行	中国海洋大学出版社
社　　址	青岛市香港东路23号　　邮政编码　266071
出 版 人	杨立敏
网　　址	http://pub.ouc.edu.cn
电子信箱	oucpublishwx@163.com
订购电话	0532-82032573（传真）
责任编辑	王晓
装帧设计	祝玉华
照　　排	光合时代
电　　话	0532-85901092
印　　制	青岛海蓝印刷有限责任公司
版　　次	2019年5月第1版
印　　次	2019年5月第1次印刷
成品尺寸	180mm×250mm
印　　张	26.5
字　　数	432千
定　　价	99.00元

如发现印装质量问题，请致电0532-88785354，由印刷厂负责调换。